高陡边坡

二维与三维安全极限分析

GAODOU BIANPO
ERWEI YU SANWEI ANQUAN JIXIAN FENXI

盛宴　李嘉　廖宏　杨小礼◎著

·长沙·

前言

Foreword

本书主要由文献综述、基础理论、饱和渗流条件岩土边坡稳定性分析、非饱和条件作用下岩土边坡稳定性分析、二级边坡台阶边坡稳定性分析等部分组成。第 1 章为综述部分，主要介绍了项目研究的目的和意义，对国内外复杂条件下高边坡稳定性的理论研究现状进行了系统的介绍。第 2 章以深圳市光明区高边坡安全项目勘察设计方案为基础，简要介绍了工程概况。第 3 章介绍了土体的塑性理论和极限分析定理，并根据虚功原理对上限定理进行了严格的证明。第 4 章将离散的理论计算模型与数值模拟的渗流场相结合，考虑了水位升降对土质边坡稳定性的影响。第 5 章基于有限差分软件对岩质边坡稳定性展开数值模拟分析。第 6 章基于球形破坏机构，对纯黏性长大边坡的三维稳定性进行了研究，推导纯黏土长大边坡的安全系数表达式，并将该破坏机构用于泥浆槽壁的局部稳定性分析。第 7 章将离散技术应用于边坡上限分析，研究了坡顶承载力及临界高度的上限解。第 8 章将研究对象拓展到岩质边坡，基于 Hoek-Brown 强度准则，分析了三维岩质边坡稳定性。考虑实际工程中，由于场地和施工条件的限制，边坡几何形式通常多种多样，因此，第 9 章构建了三维台阶型边坡安全系数。第 10 章构建了三维二级边坡破坏机构，推导了相应条件下安全系数的上限解，并对其稳定性展开了研究分析，并给出相应建议。第 11 章针对黏性土质边坡，将坡顶张拉裂缝考虑到计算模型中，考虑预先存在裂缝和破坏过程中新形成的裂缝对边坡稳定性的影响。第 12 章在第 11 章的基础上，将非饱和作用耦合到计算模型中，分析了非饱和作用对边坡安全的影响。第 13 章采用拟静力法对二级边坡进行拟静力分析。其中，第 1 章和第 8 章内容由许敬叔博士整理完成；第 2 章内容根据用方现场资料由钟军豪博士整理完成；第 4 章和第 5 章内容由研究生王素堂负责整理完成；第 6 章和第 7 章内容由孙志彬博士整理完成；第 9 章和第 10 章内容由李正伟博士整理完成；第 11 章和第 12 章内容由研究生张胜负责整理完成；第 3 章和第 13 章内容由研究生韦家敬整理完成。谨对以上人员在本书编写过程中所提供的帮助和支持表示衷心的感谢。

作 者

2023 年 2 月

目录

Contents

第1章　综　述 …… 1

1.1　项目研究的目的与意义 …… 1

1.2　二维边坡稳定性研究现状 …… 2

1.2.1　极限平衡法 …… 2

1.2.2　有限元方法 …… 6

1.2.3　极限分析法 …… 7

1.3　三维边坡稳定性研究现状 …… 11

1.3.1　三维边坡极限平衡法 …… 12

1.3.2　三维边坡极限分析方法 …… 13

1.4　本项目的主要研究内容 …… 15

第2章　工程概况 …… 16

2.1　项目简介 …… 16

2.2　工程地质及水文地质条件 …… 16

2.3　支护设计原则 …… 19

2.4　土石方平衡设计 …… 20

2.5　支护结构设计 …… 22

2.6　主要施工技术要求 …… 22

2.7　施工监测及检测 …… 25

2.8　异常情况与应急措施 …… 27

2.9　重大危险源识别 …… 28

第 3 章 极限分析原理 …… 29

3.1 极限分析概述 …… 29
3.2 极限分析基本假设 …… 29
3.2.1 理想弹塑性假设 …… 29
3.2.2 小变形假设 …… 30
3.2.3 Drucker 稳定性公设 …… 31
3.2.4 虚功方程 …… 31
3.2.5 屈服准则 …… 33
3.2.6 流动法则 …… 34
3.3 极限分析上、下限定理 …… 36
3.3.1 下限定理及证明 …… 37
3.3.2 上限定理及证明 …… 37
3.4 本章小结 …… 38

第 4 章 水位升降条件下边坡的稳定性分析 …… 39

4.1 问题陈述 …… 40
4.2 水位升降条件下三维边坡的运动学分析 …… 42
4.2.1 三维旋转破坏机构 …… 42
4.2.2 外力做功功率计算 …… 42
4.2.3 内部能量耗散率计算 …… 45
4.2.4 安全系数及目标函数优化 …… 46
4.3 计算结果对比验证 …… 47
4.4 不同水力边界条件下的计算结果及参数分析 …… 48
4.4.1 外部水位快速下降 …… 48
4.4.2 内部水位缓慢下降 …… 48
4.4.3 外部水位缓慢下降 …… 54
4.4.4 保持恒定水位差下降 …… 54
4.4.5 B/H 对边坡稳定性的影响 …… 54
4.5 本章小结 …… 55

第 5 章 渗透力作用下三维边坡稳定性的数值模拟分析 …… 57

5.1 三维边坡模型的建立 …… 57
5.1.1 模型网格的建立 …… 57
5.1.2 模型参数的确定 …… 59

5.1.3 模型边界条件及初始条件的确定 …… 60
5.2 渗流计算及其结果 …… 60
5.2.1 水力边界条件设置 …… 60
5.2.2 渗流计算结果 …… 61
5.3 边坡安全系数计算及验证 …… 62
5.4 本章小结 …… 65

第6章 基于球形及拓展机构的长大边坡上限分析 …… 66

6.1 球形机构下的纯黏土长大边坡上限分析 …… 66
6.1.1 破坏机构 …… 66
6.1.2 外力功率与内部能量耗散 …… 67
6.1.3 结果对比及分析 …… 70
6.2 特殊长大边坡(槽壁)的三维稳定性分析 …… 72
6.2.1 功率计算 …… 72
6.2.2 结果分析与讨论 …… 74
6.3 基于拓展机构的长大边坡三维上限分析 …… 74
6.3.1 破坏机构的分类 …… 74
6.3.2 三维整体机构的基本性质 …… 75
6.3.3 长大边坡三维整体机构 …… 78
6.4 本章小结 …… 84

第7章 基于离散方法的边坡上限分析 …… 86

7.1 基于离散法的岩土上限分析 …… 86
7.1.1 常规方法的困难性 …… 86
7.1.2 离散法上限分析的提出 …… 87
7.2 简单非均质边坡的上限分析 …… 89
7.2.1 速度间断面的形成 …… 89
7.2.2 能耗计算 …… 93
7.2.3 坡顶荷载上限值的求解 …… 96
7.2.4 边坡临界高度求解 …… 97
7.3 数值模拟及验证 …… 99
7.3.1 FLAC3D …… 99
7.3.2 均质边坡的模拟与验证 …… 101
7.3.3 层状边坡的模拟与比较 …… 101
7.4 本章小结 …… 103

第 8 章 三维岩质边坡稳定性分析 …… 104

8.1 Hoek-Brown 强度准则 …… 104
8.1.1 Hoek-Brown 强度准则的提出与发展过程 …… 104
8.1.2 Hoek-Brown 强度准则适用条件 …… 107
8.2 Hoek-Brown 强度准则的修正方法 …… 108
8.2.1 广义切线技术 …… 108
8.2.2 等效 Mohr-Coulomb 强度参数法 …… 109
8.2.3 关于两种方法的讨论 …… 110
8.3 孔隙水压力作用下三维岩质边坡稳定性分析 …… 114
8.3.1 三维 Hoek-Brown 边坡目标函数解 …… 114
8.3.2 孔隙水作用下的岩质边坡稳定性分析 …… 115
8.4 不同水位升降条件下的岩质边坡稳定性 …… 116
8.4.1 水位升降模式 …… 116
8.4.2 不同水位升降条件下的功率计算 …… 117
8.4.3 不同水位升降条件下的边坡稳定性图表 …… 119
8.3.4 算例分析 …… 123
8.4 本章小结 …… 124

第 9 章 三维台阶型边坡安全系数 …… 125

9.1 台阶型边坡稳定性研究现状 …… 125
9.2 容重增加法 …… 126
9.3 三维台阶型边坡安全系数的运动学解 …… 126
9.3.1 台阶型边坡破坏机理 …… 127
9.3.2 内部能量耗散率的计算 …… 128
9.3.3 外功率的计算 …… 130
9.3.4 安全系数的推导 …… 132
9.4 结果和讨论 …… 132
9.4.1 结果对比 …… 132
9.4.2 参数效应的讨论 …… 133
9.4.3 算例分析 …… 135
9.4.4 设计图表 …… 136
9.5 本章小结 …… 140

第 10 章 三维二级边坡稳定性分析 …… 141

10.1 三维二级边坡破坏模式 …… 141

10.2 能耗计算…… 141
10.2.1 内能耗散功率…… 142
10.2.2 土体重力功率…… 143
10.2.3 地震荷载功率…… 143
10.2.4 目标函数求解…… 144
10.3 对比验证…… 144
10.4 参数分析…… 145
10.5 二级边坡与单级边坡稳定性的讨论…… 147
10.6 本章小结…… 148

第 11 章 三维裂缝边坡稳定性分析 …… 149

11.1 三维裂缝边坡旋转破坏机构…… 150
11.2 竖直裂缝最大深度…… 152
11.3 三维裂缝边坡稳定性上限解…… 154
11.3.1 土体自重功率计算…… 154
11.3.2 内能耗散功率计算…… 156
11.3.3 目标函数优化…… 157
11.3.4 结果对比与分析…… 157
11.4 三维裂缝边坡动态稳定性分析…… 160
11.4.1 地震作用力功率计算…… 161
11.4.2 目标函数优化…… 162
11.4.3 结果对比与分析…… 163
11.5 本章小结…… 164

第 12 章 非饱和土裂缝边坡三维稳定性分析 …… 166

12.1 土体非饱和性质…… 167
12.2 非饱和土非线性抗剪强度准则…… 168
12.3 目标函数优化…… 170
12.4 结果对比与分析…… 171
12.5 本章小结…… 173

第 13 章 非均质各向异性土体条件下二级边坡的拟静力分析 …… 174

13.1 土体的非均质性和各向异性…… 175
13.2 二级边坡三维破坏机构…… 175
13.3 二级边坡安全系数上限解…… 178

13.3.1 三维土体内能耗散率 …… 178
13.3.2 三维土体自重做功功率 …… 180
13.3.3 三维地震荷载做功功率 …… 181
13.3.4 三维外部做功功率 …… 182
13.3.5 强度折减法 …… 182
13.4 结果对比和分析 …… 183
13.4.1 结果对比验证 …… 183
13.4.2 参数分析 …… 184
13.5 本章小结 …… 190

附录 …… 192

附录 A …… 192
附录 B …… 195
附录 C …… 197

参考文献 …… 200

第1章 综 述

1.1 项目研究的目的与意义

我国幅员辽阔，地形连绵起伏。根据1992年出版的《中国大百科全书·地理学》的统计，我国国土面积的69%为山地、丘陵及高原地区，上述地区的县级行政区划占全国的2/3，人口、耕地、粮食及木材则分别占据全国总量的1/3、2/5、1/3及9/10以上。山区的合理开发建设与利用对我国经济发展和人民生活质量的提高具有重要意义。

基坑边坡工程大量存在于各类道、铁路，建筑工程基坑以及露天矿业等工程中，其稳定性直接对整个工程的稳定性和使用功能造成重大影响。边坡一旦发生滑塌，轻则导致道路堵塞、施工停滞，重则导致机具设备损坏、人员伤亡，给国家和人民的财产和生命安全构成极大威胁。2015年12月20日上午11时40分，广东省深圳市光明新区凤凰社区恒泰裕工业园发生山体滑坡(图1-1)，滑坡总覆盖面积达到38万km^2，33栋建筑受到不同程度的掩埋和损坏；事故共造成69人不幸死亡，直接经济损失达到8.81亿元。2017年6月24日上午6时，四川省阿坝州茂县发生山体滑坡(图1-2)，造成河道堵塞2 km，100余人被掩埋。

图1-1 深圳山体滑坡事故

(图片来源：新京报网)

图1-2 四川省阿坝州茂县山体滑坡事故

(图片来源：国家地质调查局网站)

卢坤林通过对522个基坑边坡滑塌失稳案例进行统计发现，滑塌边坡的平均宽高比为3.08，80%以上的滑塌边坡的宽高比在0.5~5.0，说明边坡破坏时其宽度往往被限定在一定范围内，呈现具有空间效应的三维性。实际上，道、铁路与露天矿业等工程中的基坑边坡常受到地质构造或邻近结构物的影响，宽度往往有限。区别于大量二维平面应变条件下的基坑边坡稳定性分析，考虑空间效应的三维边坡稳定性评价与研究工作具有显著的现实意义和必要性。

目前应用最为广泛的边坡稳定性分析方法有极限平衡法、极限分析法和有限元等数值解法。其中建立在塑性力学理论基础上的极限分析上限法，可通过对各项外力功率与内能耗散功率的计算，建立岩土体结构稳定极限状态的能量平衡方程，并最终获得描述岩土体结构稳定性状态的目标函数上限解。同时，极限分析上限法避免了对复杂的应力状态的求解，计算过程较为简单，且获得的目标函数解较为合理。因此，该方法被广泛接受和使用于岩土体结构稳定性分析中，并获得了大量的优秀研究成果。

借助极限分析上限法，本书对土体强度非线性、非均质性与各向异性及非饱和性等条件下的三维土质与岩质边坡稳定性进行分析。通过对各项外力功率与内能耗散功率的计算，获得了边坡稳定性系数和安全系数的解析解，借助编制的最优化程序获得了目标函数的最优上限解，以此揭示地震荷载及不同水位条件等因素以及抗滑桩与加筋土等边坡加固措施对边坡稳定性的影响；同时，将部分优化计算结果以稳定性图表的方式输出以方便工程初步设计查阅和使用，对于提高边坡工程的设计和施工水平具有显著的理论与现实意义。

1.2 二维边坡稳定性研究现状

1.2.1 极限平衡法

朗肯和库仑分别建立了被动和主动土压力的计算方法，并将其拓展到边坡稳定性分析和地基承载力计算中，即为极限平衡法。

极限平衡法从提出至今一直为工程界所广泛接受和应用。极限平衡法的基本原理是将岩土体结构的破坏机构划分为若干纵向、横向或者倾斜的条块，并以条块之间的静力和力矩平衡条件建立方程从而对目标函数求解。条块划分后的边坡破坏机构为一个共含 $6n-2$ 个未知量，但仅可建立 $4n$ 个方程的不静定系统(见表1-1)。为解决这一问题，进行求解时一般假定条块底部的法向力作用于底部截面的中心位置，以使未知量的数目减少为 $n-2$ 个。与此同时，采用增加新的力学关系或者对应力的方向、位置、大小进行假定的手段使系统满足静定条件。现今应用较多的条分法多是在后者的基础上建立的，这也使极限平衡法出现了各种满足不同系统静定处理方法的条分新方法(见表1-2)。

1.2.1.1 瑞典条分法(Fellenius 法)

Fellenius 采用忽略条块间应力的方法使静定条件得到满足。该方法是最为简单的极限平衡条分法，但显然，对条间力的忽略将导致破坏机构与其条间力的不平衡。

表 1-1 极限平衡条分法需满足的静力条件

方程数	静力平衡条件
n	各条块之间的力矩平衡
$2n$	竖向与水平向的条件力平衡
n	条块底面应力满足 Mohr-Coulomb 强度准则要求

表 1-2 极限平衡条分法所需求解的未知数数量

未知数个数	变量
1	边坡安全系数
$n-1$	条间力大小
$n-1$	条间力倾角
$n-1$	条间力位置
n	条块底部法向力大小
n	条块底部法向力作用位置
n	条块底部剪切力

1.2.1.2 简化 Bishop 法

Bishop 采用假定条块间的剪应力为 0 的方法在使系统未知量数量减少了 $n-1$ 个的同时，使系统变为超静定。此方法满足条块间的竖向力平衡和潜在滑裂面旋转中心的力矩平衡条件。

1.2.1.3 严格 Bishop 法

与简化 Bishop 法不同，严格 Bishop 法通过对 $n-1$ 个条间剪应力进行假定的同时引入一个新的未知量的手段对边坡安全系数进行计算。

1.2.1.4 简化 Janbu 法

Janbu 于 1956 年提出了忽略条块间剪应力的简化计算方法。同时，为了将被忽略的条块间剪应力的影响计入计算过程中，Janbu 将一个与破坏机构的几何和强度参数有关的修正系数引入计算中。该方法满足条块间的竖向应力平衡和滑块整体的水平向应力平衡条件。

1.2.1.5 普遍条分法(Janbu 法)

Janbu 通过假定条块间水平向应力作用位置的手段使除最后一个条块外的所有条块满足静力平衡条件。该方法适用于滑动面为任意形状的边坡破坏机构。Janbu 建议水平作用力的位置为每个条块高度的下方 1/3 处，在采用将整合破坏机构分开考虑的方法进行边坡的稳定性计算时，将靠近边坡坡趾位置处的水平力作用点设定在略高于 1/3 处的地方或者将靠近坡顶处的水平作用力作用点略低于 1/3 高度处亦是可取的。然而，Janbu 法一个较大的缺点是收敛性较差，尤其是在进行潜在滑移面形状不规则或有外力作用的边坡稳定性分析求解时。

1.2.1.6 Spencer 法

Spencer 假定条块之间作用力的倾角为一个定值，从而将问题转化为一次超静定问题，然后通过对倾角大小不定的假设使该问题转化为静定。

1.2.1.7 Morgenstern-Price 法

与 Spencer 法的假设相似，Morgenstern 同样假定条块之间作用力的倾角为定值。该方法的缺点在于该方法并没有满足条块之间的力矩平衡条件，导致计算的条件作用力大小和作用位置出现错误。

1.2.1.8 Sarma 法

Sarma 采用对稳定极限状态的条块的水平加速度系数进行计算的方法建立边坡安全系数与水平加速度系数之间的关系，并认为与加速度系数为 0 时相对应的安全系数即为边坡的安全系数。

各类极限平衡法所满足的基本条件如表 1-3 所示。

表 1-3 各类极限平衡法所满足的基本条件

分析方法	静力平衡		对多余未知量的假定方式	破坏面形状
	力矩平衡	力平衡		
Fellenius 法	满足	部分满足	假定条块间作用力合力平行于条块底面	圆弧
简化 Bishop 法	满足	部分满足	假定条块间作用力水平	圆弧
简化 Janbu 法	不满足	满足	假定条块间作用力合力水平	任意形状
Spencer 法	满足	满足	假定条块间作用力平衡	任意形状
Morgenstern-Price 法	满足	满足	假定条块间作用力倾角为各种可能的函数	任意形状
Sarma 法	满足	满足	假定条块间剪切强度与滑面同一程度发挥	任意形状
余推力法	不满足	满足	假定条块间作用力方向与滑面平行	任意形状
M-P 法	满足	满足	条间力是变量，用户函数	任意形状

陈祖煜院士通过对静力微分方程闭合解的推导与求解，提出了边坡安全系数的解析解计算方法，以此解决了 Morgenstern-Price 方法的数值计算收敛性问题。陈祖煜院士还采用边值函数 $f_0(x)$ 对条块之间静力倾角进行约束以确保各条块遵守剪应力成对原理，进而提出了边坡安全系数最大与最小值的计算方法。

实际上，除了对条块之间应力条件的假定存在不同之外，极限平衡方法的求解思路与计算过程均是类似的。因此，诸多学者尝试将不同的分析与计算方法融入极限平衡法的计算过程中，并以此获取一种通用的极限平衡法，其中较为具有代表性的有 Fredlund 等、Chugh、Espinoza 等、Zhu 等、Cheng 等的研究成果。极限平衡法的要点在于找寻一个最为合适的描述条块间作用力倾角的函数，Zhu 等通过潜在滑移面的正应力函数的选择来满足这一条件。极限平衡法可以被视为 Spencer 法的拓展，针对条块两侧倾角不等的条件，Chugh 在 Spencer 法的基础上提出利用函数 $\theta_i = \lambda f(x_i)$ 对倾角进行描述的方法，其中函数 $f(x_i)=0\sim1.0$ 代表条块间应力倾角的分布情况。该函数在将 $n-1$ 个假定引入极限平衡计算的同时也增加了一个新的变量 λ，使求解对象成为一个静定系统。采用 Spencer 法进行边坡稳定性分析时，可以将倾角函数赋值为一个常数，同时也可以给该函数进行其他赋值，如半正弦函数等，以此实现 Morgenstern-Price 法的离散化。通用极限平衡法的缺点在于必须对采用该方法获得的边坡安全系数的真伪性进行判断，这就要求使用者必须熟知各类极限平衡方法的相关假定和计算过程。此外，该方法的缺点导致边坡最危险滑动面自动搜索过程较难实现。

极限平衡条分法的研究对象是一个静不定问题，也就是说，需要在一定的假设条件的基础上才能对系统的"严格解"进行求解，这就导致没有办法对极限平衡解与满足真实力学条件的闭合解进行比较与区分。对于破坏面为圆弧的边坡，简化 Bishop 法获得的边坡安全系数与采用 Spencer 法或 Morgenstern-Pice 法获得的边坡安全系数之间的误差不超过 5%；对于破坏面为非圆弧面的边坡，较之严格解，采用简化 Janbu 法获得的边坡安全系数要小 30%。此外，Wright 等、Fredlund 等、Duncan 等同样对各类极限平衡条分法的计算精度进行了比较分析。

Duncan 于 1996 年对极限平衡条分法的计算精度进行了总结分析，并认为：第一，对于破坏面为圆弧的边坡，在采用瑞典条分法进行坡度较小的孔隙水压力作用的边坡稳定性评价时，所获取的边坡安全系数较小，准确度较差；但是采用该方法进行总应力安全系数求解时的精算精度是较高且可取的。第二，简化 Bishop 法的适用范围与瑞典条分法相比更为广泛，可几乎适用于所有条件下的圆弧边坡稳定性求解，但采用简化 Bishop 法进行求解时，需要注意将获得的边坡安全系数解与瑞典条分法获得的解进行比较，以防止数值问题的出现。第三，仅用到静力平衡的极限平衡条分法对条块之间应力的倾角大小非常敏感，假设的不合理将导致完全错误的计算结果。最后，各类满足所有平衡条件的极限平衡条分法获得的安全系数解均是可取的，各类解之间的最大误差均在 12%以下。

朱大勇等认为简化 Bishop 法虽然不满足所有平衡条件，但却有很高的计算精度，这种情况是有原因的。朱大勇等经过分析对不满足所有力平衡条件的简化 Bishop 法却具有较高的计算精度这一现象进行了解释。他们认为，虽然简化 Bishop 法并没有对条块之间的剪应力进行假定，但是这并不代表各条块之间的剪应力均为 0，而是剪应力之和为 0。在这种情况下，简化 Bishop 法实际上可以认为满足严格平衡条件。

部分学者认为，完全满足条块间的力平衡条件的解法较为复杂，对边坡稳定性的合理评价应当建立在对计算方法的深入理解的基础上。此外，在采用简化 Bishop 法进行求解的过程中，可能会遇到一些数值问题，当利用 Spencer 法或者 Morgenstern-Price 法等严格方法进行求解时，此类数值问题将进一步加剧。此类问题常导致条块之间应力作用点的偏离或者安全系数无法求解的后果。这将导致满足严格力平衡条件的极限平衡解法往往仅适用于滑动面为某一特定形状的情况，无法在此类方法的基础上进行最危险滑动面的搜索。Krahn 在 Hardy 讲座中指出，尽管采用极限平衡法对边坡稳定性进行求解时所获得的土体应力状态与实际状态之间存在很大差异，但是所获得的边坡安全系数解确实是合理的。然而，当利用极限平衡法对产生应力集中现象的边坡安全系数进行求解时，需要注意边坡条块之间作用力的分布状态。极限平衡法的最大缺陷在于在采用该方法进行求解的过程中无法考虑土体材料的应变与位移的协调情况，并将导致所获得的安全系数解和应力分布状态与实际状态互相违背。

1.2.2 有限元方法

边坡稳定性分析的有限元方法有增大外部荷载直到边坡破坏，以及对土体强度参数进行折减以使边坡在折减后的强度条件下恰好达到稳定极限状态两种手段，其中后者即是强度折减法。受制于计算机软硬件水平，强度折减法在初期并未得到应有的重视和发展，随着计算机建造水平的不断提高，强度折减法也被广泛接受、应用并得到了长足的发展。

宋二祥认识到强度折减法对路基及堤坝等工程中的边坡工程安全系数计算的重要性，并借助弧长控制方法对强度参数的折减量进行约束。Griffiths 等认为在借助强度折减法求解安全系数时，如果在足够的迭代计算过程中均没有搜索到合适的安全系数，则说明该结构内部没有满足屈服条件和应力平衡的应力分布，已经发生了破坏。Dawson 等比较分析了采用强度折减法和上限法获得的边坡安全系数解，并发现采用强度折减法获得的计算结果略高于上限法获得的结果。Dawson 等认为在符合关联流动法则的前提下进行岩土体结构稳定性分析时，材料弹性常数等因素对目标函数解没有影响。连镇营等以塑性区的贯通为边坡破坏的标准，对材料弹性模量、泊松比及剪胀角等因素对边坡安全系数的影响进行分析，并认为上述诸因素对边坡稳定性的影响较小。此外，有诸多国内学者对流动法则以及不同土体强度准则条件下的强度折减法的应用效果进行了研究。

借助强度折减法进行边坡工程的有限元分析时，一般有如下两种手段：其一是不断对折减系数进行更改，直到找到边坡破坏时所对应的折减系数也就是安全系数为止；其二是首先在初始的材料强度条件下完成模型的开挖与加载等过程，然后不断对折减系数进行迭代计算以找到系统稳定的极限状态。采用有限元方法分析边坡稳定性时，一般采用将极限平衡法与有限元法相结合的方法进行。Kulhawy 率先提出这一思想，并将其定义为改进极限平衡强度法。Wright 等利用该方法对边坡滑动面的局部安全系数进行了计算，并将获得的结果与简化 Bishop 法进行了比较。借助有限元法，Resendiz 和 Zienkiewicz 等对材料破坏时的最大主应力差值进行了计算，并以此对安全系数进行定义，此方法被称为改进极限平衡应力水平法。Adikari 等结合 Kulhawy 提出的强度法和 Zienkiewicz 提出的应力水平法，提出了一种新的安全系数定义，借助该方法获得的安全系数解也介于 Kulhawy 法和 Zienkiewicz 法之间。

Naylor 分别提出了直接法和改进极限平衡法两种计算边坡稳定性的有限元分析方法。其中，改进极限平衡法以边坡潜在滑移面上的应力条件为研究对象，借助应力平衡条件通过穷举法获得最危险滑动面对应的边坡安全系数。尽管该方法具有一定的先进性，但是插值计算过程较为复杂。此后，Farias 等对该方法进行了改进，使其计算过程更为简单，更具实用性。

在 Kulhawy 提出的安全系数的基础上，Fredlund 等提出了一种类似于 Naylor 提出的改进极限平衡法的“有限元边坡稳定分析法”。Fredlund 等认为借助有限元法获得的边坡内力情况更为准确，并将计算结果引入极限平衡法中，以此解决了极限平衡方法中的应力平衡问题。Fredlund 法的基本流程为：首先，确定条分法底面形心所在的位置单元；然后，通过高斯积分对单元节点应力进行计算，将采用差值方法计算的结果导入底部截面形心处；接着，采用坐标转换的方式确定正应力与剪应力；最后，对边坡安全系数进行计算。计算发现，材料泊松比将会对边坡安全系数的大小和潜在滑动面的位置产生影响。此外，当土体内摩擦角较高而黏聚力较低时，该方法获得的边坡安全系数计算结果与传统的极限平衡法结果之间存在较小差异。

Pham 等利用动态规划法成功解决了 Fredlund 法需要对边坡潜在滑动面的形状和位置进行预先假定的缺陷。Krahn 对极限平衡有限元方法的优点进行了总结：极限平衡有限元法仅需要对应力进行计算就可获得边坡的安全系数；在考虑应力集中且满足位移协调性的基础上无须对条间力进行假设，无须进行迭代计算，同时可以较为方便地考虑土体与结构物之间的相互作用以及地震荷载等因素对边坡稳定性的影响。

1.2.3 极限分析法

弹塑性材料的变形过程可以分为三个阶段，即荷载较小时的弹性变形阶段，荷载逐渐增大后的约束塑流的中间阶段和荷载持续增大后的自由塑流阶段。在塑性变形阶段，即使材料所受应力不再增加，不可逆的材料形变仍然不断发展。极限分析法作为广泛应用于岩土体结构稳定性评价的研究方法，可直接对处于塑性变形阶段的岩土体材料稳定性进行分析，并可最终获得描述岩土体结构稳定性的目标函数解。

极限分析法由上限法和下限法组成，分别对应岩土体材料发生破坏时的荷载上限和下限。上限定理的原理与求解过程为：在相关联流动法则和速度相容条件的基础上，构建合理的岩土体结构破坏模式，然后对破坏机构上的内能耗散功率和各项外力功率进行计算，并建立岩土体结构处在稳定的极限状态的能量平衡方程，最终可通过对方程的求解获得描述岩土体结构稳定性的目标函数解。下限法的基本原理则是在岩土体结构应力场的基础上获得边坡稳定性解。上限法获得的解为上限解，即岩土体结构在发生破坏时所受荷载必将小于这个上限解，而下限法获得的解为下限解，即结构的真实破坏荷载必将大于任意下限解。通过对上限解和下限解的分别求解，可以获得结构破坏真实解的所在区间。

极限分析上限法首先被应用于边坡工程稳定性评价中，其后该方法被逐渐拓展到各类岩土体结构的稳定性评价中。Chen 于 1975 年发表了著作 *Limit analysis and soil plasticity*，该专著除了对极限分析方法的基本假设及使用方法进行了详细叙述，还对边坡稳定性、挡土墙主被动土压力、混凝土结构等诸多问题进行了求解。其后，极限分析上限法被广泛应用于边坡稳定性、隧道稳定性、挡土墙主被动土压力以及地基承载力的计算与分析中，获得了大量的优秀成果。

1.2.3.1 破坏机构的研究

Chen 在其著作 *Limit analysis and soil plasticity* 中，提出了边坡的平移破坏机构和旋转破坏机构，分别如图 1-3(a)和图 1-3(b)所示，并对该两种不同破坏机构下的边坡稳定性进行了求解。

图 1-3(a)所示的破坏模式中，边坡被潜在滑裂面分割为两个部分，其中滑裂面以上部分沿着滑裂面向下滑移破坏，滑裂面上不同点处的滑动速度即线速度与潜在滑裂面的夹角均为内摩擦角 φ，但速度各不相同。图 1-3(b)中的破坏机构的潜在滑裂面为一条绕 O 点发生旋转破坏的对数螺旋曲线，滑裂面上任一点与潜在滑裂面切线的夹角也为内摩擦角 φ。边坡的实际破坏情况多为平动与转动相结合的破坏模式，其中图 1-3(a)所示的平移破坏机构适用于层理、节理与裂隙等发育的岩质边坡，而图 1-3(b)所示的旋转破坏机构适用于均匀土质边坡中。

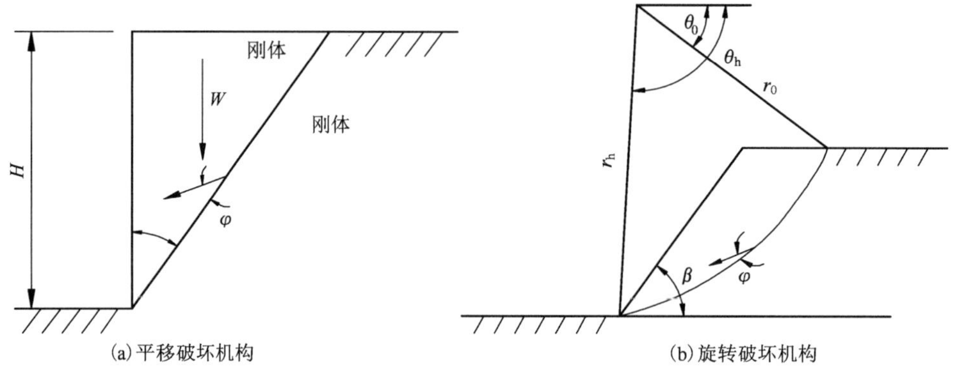

图 1-3 边坡的破坏机构

Donald 和 Chen 建立了多个块体组成的适用于岩质边坡的平移破坏机构，如图 1-4 所示。其中边坡的破坏模式由多个刚性块体组成，边坡发生滑塌时，线速度发生在各个块体之间的分割面上。该机构可以较好地反映节理构造对岩质边坡稳定性的影响作用。王根龙在图 1-4 所示的多块体岩质边坡滑动破坏模式的基础上，将孔隙水压力、地震荷载及锚杆加固等作用加到边坡破坏模式中，并对上述各项因素对边坡稳定性的影响进行了研究。

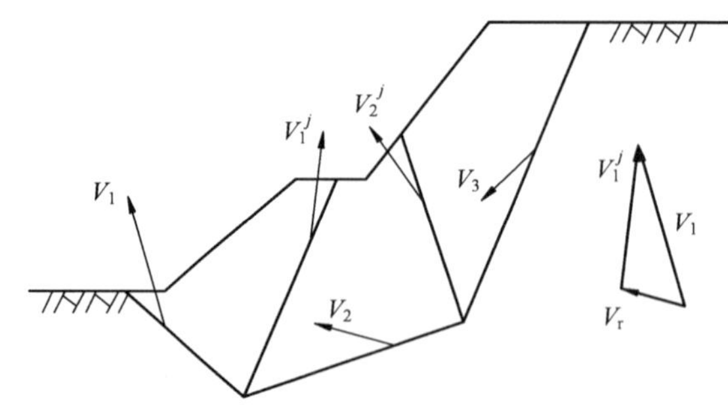

图 1-4 岩质边坡的折线性破坏机构(Donald 和 Chen)

在边坡平动破坏模式的基础上，李新坡等考虑岩质边坡构造特征和强度各向异性因素的影响，进行了岩质边坡和加固土质边坡的稳定性分析，并通过差值计算的方法探讨了构造面对滑移速度和边坡稳定性的影响。

平动破坏机构同样适用于土质边坡，Michalowski 采用条分的方式将土质边坡划分为若干纵向条块，分别计算获取了不同条块之间的间断速度以构造协调速度场，如图 1-5(a)所示。该方法在满足极限分析上限法关于速度场的构建要求的同时，亦满足极限平衡法中关于条块之间静力平衡的要求。

通过对比分析发现，此破坏模式条件下获得的边坡安全系数解亦符合极限平衡法要求。但是，尽管该方法可以较好地对均匀土质边坡的稳定性进行评价，但是难以对土体强度非均质的土质边坡和层理、节理发育的岩质边坡稳定性进行分析。所以，在此方法的基础上，Chen 提出了二维边坡稳定性分析的斜条分法，如图 1-5(b)所示。Chen 提出的斜条分法可同时满足条块之间的应力平衡条件与破坏机构的速度相容条件，并可最终通过对各项功率的计算获得边坡稳定极限状态的能量平衡方程。对比计算发现，该方法获得的目标函数解与滑移线场法获得的解之间的误差不超过 3%。

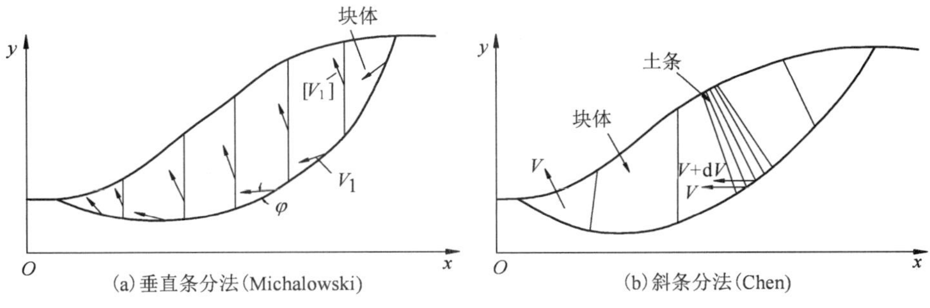

图 1-5 边坡的垂直条分法与斜条分法(Michalowski 和 Chen)

进行边坡稳定性评价与分析时，如果边坡的潜在滑动面已经确定，则可借助竖条分法对安全系数等描述边坡稳定性的目标函数进行求解。但是如果边坡的潜在滑动面为未知，则需要借助优化方法确定边坡的最危险滑动面，并在此基础上获得边坡稳定性评价。对数螺旋曲线可以应用于各类均质边坡的稳定性分析中，然而，当边坡岩土体为层理、节理及裂隙等发育或为非均质材料时，则不可盲目采用对数螺旋破坏机构对边坡稳定性进行求解与分析，需根据具体情况构建合理的平动与转动相结合等的破坏模式以最终获得边坡稳定性目标函数解。

1.2.3.2 极限分析有限元的研究

在利用极限分析上限法进行边坡的稳定性分析时，一般需要对边坡的潜在滑动面的形状进行假定，即设定其为一条直线、圆弧或者对数螺旋曲线。然而，实际工程中边坡破坏面的形状往往是未知的，这将导致极限分析上限法的部分计算结果与真实解之间存在一定误差。此时，可采用将极限分析方法与有限元法相结合的方式进行稳定性分析，即为边坡稳定性分析的极限分析有限元法。该方法的基本原理为将边坡划分为若干微元，并通过各微元之间的速度关系进行边坡稳定性分析，如图 1-6 所示。

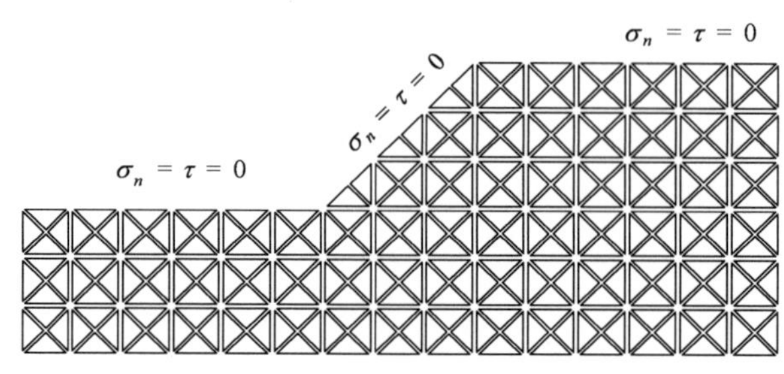

图 1-6 边坡的刚塑性有限元计算

极限分析有限元方法的提出和发展对地质与几何条件复杂的边坡工程稳定性评价具有重要意义。在采用该方法进行目标函数求解时，实际上将计算过程演化为了一个数学规划问题。在塑性原理的基础上，Anderheggen 采用线性规划方法对各类岩土工程结构的承载能力和稳定性进行了分析，使塑性理论得到进一步发展。Sloan 分别就微元之间速度间断条件提出了速度间断的极限分析有限元法和速度连续的极限分析有限元法，并分别对两种方法的有效性进行了计算验证。Abbo、Merifield、Munoz 和 Lyamin 等学者也在极限分析有限元方法的基础上进行了边坡的稳定性研究。

除了极限分析有限元方法耗时较多外，与传统的极限分析方法相比，极限分析有限元方法在速度相容破坏机构的构建和工程实际条件的适应性上具有显著优势。与此同时，非线性条件的加入使极限分析有限元法进一步上升到一个崭新的高度。

1.2.3.3 极限分析中非线性准则的研究

岩土体结构稳定性分析通常是在线性破坏准则的基础上进行的，也就是说，材料在破坏过程中的最大与最小主应力之间为线性关系。然而，大量的试验与理论研究证实岩土体材料的破坏过程实际上是非线性的，表现为不同条件下的最大与最小主应力关系并非唯一。由于非线性强度准则所描述的是材料的最大与最小主应力之间的关系，因此并不容易直接在岩土体结构稳定性分析中应用。为了解决这一问题，杨小礼提出了针对非线性强度准则的广义切线技术，即采用一条强度包络线的外切线来获取岩土体材料抗剪强度，并最终获得强度非线性条件下岩土体结构稳定性的方法。该方法被广泛应用于各类岩土工程结构稳定性分析中，并较好地解决了强度非线性条件下的隧道稳定性问题、边坡稳定性问题及地基承载力问题。

除对非线性 Mohr-Coulomb 破坏准则具有良好的适用性外，Yang 等同样将广义切线技术应用到 Hoek-Brown 强度准则条件下的岩质边坡稳定性分析中，对地震荷载及孔隙水压力等不利因素作用下的边坡稳定性进行了分析。

1.2.3.4 孔隙水压力功率在极限分析中的计算

自然状态下的边坡长期遭受降水作用影响，边坡土体内部孔隙水压力不断积蓄，对边坡稳定性产生不利影响。Miller 运用上限方法对孔隙水作用下的边坡进行稳定性评价时，将孔隙水压力视为一个内力。然而，诸多学者在后续的研究中发现当将孔隙水压力视作一个外力时，所获得的边坡稳定性评价更为准确。在此之后，进行边坡稳定性分析时，一般将孔隙水压力视作外力，其功率可表示为：

$$W_{\mathrm{u}} = -\int_{\mathrm{V}} u\dot{\varepsilon}_{ij}\mathrm{d}V - \int_{\mathrm{S}} un_i v_i \mathrm{d}S \tag{1-1}$$

式中：$u=r_u\gamma z$，为孔隙水压力；V 和 S 分别为边坡滑动部分体积和滑裂面面积；$\dot{\varepsilon}_{ij}$ 为体应变率；n_i 和 v_i 分别为滑动面上任意一点的方向向外的单位矢量和线速度。等式右侧两项分别为孔隙水在边坡土体内部和边坡边界上所做功率，当不考虑边坡外部水力作用的影响时，孔隙水压力表示为：

$$W_{\mathrm{u}} = -\int_{\mathrm{V}} u\dot{\varepsilon}_{ij}\mathrm{d}V \tag{1-2}$$

1.2.3.5 地震荷载功率在极限分析中的计算

地震荷载同样是对边坡稳定具有威胁的不利因素，是地震多发地区边坡滑塌失稳的主要诱因之一。在研究地震荷载对边坡稳定性的影响时，如果只考虑地震荷载引起的下滑力对边坡稳定性的影响作用，则可借助拟静力法来实现地震荷载作用。地震荷载有水平和竖直两个方向，但是在分析的过程中一般只考虑水平地震荷载的影响，这是由于一般情况下竖向地震荷载加速度量级要远远小于水平地震荷载加速度量级，且两个方向上的最大加速度往往不在同一水平。因此，可采用下式对水平地震荷载功率进行计算：

$$W_{\mathrm{s}} = k_{\mathrm{h}}\int_{\mathrm{V}} \gamma_i v_i \mathrm{d}V \tag{1-3}$$

式中：γ_i 为土重；v_i 为速度矢量；V 为边坡滑移部分体积。

1.3 三维边坡稳定性研究现状

由于破坏机构构造和计算简便等方面的原因，传统的边坡稳定性分析绝大部分在二维平面应变情况下进行，然而，作为具有显著空间效应的岩土工程结构，边坡的结构、受力状态和真实失稳破坏过程均具有显著的三维特性，尤其在地质构造等条件复杂的情况下，二维分析与三维分析之间目标函数的获取过程与优化解差异明显，二维分析结果准确度有待商榷。不论是出于对破坏模式、受力状态还是位移状态等合理性的考虑，能获得更为接近真实破坏过程与目标函数解的边坡三维分析都十分有必要。

边坡二维稳定性分析的实质是将边坡宽度考虑为无限，然而，实际工程中，无论是边坡的失稳破坏还是开挖，均是具有一定宽度限制的，这就导致二维分析与实际破坏情况差异明显，计算获得的边坡稳定性目标函数解较之实际情况较小。可见，将边坡从二维过渡到三维后，其与工程实际的吻合度将得到较大提升，获得的解亦将更为合理。

对于岩质边坡，由于其结构的各向异性和节理构造的特点，由两个分界面和边坡坡面以及潜在破坏面组成的楔形破坏应用广泛。对于此类破坏形式，在结构各向异性表现不明显的情况下，基于二维状态分析获得的边坡稳定性解仍具有较大的可靠性，但是对于岩体构造强度差异较大的岩体，该方法的使用则不再具有有效性，三维分析将获得更好的分析效果。

1.3.1 三维边坡极限平衡法

边坡稳定性分析是一个具有空间效应的典型三维问题，较之保守的二维解，边坡的三维稳定性解更为精确，已经越来越多地为工程界所接受和使用。

三维边坡稳定性的极限平衡法是在二维极限平衡法的基础上发展起来的，其基本思想为将二维条件下的条块拓展为三维状态的条柱，进而在静力平衡的基础上进行稳定性分析。Hovland 首先将瑞典条分法从二维拓展到三维，提出了三维“条柱法”概念。然而，该方法的精确度本就不高，拓展到三维后精确度进一步降低，甚至出现三维条件下获得的边坡稳定性目标函数解低于二维解的情况。在忽略条柱之间条间力的基础上，Hungr 分别就条柱之间的力平衡和力矩平衡建立了边坡的三维极限平衡法，可分别视为三维 Janbu 法和三维 Bishop 法。基于经典极限平衡法，Lam 采用 5 种不同的条间力计算模型建立了边坡稳定性分析的三维极限平衡法。然而，该方法的运算量过大，且存在收敛问题。通过三维边坡潜在滑动面为椭球面的假定，Zhang 将 Spencer 法拓展到三维；通过对各条柱柱底摩擦方向不同的假设，Huang 由不同滑动方向上的力矩平衡条件获得了三维条件下的边坡极限平衡的安全系数解；根据边坡的实际破坏模式，Chang 进行了二维边坡条块的模块体划分，并提出了一种计算过程复杂、难以掌握的三维边坡极限平衡计算方法。Silvestri 提出了球面破坏机构的三维长大纯黏土边坡的极限平衡求解方法，并对该方法进行了适当改进。此外，Zheng 和 Zhou 等学者也就边坡的三维极限平衡问题进行了相应的解答。

国内方面，以边坡的渐进破坏过程为切入点，王家臣等建立了以材料为空间随机介质的三维边坡渐进破坏计算模型。冯树仁将三维 Janbu 法的边坡滑动面简化成不连续面、球面、椭球面等不同类型的滑动面，并在此基础上求得了满足指定方向静力平衡条件的三维边坡极限平面解。陈祖煜建立了满足 3 个静力平衡和 1 个力矩平衡的三维边坡极限平衡计算模式，该模式可适用于破坏面为任意的三维边坡的破坏模式，具有较大的灵活性。杜建成将由二维不平衡推力法开拓的三维极限平衡方法应用到工程实际中，取得了良好的应用效果。郑榕明在 Bishop 法基本假定的基础上，将此方法拓展到能够对对称和非对称破坏机构进行计算的三维法。谢谟文将 Hovland 法和基于 GIS 的数据分析方法相结合，提出了一种新的三维极限分析方法。结合 Janbu 法和 Spencer 法，张均锋将二维极限平衡法拓展到满足任意条块间的静力和力矩平衡条件的可适用于破坏面为任何形状的三维极限平衡法。

在认为各条柱间的分界面同样处在极限平衡状态的基础上，李同录考虑了各条柱上三个不同方向的应力平衡，提出了考虑条柱间和柱底作用力与摩擦力方向对边坡稳定性的影响的三维边坡极限平衡法改进方法，并给出了描述边坡稳定性的目标函数解答。顾晓强根据条柱间的静力平衡条件和破坏机构发生旋转破坏时的绕旋转轴的力矩平衡条件，构建了一种新的三维边坡极限平衡方法。张常亮给出了可根据不同约束条件获得瑞典条分法、简化 Bishop 法、简化 Janbu 法及简化 Spencer 法等方法的三维边坡极限平衡的通用形式与具体的计算过程。朱大勇借助瑞典条分法对条柱间的法向应力进行分析求解，首次获得了边坡的严格三维极限平衡解。其后，郑宏在朱大勇的基础上，将三维边坡极限平衡解规划为特征值求解问题，并成功解决了边坡稳定性目标函数计算不收敛问题。陈昌富通过类 M-P 法的条柱间作用力假定构建了 M-P 法的三维边坡极限平衡解。

总的来说，虽然理论上三维层面的边坡稳定性解更为精确，但是在将二维极限平衡法条件的条块拓展到三维条柱后，各条柱之间的应力平衡关系更为复杂，需要借助大量的方程对平衡关系进行求解。此外，过多的平衡条件之间的协调性和收敛性等问题仍有待改进。

1.3.2 三维边坡极限分析方法

极限分析方法理论严谨、求解方便，在岩土工程结构稳定性分析中得到了普遍的接受和广泛的应用。在此方法的基础上，已经有多位学者针对二维摩擦性土($\varphi \neq 0$)边坡的潜在破坏面的形状和破坏机构的构造进行了大量的研究。

尽管极限分析上限法在二维边坡稳定性分析中取得了良好效果，但是边坡破坏是一个典型的具有空间效应的三维问题，三维边坡的稳定性分析与评价仍有待提高。尤其是对于复杂边坡而言，三维边坡破坏模式的构建是上限法应用的难点与关键。目前为止，应用于极限分析上限法中的三维边坡破坏机构主要有以下几种。

1.3.2.1 单块体或多块体滑移破坏机构

Giger 和 Krizek 在极限分析上限法的基础上对局部荷载下三维竖直转角边坡的稳定性问题进行了探讨，但该方法在一些特殊情况下无法获得有效的边坡破坏模式。此外，Drescher 构建了一般三维边坡的单块体平移破坏模式。

在严格塑性理论的基础上，Michalowski 构建了一种适用于排水性均匀土体的三维边坡破坏机构。该机构将边坡滑动部分划分为若干平行于边坡走向的三棱柱或四棱柱体，相邻块体之间的分界面垂直于滑块的对称轴，如图 1-7 所示。破坏机构的侧端由所划分的三棱柱与四棱柱的底面构成，并于竖直面之间形成一定的夹角。该破坏机构就可对坡顶作用有矩形分布荷载的三维边坡稳定性进行研究，并认为在破坏过程中荷载作用位置不发生改变。

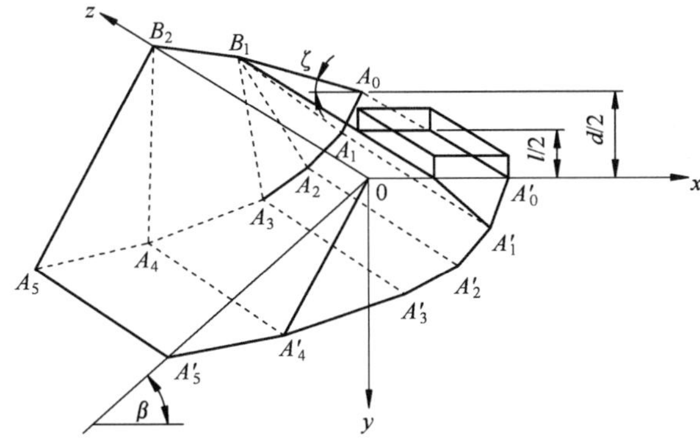

图 1-7 Michalowski 提出的三维边坡条分破坏模式

Farzaneh 和 Askari 将 Michalowski 提出的三维边坡多块体破坏模式拓展到使用于三维非均质边坡的稳定性分析中。该破坏模式仍然由多个块体组成，且每个块体的两端均由3个或更多的小平面构成。该破坏机构可适用于边坡滑动面通过边坡坡趾、坡趾上方和坡趾前方三种不同的工况。不仅如此，Farzaneh 和 Askari 还对 Michalowski 的优化算法进行了进一步改进，使之可适用于高度与宽度不同的三维边坡稳定性分析中。

2008 年，Farzaneh 和 Askari 等进一步提出了针对具有外凸性的圆形地基的稳定性与极限承载能力的评价方法。该破坏模式同样由一系列刚性块体组成，各块体之间被方向水平的见断面分割，块体两侧端面与竖直方向之间存在一定夹角。计算研究表明，外凸性的三维地基的极限承载力较三维边坡地基的承载力较低。然而，当没有外部和在作用时，外凸性破坏机构的稳定性则高于平面破坏机构的稳定性。破坏机构外凸曲率对摩擦性材料组成的地基承载力影响较大，而在边坡稳定性评价中对纯黏土边坡稳定性的影响更为显著。

Chen 将 Donald 等提出的基于塑性变形条件的边坡二维破坏机构拓展到三维。该破坏机构采用离散方法将破坏机构土体划分为若干与竖直面呈一定夹角的竖向条块，并在 Mohr-Coulomb 强度准则和关联流动法则的基础上结合中性面假定构建了该破坏模式的三维速度场，最终对安全系数上限解进行了求解。此后，孙平对 Chen 提出的三维边坡稳定性极限分析上限法进行了进一步的改进，在非关联流动法则的基础上建立了三维边坡稳定性评价的上限分析方法。该方法的基本思想为通过构建的二次速度场解决非关联流动法则下的材料在滑裂面上的摩擦力与速度场之间的关系问题。

孙洪月在 Chen 等人研究的基础上提出了锚索作用的三维边坡稳定性计算方法，并对锚索对边坡的加固效应进行了参数分析研究。Zhao 等将 Chen 的研究成果与可靠度分析理论相结合，进行了边坡强度参数的反演分析，并获得了良好的分析结果。

1.3.2.2 三维旋转破坏机构

除了上文中阐述的三维边坡平移破坏机构，同样有大量学者对三维边坡的旋转破坏机构进行了研究。Baligh 和 Azzouz 及 Gens 等分别对纯黏土边坡($\varphi=0$)旋转机构进行了研究，并提出了两侧端面为平面或曲面的三维旋转破坏机构。但是，纯黏土边坡具有较强的特殊性，因此，Michalowski 和 Drescher 于 2009 年提出了一种满足速度相容条件的一般边坡($c\neq0$，$\varphi\neq0$)的三维曲线圆锥破坏机构，当处理的边坡为纯黏土边坡时，该三维破坏机构退化为曲线圆柱。此外，为了解决破坏模式宽度有限的缺陷，Michalowski 和 Drescher 在曲线圆锥破坏模式的对称面处插入了一个具有一定宽度的平明应变块体，使三维边坡的宽度可无限增大，当宽度为无穷大时，该三维边坡破坏机构下获得的边坡目标函数解与二维平面应变解相同。其后，Michalowski 在此破坏机构的基础上提出了一系列可对边坡稳定性进行快速评价的稳定性图表。Michalowski 和 Drescher 提出的曲线圆锥破坏模式对三维边坡稳定性的极限分析研究起到了强大的促进作用，此后，诸多学者在此破坏机构的基础上进行了一系列拓展与研究，取得了良好的效果，具体可归纳如下。

(1)边坡破坏模式。

Michalowski 和 Drescher 于 2009 年提出的三维边坡破坏模式的边坡潜在滑裂面通过边坡坡趾，仍然具有一定的特殊性。因此，Gao 和 Zhang 等人将该破坏机构拓展为三种不同的形式，即分别为坡趾破坏、趾前破坏和坡面破坏。其中，趾前破坏多出现于边坡土体黏

聚力 $\varphi=0$ 的情况，而坡面破坏则多为边坡宽高比较小的情况。

(2)破坏机构。

Yang 等将三维边坡破坏机构拓展到二级边坡的稳定性分析中；Han 等则在曲线圆锥破坏机构的基础上进行了无支护作用的基坑边坡稳定性研究；Huang 和 Wang 等则将三维边坡的旋转破坏机构与平移破坏机构相结合，提出了适于含软弱夹层的边坡稳定性分析。

(3)岩土体强度非线性。

借助广义切线技术，Yang 等及 Gao 和 Zhang 等分别在曲线圆锥破坏机构的基础上进行了强度非线性条件下的三维岩质与土质边坡的稳定性分析。

(4)孔隙水压力。

Michalowski 和 Nadukuru 进行了孔隙水作用下的三维边坡稳定性分析。Gao 等和 Xu 等分别进行了不同水位升降条件下的三维土质和岩质边坡稳定性研究，并绘制了一系列稳定性图表以方便工程应用。Pan 等采用离散技术进行了渗流条件下的三维边坡稳定性研究。

1.4 本项目的主要研究内容

本项目旨在基于极限分析上限法，对不同水位因素等条件下满足岩土体强度非线性、非均质性与各向异性以及非饱和性等性质的二维及三维边坡稳定性进行研究；通过对内能耗散功率和各项外力功率的计算，建立边坡处在稳定临界状态的能量极限平衡方程，以此获得描述边坡稳定性的目标函数解，并借助优化手段最终获取目标函数的最优上限解；采用优化计算程序揭示各参数对二维及三维边坡稳定性的影响规律。项目的主要研究内容有：

(1)借助广义切线技术将非线性 Mohr-Coulomb 强度准则条件下的强度参数分别引入二维和三维边坡上限稳定性分析中。通过对内能耗散和各项外力功率的计算，建立强度非线性条件下的边坡稳定极限状态的能量平衡方程，以此获取描述强度非线性条件下边坡稳定性的目标函数解析式。揭示土体强度非线性、边坡几何特性、水位升降条件及孔隙水压力等因素对边坡稳定性的影响。

(2)在不同的基质吸力分布方式以及线性与非线性非饱和土抗剪强度计算模型的基础上，对三维非饱和土边坡的稳定性进行了上限分析。推导了各计算模型下的非饱和土抗剪强度，得到了三维非饱和土坡的稳定性系数上限解，在此基础上对四种不同类型非饱和土体在不同的抗剪强度计算模型下的稳定性状态进行了对比分析。此外，还对不同坡体内部水位条件下的三维边坡稳定性进行了探讨。

(3)比较分析了广义切线技术与等效 Mohr-Coulomb 强度准则参数方法在处理 Hoek-Brown 强度准则时各自的优缺点与适用性。其后，借助广义切线技术进行了坡体内部水位快速下降、外部水位被快速抽干后的坡体内部水位下降、坡体内外部水位同时下降三种不同条件下的三维岩质边坡稳定性分析。此外，还给出了不同水位条件下的三维边坡稳定性图解，以方便工程初步设计查阅使用。

(4)以深圳高边坡工程为依托，采用本书提出的三维边坡稳定性计算与评价方法，对边坡稳定性进行了分析与评价，在边坡的三维曲线圆锥破坏机构的基础上，构建了台阶型边坡多级边坡的三维破坏模式，以此对强度非线性、渗透力作用、非饱和作用条件下的三维边坡进行了评价。

第 2 章 工程概况

2.1 项目简介

根据建设单位和设计单位提供的初步设计资料，深圳市光明区光明能源生态园项目总占地面积约 13.06 万 m^2(不含边坡)，其中焚烧厂区占地面积约 7.7 万 m^2，焚烧厂区总建筑面积约 5.35 万 m^2，炉渣利用区及填埋库区占地面积约 5.37 万 m^2，炉渣利用区及填埋库区总建筑面积约 0.97 万 m^2。拟建工程分为 3 个片区：焚烧厂区和炉渣利用区及填埋库区。焚烧厂区地坪设计标高为 78.8 m，炉渣利用区地坪设计标高为 70.3 m，拟采用浅基础或桩基础。

现场地形、周边环境平面图如图 2-1 所示。

图 2-1　现场地形、周边环境平面图

2.2 工程地质及水文地质条件

场地内钻探揭露地层有第四系坡积层(Q^{dl})及侏罗系基岩(J)，本次勘察未揭露到第四系坡洪积层(Q^{dl+pl})及残积层(Q^{el})。现将各地层的主要岩性特征自上而下分述如下。

1. 第四系坡积层(Q^{dl})

(1)粉质黏土：灰黄色、褐黄色，湿，可塑，较软～中，含较多碎石屑，层厚0.50～1.50 m，平均0.73 m，层顶标高39.93～104.85 m，平均63.59 m。取土试样6个，均为粉质黏土。标准贯入试验6次，实测，校正击数7～9击，平均8击，标准值7.3击。

(2)基岩(J)：为泥质粉砂岩、砂岩，强风化～中风化状态，分别描述如下。

①强风化(土状)泥质粉砂岩：褐红色，强风化状态，岩石风化强烈，岩芯主要呈硬土状、半岩半土状，该层风化不均匀，部分地段局部夹少量～多量碎岩块。层厚0.50～8.40 m，平均2.29 m；层顶埋深0～1.50 m，平均0.57 m；层顶标高40.55～104.35 m，平均68.86 m；标准贯入试验7次，实测击数55～61击，平均58.1击；校正击数50.5～59.4击，平均55.5击，标准值53.3击。岩石坚硬程度为极软岩，岩体完整程度为极破碎，岩体基本质量等级为V级。

②强风化(岩状)泥质粉砂岩：褐红色，强风化状态，岩石风化强烈，岩芯主要呈碎块状、块状，局部为短柱状，岩块手折易断。该层风化不均匀，部分地段局部夹少量～多量硬土状及中风化岩，场地勘探孔均有揭露，层厚0.70～26.10 m，平均8.64 m；层顶埋深0～27.00 m，平均6.57 m；层顶标高12.84～101.85 m，平均56.94 m；标贯测试6次，实测击数达50击，而贯入厚度均未超过预打段的15 cm，剖面图以“反弹”表示。岩石坚硬程度为极软岩，岩体完整程度为极破碎，岩体基本质量等级为V级。

③中风化泥质粉砂岩：褐红色，中风化状态，岩石风化裂隙较发育，岩芯主要呈扁柱状、柱状，少量块状，岩质软，敲击声哑且易击碎，局部达微风化状态，锤击声脆，场地勘探孔均有揭露(未钻穿)。揭示层厚1.10～16.80 m，平均4.51 m；层顶埋深1.30～29.30 m，平均14.88 m；层顶标高10.54～100.15 m，平均48.07 m。取岩石试样6组，天然单轴抗压强度为4.15～80.97 MPa，平均值48.46 MPa，标准差为32.131，变异系数为0.660，修正系数为0.450，标准值21.93 MPa。岩石坚硬程度为较软岩，岩体完整程度为较完整，综合判定岩体基本质量等级为四级。

④中风化砂岩：灰白色、青灰色，局料红褐色，中风化状态，岩石风化裂隙为较发育，岩体较破碎，岩芯主要呈块状～短柱状，岩质较硬，局部达微风化状态，锤击声脆。揭示层厚1.00～7.72 m，平均3.73 m；层顶埋深1.00～27.30 m，平均13.80 m；层顶标高32.74～73.34 m，平均45.79 m。取岩石试样9组，其中1组试样沿裂隙破坏，饱和单轴抗压强度为42.44～107.33 MPa，平均值63.30 MPa，标准差为23.176，变异系数为0.370，修正系数为0.700，标准值44.17 MPa。岩石坚硬程度为较硬岩，岩体完整程度为较完整，综合判定岩体基本质量等级为三级。

2. 拟建场区水文地质条件

本次岩土工程勘察期内，由于表层土含碎石(或为风化岩)，须用水钻进开孔，故未测得初见水位，勘探结束后除ZK23和ZK91孔未测得孔内静止水位，其余勘探孔测得孔内静止水位埋深0.50～27.60 m(1956年黄海高程为32.2～83.05 m)。

场地位于三角洲边缘，地下水类型为孔隙潜水，主要赋存于土层孔隙中，浅层地下水主要受大气降水的补给，以蒸发及渗流的方式排泄，水位受季节影响，与地表水有水力联系，年变化幅度 1~4 m。基岩裂隙富水程度受裂隙发育程度及补给条件控制，据勘探孔资料，裂隙富水程度弱，但不排除富水性较强的裂隙带存在的可能性。

本次勘察所测地下水位是勘察期间的水位，不能代表本场地的长期水位，更不是建筑物设计使用年限内可能产生的最高水位。根据土质及经验判定，各岩土层均属弱~微透水性，由于透水性差，地下水不丰富。焚烧厂区和炉渣利用区排水平面图如图 2-2、图 2-3 所示。

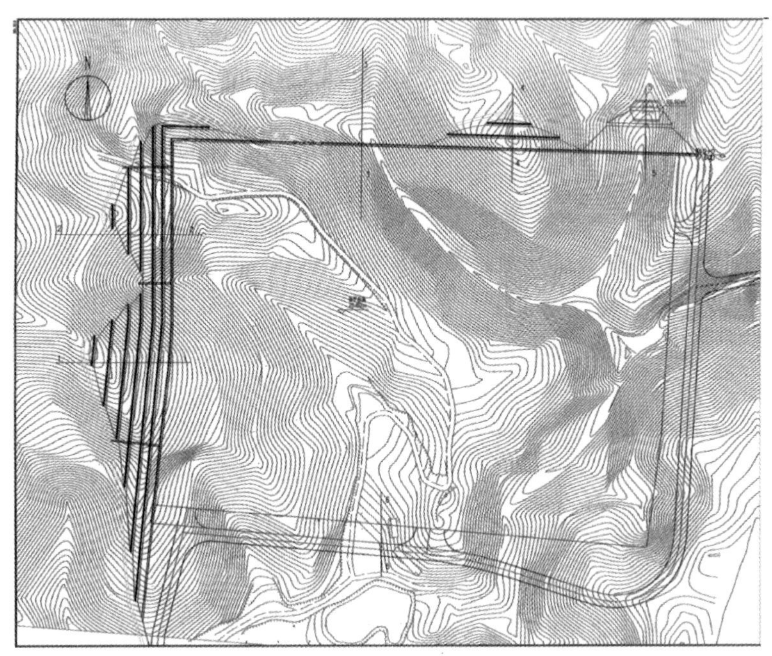

图 2-2 焚烧厂区排水平面图

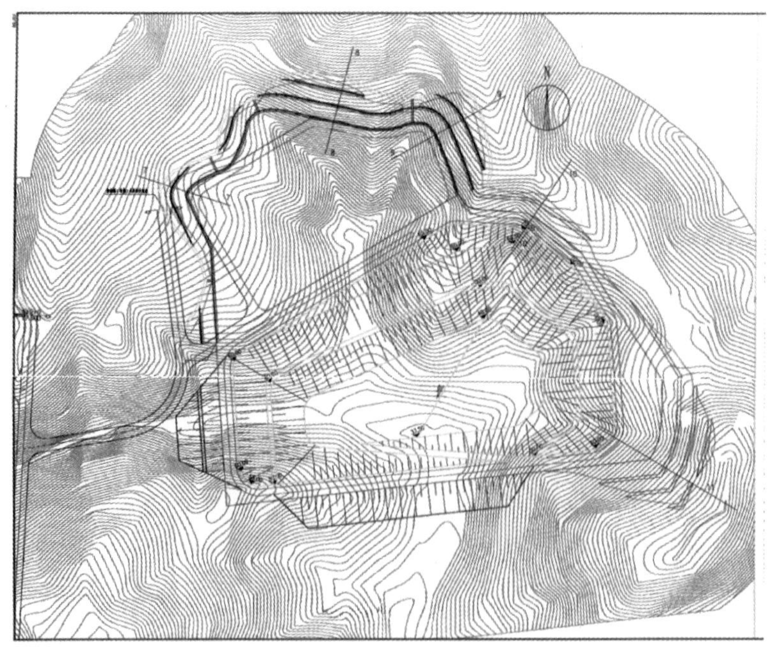

图 2-3 炉渣利用区排水平面图

2.3 支护设计原则

(1)临时工程安全使用年限仅为1年，永久工程安全使用年限为50年。

(2)建筑边坡安全等级为一级，整体稳定系数>1.35。

(3)临时基坑安全等级为二级，整体稳定系数>1.3，基坑使用年限为1年；基坑坑顶2 m内严禁堆载，2 m以外限载15 kPa。

(4)分层碾压：建筑场地、挡墙及道路范围地基承载力特征值f_{ak}不小于1.20 kPa，压缩模量Es不小于6.0 MPa；其余范围场地地基承载力特征值f_{ak}不小于80 kPa；填方边坡密实度不小于0.93。

(5)强夯处理后建筑场地地基承载力特征值f_{ak}>140 kPa，地基压缩模量Es>8.0 MPa。

(6)地表水治理措施：在坡顶设置排水沟，阻断地表水排入场地内，同时在坡底设置排水沟，收集地表水，排至场地外。

(7)确保安全、文明施工，在坡顶应设置安全护栏。

(8)考虑保护环境，抽排的地下水及地表水得经过三级沉淀池后，方可就近排入市管管网，同时出土坡道顶部应设置洗车池，减少对环境的污染。

焚烧厂区和炉渣利用区支护平面图如图2-4、图2-5所示。

图2-4 焚烧厂区支护平面图

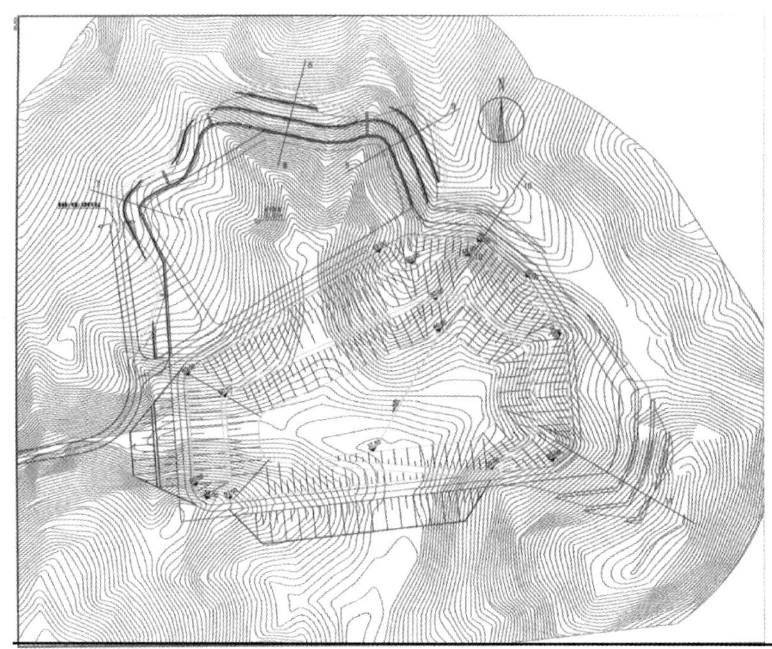

图 2-5　炉渣利用区支护平面图

2.4　土石方平衡设计

焚烧厂区场平标高为 78.80 m，炉渣利用区场平标高为 70.30 m。

按照场平标高 78.80 m、70.30 m 计算厂区土石方量，如表 2-1 所示。

表 2-1　土石方统计表

项目		挖方量/m^3	松散系数	压实后实方/m^3	填方量/m^3
挖方	土方(1、2 类土)	25142	0.93	23382	
	碎石土(5 类土)	253274	1.09	276069	
	石方(中/微风化岩)	281415	1.17	329256	
	合计		628707		
填方	填方				691664
	清表				21300
	合计				712964

注：挖方区清表土方量为 29550 m^3；上表挖方量已扣除清表土方量。

故总填方量为 712964 m^3，总挖方量为 628707 m^3，净方量 84257 m^3，厂区土石方不平衡，土方类别比例根据挖方区钻孔统计得出，仅供参考，具体以实际开挖为准。

上述松散系数根据《深圳市建筑工程消耗量定额(2016)》及相关经验取值，最终根据现场实验确定。

焚烧区和炉渣利用区挖填分区图与填方分区图如图 2-6、图 2-7 所示。

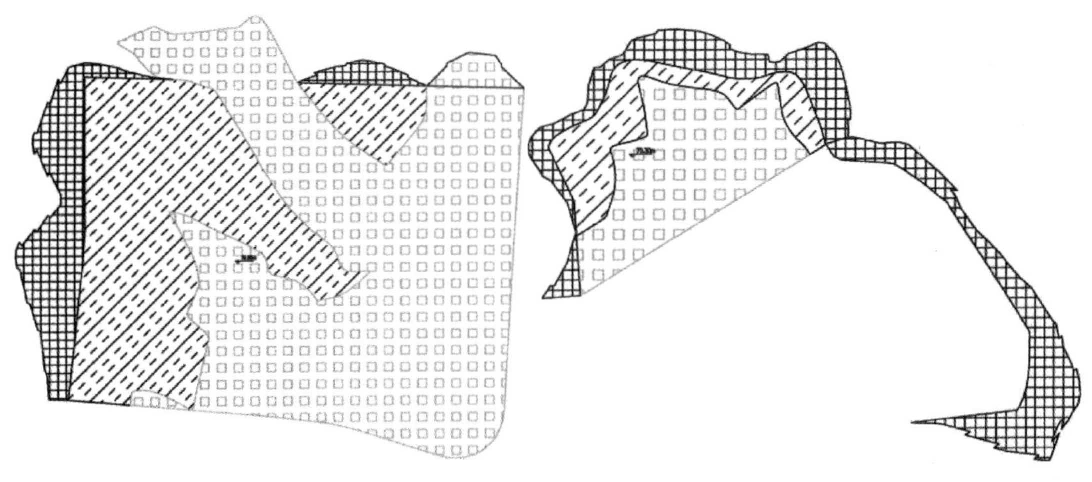

(a) 焚烧厂区挖填分区图　　(b) 炉渣利用区挖填分区图

图 2-6　挖填分区图

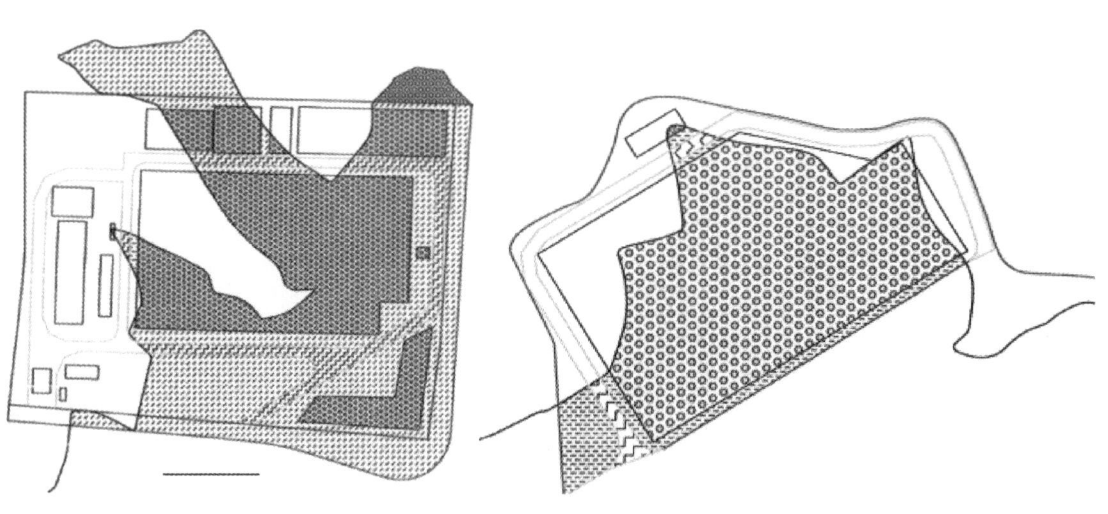

(a) 焚烧厂区填方分区图　　(b) 炉渣利用区填方分区图

图 2-7　填方分区图

2.5 支护结构设计

(1)挖方区：

采用1∶0.5~1∶1放坡+锚杆格构梁支护，格构梁间堆生植袋。

(2)填方边坡区：

采用土夹石回填，1∶2分级放坡，8 m一级，预留2 m平台，坡面采用加筋土护面。

(3)场内填方区：

采用边坡开挖土石方回填，采用以强夯为主，分层碾压为辅的处理方式。

(4)排水：

边坡设置由坡顶截水沟、坡脚排水沟、竖向跌水沟及消能沉砂池组成的边坡排水系统。坡顶截水沟阻断地表径流，通过跌水沟与坡脚排水系统相连，汇集坑底积水至消能池，连接至市内排水系统。

需注意的是，若边坡开挖过程中揭露出顺层、软弱结构面，须增设抗滑桩。

2.6 主要施工技术要求

1. 格构梁

(1)整个格构梁由纵横梁、压顶梁及基座梁组成，格构梁需埋入块状强风化坡面内0.1 m，埋入黏性土坡面内0.2 m。

(2)纵横梁断面尺寸为350 mm×350 mm，按间距2000 mm×2000 mm菱形布置，坡面由景观绿化设计确定。

(3)格构梁每20 m为一段进行浇筑，每段之间留3~5 cm空隙。

(4)格构梁的纵横梁、压顶梁及基座梁均采用C30混凝土浇筑，钢筋保护层厚度均为35 mm。

(5)格构梁坡脚骨架件应施工200 mm厚混凝土板防止水土流失。

2. 锚杆

(1)锚杆施工前应进行锚索基本试验，每种试验锚杆数量不少于3根，试验荷载为设计荷载的1.5倍，试验锚杆不得作为支护锚杆使用。

(2)锚杆采用专业机械成孔，孔位允许偏差为水平方向20 mm，垂直方向20 mm。成孔直径不小于130 mm，钻孔倾角详见剖面图，孔深应超过设计长度0.5 m，终孔后应认真清孔，孔内不得留有残渣，保持孔壁稳定。

(3)锚杆采用HRB400级钢筋，材料强度$f_y=360$ MPa，锚杆采用干作业法成孔。

(4)灌浆材料的水泥采用P.O 42.5R普通硅酸盐水泥拌制，采用水灰比为0.5的纯水泥浆，注浆压力为2.5 MPa，浆体材料28 d无侧限抗压强度不低于25 MPa。

(5) 所有钢筋使用前应先拉直并除锈。

(6) 非预应力锚杆的防腐要求：

①锚杆颈部：锚杆颈为 2.5 m 范围内加过渡管，采用直径 70 mm 的高密高强 PVC 管，管内外注浆，保护杆筋，过渡管进入框架梁内不少于 100 mm。

②其余部位：除锈，且应确保其保护层厚度不小于 30 mm。

③锚头部位：锚头置于梁内，混凝土保护层厚不小于 30 mm。

防腐材料要求：

①在锚杆使用年限内，应保持耐久性。

②在规定的工作稳定期内或张拉过程中不得开裂、变脆或成为流体。

③应具有化学稳定性和防水性，不得与相邻材料发生不良反应。

3. 土石方回填

(1) 土石方回填前先行施工场地周边截洪沟，截断山坡汇水，清除基底垃圾、树根等杂物，压实松土，抽排积水。

(2) 场地回填以分层强夯为主、分层碾压为辅，加筋土区域采用分层碾压。

(3) 回填土不得采用含有机物超 5%的土质，根据现场土石方类别采用混合填料回填。粉质黏土：强风化砂砾(碎石)：中风化块石为 5：45：50，强风化砂岩最大径小于 80 mm，风化块石最大径小于 200 mm，加筋土回填区厚度小于 100 mm；根据现场土石方类别总量，在现场开展配比试验后确定填料级配配比。

(4) 采用黏性土、砂土回填时应通过击实试验确定其最佳含水率和最大干密度以控制施工质量，综合内摩擦角不得小于 35°，施工压实含水量宜控制在最佳含水量 w+2%的范围内。

(5) 各层压实填土施工缝应错开搭接，不得形成上下通缝，各层错开搭接不宜小于 2 倍分层厚度。

(6) 分层强夯/碾压施工质量检验应分层进行，并应在每层的压实系数符合设计要求后铺填上层。

4. 强夯

(1) 强夯施工前应先排除场地积水，清除表面杂草及松软冲填土，如待处理土层含水量过高，应翻晒处理深度 2 m 内的土层，使其基本达到最佳含水量(约为 18%)后摊平，满夯一遍，进行后续强夯施工。

(2) 一次性填筑到起夯面后，开始强夯，夯击 3~6 击为一阵击，形成夯坑后，及时回填土料，进行下一阵夯击。

(3) 回填边坡地带时应超填 2~5 m 宽施工作业面，保证设计坡面线以内土质被压密或夯实后方可收坡至设计坡面。

(4) 强夯施工参数如下：

①点夯：

夯锤：锤径 1.2~1.6 m 异形锤。

夯击能：填方厚度<4.0 m，采用 2500 kN·m；填方厚度 4.0~6.0 m，采用 3000 kN·m；

填方厚度 6.0~8.0 m，采用 4000 kN·m。

夯点布置：正方形布置，夯点间距 3.5 m×3.0 m(2500 kN·m)、3.5 m×3.5 m(3000 kN·m)、4.0 m×4.0 m(4000 kN·m)。

起夯面高程：起夯面高程即填筑后高程，详见强夯平面图。

交工面高程：各个区域交工面高程详见强夯平面图。

击数(收锤标准)：同时满足总击数>15 击和最后 2 击平均夯沉量<10 cm。

遍数：2 遍。

②满夯：

夯锤：15~20 t 铸钢锤，锤径 2.0~2.5 m。

夯击能：1500 kN·m 或 1000 kN·m。

务点布置：锤印搭接宽度不小于 30 cm。

击数：2 击。

遍数：1 遍。

(5)每种夯击能强夯施工前均应选 20 m×20 m 区域进行试夯，通过试夯对强夯的施工参数进行调整，以便指导施工。

(6)强夯施工前应在强夯区域周边施工导流沟组织排水，导流沟底宽 1.0 m，导水坡度不小于 0.2%，由北向南将场地积水导入市政雨水系统。沟壁 1∶0.75 放坡，最外排夯点距离导流沟坡顶不小于 4.0 m。

(7)强夯区交工面整平形成排水坡度，碾压 0.3 m 厚封闭层，压实度为 0.93。

5. 分层碾压

(1)分层碾压区域：根据地基处理要求的不同，选出 3 块典型区域现场进行碾压试验，确定碾压机械、碾压遍数、分层厚度及最优含水量等指标。

(2)分层碾压回填之前应先清表，分层碾压应每碾压一层检测一层压实系数，符合设计要求后方可铺设上一层。

(3)回填材料采用砂质黏性土或全、强风化碎石(粒径不大于 3 cm，加筋土区域厚度不大于 1 cm)，分层厚度 0.3~0.5 m，可选用碾压机械光轮压路机或羊角碾或轮胎式压路机或振动压路机或凸块压路机，碾压遍数根据现场实验选用压路机型号及分层厚度综合确定，压实系数不小于 0.93。

(4)施工压实含水量宜控制在最优含水量 w±2%的范围内。

(5)碾压接头一般重叠 0.4~0.5 m，现场交工面与设计交工面误差，不超过 0.1 m。

(6)边坡回填处每层应超填 2.0 m。待地基处理施工结束后，开挖至设计坡面。开挖后应及时护坡，植草绿化，防止坡面被雨水冲刷。

6. 爆破施工技术要求

边坡设计坡面以外 5 m 范围为控制爆破区，需设减震孔，减少炸药量，坡面采用光面爆破或采用机械人工清基，清除松动块石。

光面爆破施工技术要求：

(1)光面爆破的半孔率不小于0.7，孔心连通，缝的宽度为5~10 mm，地表岩体少破坏。

(2)光面爆破的坡面平整度不大于±15 cm，钻孔左右偏差不大于1°。

(3)岩层爆破清坡后，若坡面出现凹凸不平，对凹处可采用C20混凝土喷平或填平。

(4)爆破振动速度：按相关规范执行。

爆破应由专业爆破公司进行专业设计、施工。

7. 加筋土填筑技术要求

(1)加筋土工格栅选用聚丙烯双拉塑料土工格栅，产品规格为TGST 40-40，每平方米重(500±50)g，纵、横向拉伸强度大于40 kN/m，纵、横向2%伸长率时的拉伸强度大于14 kN/m，纵、横向5%伸长率时的拉伸强度大于28 kN/m，纵向标称伸长率小于15%，横向标称伸长率小于13%，土工格栅光老化等级不低于二级(紫外线辐射强度为550 W/m^2，照射150 h后强度保持率50%~80%)。

(2)每层土工格栅间隔0.5 m，相邻土工格栅搭接宽度不小于0.3 m，除透水砂层外，下层到上层搭接长度为2.0 m；透水砂层下层到上层搭接长度为4.0 m~6.0 m。

(3)加筋土填料分层回填，每层虚铺厚度不大于500 mm，碾压后的厚度为300 mm，填土的压实度要求不小于93%。

(4)加筋土的碾压采用压路机碾压，压路机的吨位为10~15 t，回填料采用砾质黏性土，碾压前应在现场进行压实试验，以确定碾压的遍数，以便指导施工。

(5)在加筋土层间设置砂层滤水层，选用中粗砂，层厚0.5 m，在坡面端部设置细纱网，滤水砂层间距为2.0 m。

(6)加筋土填料应尽量选用具有足够摩擦力的砂性土，小于0.08 mm的颗粒质量比不应大于15%，以利压实，最大粒径不能大于100 mm，腐殖土、淤泥、植被土和生活垃圾不得作为填料。

2.7 施工监测及检测

1. 边坡监测

为保证边坡稳定性和安全，在施工过程中，必须对边坡进行监测。根据监测数据，了解边坡安全状态，判断支护设计是否合理，施工方法和工艺是否可行。

1)监测项目及要求

监测内容根据工程安全等级、支护形式、周边建筑及管线分布情况综合考虑设置。

(1)永久边坡水平位移及沉降监测点：监测点布置在坡顶或平台处。

(2)边坡锚杆内力监测点：采用应力计监测，监测总数不小于锚杆总数的3%，且不少于3根。

(3)边坡及排水系统永久性巡查和维护要求：

①巡查频率：边坡竣工后应至少每月对永久排水沟进行一次巡查，暴雨或台风天前后应增加巡查次数，检查排水沟是否完好，排水是否通畅。

②维护要求：如巡查发现排水沟坍塌、破损或淤堵，应及时进行对排水沟的修缮、疏通，保证边坡水能够及时疏散。

2)监测频率

边坡常规监测频率为：土质部分土方开挖期间每 2 天监测一次；岩质部分土方开挖期间每 4 天监测一次，10 天后统一为 3 天监测一次，竣工半年内每两周监测一次，半年后每月一次，1 年后每 2 个月监测一次。可根据变形速率调整监测间隔时间，当出现险情时应加强监测。监测持续到竣工后两年为止，后期应加强边坡巡查工作。锚杆格构梁及混凝土挡墙监测在支护结构完成后头 1 个月每周监测一次，之后每 1 个月监测一次。边坡为一级边坡，监测进行直至边坡竣工后第 2 个水文年。当遇到台风雨季、监测项目变化速率较大、监测数据接近预警值或有其他突发情况时，应适当加大监测频率直至连续 3 天的监测数值稳定。

监测平面图和各监测项目控制值及报警值如图 2-8、表 2-2 所示。

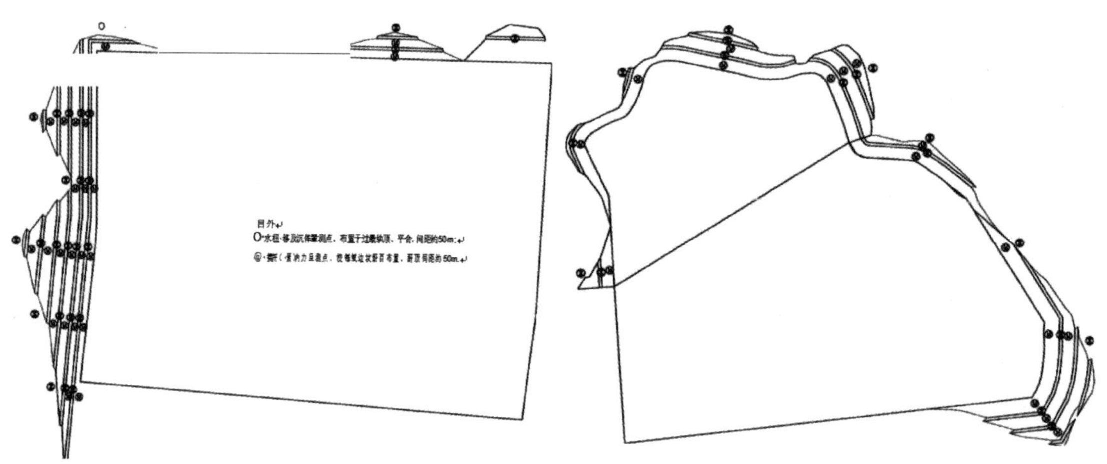

图 2-8　监测平面图

表 2-2　各监测项目控制值及报警值

序号	监测项目		控制值/mm	警戒值/mm	变形速率警戒值
1	沉降	挖方区	60	48	4 mm/d 或连续 3 d 超过 3 mm/d
		填方区	100	80	4 mm/d 或连续 3 d 超过 3 mm/d
2	水平位移	挖方区	60	48	4 mm/d 或连续 3 d 超过 3 mm/d
		填方区	100	80	4 mm/d 或连续 3 d 超过 3 mm/d
3	锚杆内力监测		锚杆内力监测报警值为轴向拉力标准值		

2. 边坡检测

边坡的检测项目包括：

(1)原材料(包括水泥、钢材、砂石、水及外加剂等)的质量检验。

(2)锚杆的质量检验：除了常规的材质检验外，还应进行注浆体强度检验和锚杆验收试验。

注浆体强度检验试块数量每30根不少于一组，每组试块数量：砂浆为3块，水泥净浆6块。锚杆验收试验应在锚固体强度达到设计强度的80%后进行。工程锚杆必须进行验收试验，试验验收锚杆数量取每种类型锚杆总数的5%，自由段位于一类、二类、三类岩石内时取总数的1.5%，且均不得少于5根。

(3)锚杆的防腐质量检测。

(4)非预应力锚杆的抗拔力和预应力锚索抗拔力检测。拉拔力检测数量应取锚杆(索)总数的5%，且不少于3根。

(5)分层碾压应分层检验压实系数，可采用环刀法和试坑法检验，取样点应位于每层厚度的2/3深度处，每100 m^2 检验一个点，每层压实系数检验符合设计要求后，才能铺设上一层，交工面处应采用压板试验检验承载力，每个单位工程不宜少于3个点。

(6)其他相关规范规定的质量检验项目。

(7)施工期间及竣工后，应加强对坡顶1.5H(H为边坡支护高度)范围内的地表裂缝巡查，尤其在暴雨等特殊情况下应加强巡查；出现问题应及时通知相关单位协商解决。

(8)强夯地基检测试夯区及交工面验收采用压板静载试验，每4000 m^2 一组，获得承载力及变形模量值，瑞利波检测及标贯式动探试验作为辅助检验手段，也作为施工过程中的检验手段，每组标贯(动探)孔不少于3个(间距<20 m)。

2.8　异常情况与应急措施

(1)监测超预警值的应急措施：

边坡支护过程中，突然发生涌水时，应立即采用喷射掺速凝剂水泥、堆沙袋等措施，并及时通知监理、设计等相关单位。若发现支护结构位移达到预警值，或支护结构位移速率超过4 mm/d，应暂停施工，及时采用砂石或沙袋等回填反压坡脚、卸载坡顶荷载等有效的应急措施，并及时通知设计等相关单位，加密观测频率，并进行相关分析，适当调整支护结构。若发现与地质资料不符造成边坡有危险的失稳趋势或引起周边建、构筑物出现裂缝、沉降等不正常现象，应立即停止开挖，采取回填土方或堆置沙袋等临时处理措施，并及时通知监理、设计等相关单位，制订好加固方案再进行处理。

(2)遭遇极端天气的应急措施：

边坡施工或使用期间应注意天气预报，在强降雨、台风等极端天气来临前部署好应对措施，停止土方开挖及锚杆施工。在暴雨前后加密监测频率，加强巡查。

(3)支护结构失稳或破坏时的应急措施：

启动应急预案，进入抢险状态。疏散非施工人员和设备，反压坡脚，卸载坡顶荷载，排除诱发因素，待变形稳定后检查原因。勘察验算复核后，修改设计，采取特殊加固措施。

2.9 重大危险源识别

根据《危险性较大的分部分项工程安全管理规定》，本项目危险性较大的分部分项工程有(包括但不限于)：

(1)土石方开挖工程；

(2)模板工程；

(3)起重吊装及起重机安装拆卸工程；

(4)脚手架工程；

(5)拆除、爆破工程；

(6)其他。

施工单位应做好下列工作(包括但不限于)：

(1)模板及脚手架安装和拆除；

(2)爆破需由有资质的专业单位承包，并制订好爆破施工措施，严格按照经过专家评审和相关单位审查后的爆破施工方案进行；

(3)出土坡道两侧坡面应进行相应的防护、支护，由施工单位在施工方案中进一步细化出坡道，应包括合理设置出土坡道纵坡，出土坡道两侧设置防护栏杆等措施；

(4)坡顶及各级平台栏杆应与地面基础墩连接牢固，防止栏杆掉落。

第 3 章
极限分析原理

本章将对极限分析原理进行详细阐述，重点介绍有关极限分析的假设，主要的假设有弹塑性材料假设、小变形假设及相关流动法则。本章对极限分析原理的阐述有助于为后面章节边坡稳定性计算提供理论支撑。

3.1　极限分析概述

土力学研究中，主要关注的是破坏荷载的确定，因为它牵扯到各项实际工程的稳定性和安全评估，因此许多研究者都对这一命题进行深入探讨和研究，并且结合工程实际和先前文献，总结了多种相关理论。常见的方法除了极限分析方法之外，还有传统的极限平衡法和滑移线法，它们都是用来处理土体破坏问题的。极限分析方法并不需要对土体破坏的全过程进行追踪分析，而只需要建立运动学所允许的速度场，即破坏机构，对土体破坏的中间过程不需要进行复杂分析，就能够得到准确的数值解。

在工程应用中，对于土体渐进性破坏很难有完整有效的分析，并且土体的破坏一般来说都是塑性破坏，所以工程应用上偏向于计算在极限状态下的塑性破坏荷载。Chen 总结了之前的研究，在前人研究基础上出版了 *Limit Analysis and Soil Plasticity* 一书，系统且具体地解释极限分析的相关原理和有关工程应用的问题，对极限分析方法的贡献是巨大的。目前极限分析方法由于操作的简易性逐渐被工程人员接受。

本章后续对该理论进行详细的阐述。

3.2　极限分析基本假设

3.2.1　理想弹塑性假设

图 3-1 给出了土体的应力-应变曲线，实线代表土体的实际弹塑性状态，而虚线代表土体的理想弹塑性状态。土体的实际弹塑性曲线是由室内试验获得的，当应变小于 ε_1 时，土体的应力-应变是呈线性关系的，此时土体处于弹性阶段；当应变大于 ε_1 时，土体的应力-应变关系不再是线性的，而出现明显的非线性关系，并且土体应力在应变为

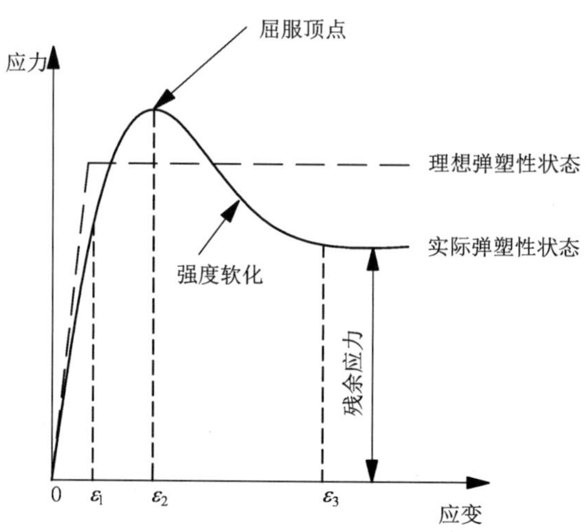

图 3-1 理想塑性材料的应力-应变曲线

ε_2 时达到顶峰，这个应力点也被称为屈服顶点；而当应变大于 ε_2 时，土体应变增加时土体的应力并不会增加，这时候土体处在强度软化阶段；紧接着，当土体应变超过 ε_2 时，土体的应力基本保持一致，并不会随着应变的增加而波动，此时土体进入了流塑阶段，此时的土体应力被称为残余应力。

土体实际弹塑性状态在使用过程中可能有些不便，极限分析将土体的弹塑性状态理想化，得到理想的弹塑性状态，即土体应变小于 ε_1 时，土体处于弹性阶段，土体应力与应变呈线性关系；而当土体应变大于 ε_1 时，土体越过了强度软化阶段，直接到了土体流塑阶段，此时土体应力不会随着应变的增加而改变。在实际工程中，可以根据土体应变程度来规范土体应力，将一个范围内的平均应力作为土体的屈服应力水平，这样的做法可以更合理地显示土体特性。

3.2.2 小变形假设

极限分析原理不仅需要假设土体的材料特性为理想的弹塑性，也需要满足小变形假设。从土体的应力-应变曲线来看，当土体进入流塑状态后，土体应力不会随着土体应变的增加而发生改变，这似乎意味着土体应变能够无限制地增加，但是如果土体的材料尺寸在发生破坏时出现明显的变化，那么会使得整个破坏过程变得难以分析，土体的应变会造成极限分析的复杂化，故在极限分析中不考虑土体尺寸的变化，也就是当土体达到屈服强度时，不考虑赋值较小的弹性形变。因此，在极限分析的研究中，对于材料发生破坏时的尺寸，往往采用的是材料的初始尺寸，并不考虑土体的几何变形。

小变形假设是极限分析中不可或缺的一条，它能够保证土体发生破坏时，土体的几何变形足够小，在极限分析计算中不需要考虑土体几何变形所带来的影响，能够简化整个计算过程，用极限分析带来便利，同时对整个计算的结果并不会造成很大的影响。

3.2.3 Drucker 稳定性公设

Drucker 在 1951 年根据强化材料单向拉伸进入塑性变形状态提出了材料稳定性公设，这是有关于附加外力恒做正功的弹塑性材料强化假设，对于经典塑性理论有着深远的影响，是表征材料强化特性的重要原则，是判断材料稳定的原则，也是极限分析的基本假设。Drucker 稳定性公设指出，材料在加载过程中存在加载曲面包括屈服曲面外凸的重要性质，并且能够建立塑性状态下的本构方程，也就是塑性变形的物性方程，并且定义了两类材料，即稳定性材料和非稳定性材料。

几种材料简单拉伸应力-应变曲线如图 3-2 所示。关于材料的性质，可以从图 3-2 中得出，稳定性材料的应力增量与应变增量乘积大于0，即 $\Delta\sigma\Delta\varepsilon>0$；而非稳定性材料的应力增量与应变增量乘积小于 0，即 $\Delta\sigma\Delta\varepsilon<0$。

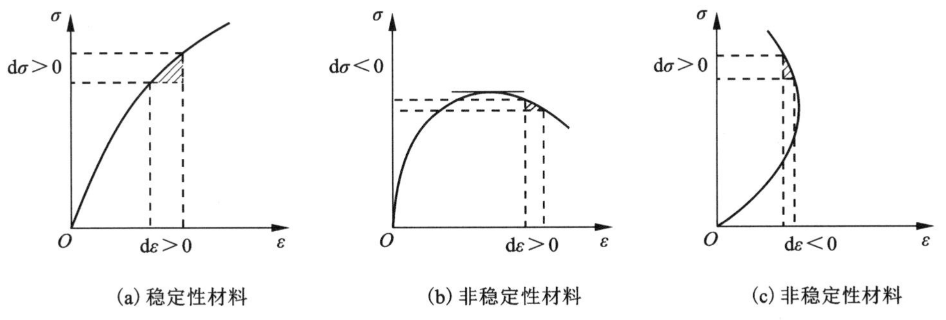

图 3-2 材料简单拉伸应力-应变曲线

另外，稳定性材料也可以定义为：

(1) 对于施加附加力系的整个过程，外力 $d\sigma$ 在所造成的位移 $d\varepsilon$ 上做正功；

(2) 在附加力系 $(\sigma_{ij}-\sigma_{ij}^*)$ 经过加载与卸载完全循环的过程中，外力所做的净功及所造成的位移变化 $d\varepsilon_{ij}$ 是非负的。

这是极限分析原理需要满足的假设，可以用稳定循环条件的数学表达式表达以上的描述：

$$\int_{\sigma_{ij}}(\sigma_{ij}-\sigma_{ij}^*)\,d\varepsilon_{ij}\geqslant 0 \tag{3-1}$$

式中：$(\sigma_{ij}-\sigma_{ij}^*)$ 为某个瞬间的附加应力；$d\varepsilon_{ij}$ 为某个瞬间的应变。

3.2.4 虚功方程

证明极限分析原理需要假设材料在破坏瞬时所发生的几何变形是很小的，可以忽略不计的，这就是上述的小变形假设，小变形假设的核心就是在平衡方程中计算都采用材料的未发生任何几何变形的尺寸，也就是采用材料破坏之前的初始尺寸。小变形假设其实是可以忽略材料破坏时所有的几何变形，根据力学知识，小变形假设就意味着能够使用虚功方程，虚功方程可以描述瞬时破坏的状态。

如图 3-3 所示，虚功原理需要关注两个相互独立且没有任何交集的集合，即平衡集和相容集。这两个集合是共同描述材料变形性质的，它们是相互并列的。虚功方程的表达式如下：

$$\int_{A} T_i u_i^* \mathrm{d}A + \int_{V} F_i u_i^* \mathrm{d}V = \int_{V} \sigma_{ij} \varepsilon_{ij}^* dV \tag{3-2}$$

式中：A 为物体材料的整体面积；V 为物体材料的整体体积；T_i 和 F_i 分别为发生在物体材料表面的表面力和物体材料体积的体积力；σ_{ij} 是与前两者构成任意相平衡的应力集，因此 T_i、F_i、σ_{ij} 三者构成平衡集；u_i^* 为作用点上的虚位移；ε_{ij}^* 为作用点上的虚应变，二者构成相容集。

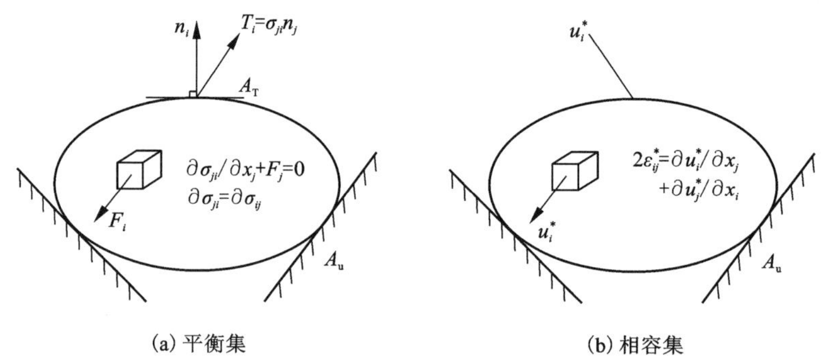

图 3-3 虚功方程中的两个独立集

一个正确有效的平衡集需要符合以下表达式。

对于材料表面的各个点，满足的平衡方程为：

$$T_i = \sigma_{ij} n_i \tag{3-3}$$

对于材料内部的各个点，满足的平衡方程为：

$$\begin{cases} \dfrac{\partial \sigma_{ji}}{\partial x_j} + F_i = 0 \\ \sigma_{ji} = \sigma_{ij} \end{cases} \tag{3-4}$$

式中：n_i 为材料表面各个点的单位外法线方向上对应的向量，如图 3-3(b)所示。材料的虚应变和虚位移需要满足假定的位移场相容的材料之间的连续变形，故它们的表达式如下：

$$2\varepsilon_{ij}^* = \frac{\partial u_j^*}{\partial x_i} + \frac{\partial u_i^*}{\partial x_j} \tag{3-5}$$

值得一提且必须强调的是，包含 T_i、F_i、σ_{ij} 的平衡集与包含 u_i^*、ε_{ij}^* 的相容集并不必然需要是材料的真实状态，这两者可以以任何方式相互联系。在上述的表达式中，使用星号“ * ”并不代表其他意思，而是强调平衡集和相容集的完全独立状态，如果在表达式中代入真实状态，那么星号“ * ”就可以去掉了。当然，除了公式(3-2)的形式，虚功方程还有一种速率形式，可以表达为：

$$\int_{A} \dot{T}_i \dot{u}_i^* \mathrm{d}A + \int_{V} \dot{F}_i \dot{u}_i^* \mathrm{d}V = \int_{V} \dot{\sigma}_{ij} \dot{\varepsilon}_{ij}^* \mathrm{d}V \tag{3-6}$$

式中：$\dot{T}_i$、$\dot{F}$、$\dot{\sigma}_{ij}$、$\dot{u}_i^*$、$\dot{\varepsilon}_{ij}^*$ 分别为平衡集中表面力、体积力、内应力虚位移、虚应变的变化率，这个形式的虚功方程与公式(3-2)同样重要。

虚功方程的实质其实就是假设材料发生破坏时所有的位移足够小，足够小的几何变形不会带来大影响，从而可以用材料初始的尺寸来建立方程组。

3.2.5　屈服准则

土体的应力-应变曲线是由简单的剪切试验或者较为复杂的三项压缩试验获得的，因此对于复杂应力下的土体行为的了解是不容易的且是十分重要的，最主要的是需要知道材料从弹性状态变成屈服或者流动状态的标志是什么。屈服准则指土体由弹性状态变为塑性状态的条件，这个假设就是屈服准则，也被称为理想塑性条件。

一般而言，土体在任意点任意面上发生塑性流动的条件的表达式可以由以下公式确定：

$$\tau = c + \sigma\tan\varphi \tag{3-7}$$

式中：τ 为土的剪应力；c 为土的黏聚力；σ 为土的正向压应力；φ 为土的内摩擦角。土的黏聚力 c 和土的内摩擦角 φ 是土介质的总抗剪参数。

公式(3-7)最早由库仑在 1773 年提出，库仑方程说明土体达到塑性流动的条件就是土的剪应力 τ 要与黏聚力 c 和正应力 σ 呈现线性关系。

如图 3-4 所示，可以采用莫尔在 1882 年提出的应力图形来表示土体三维受力问题。图中纵坐标为剪应力，横坐标为正应力，另外根据土的 3 个应力，即第一主应力 σ_1、第二主应力 σ_2、第三主应力 σ_3，然后以坐标点(σ_1, 0)、(σ_2, 0)、(σ_3, 0)两两连接作为圆的直径，画出 3 个莫尔应力圆。土体任意界面上的应力都会落在最大的莫尔应力圆上，也就是图中的阴影部分。如果 3 个应力状态所形成的莫尔应力圆处于楔形区域以内，那就代表土体保持弹性状态，而当莫尔应力圆与两条直线相切时，土体可能进入了塑性阶段。

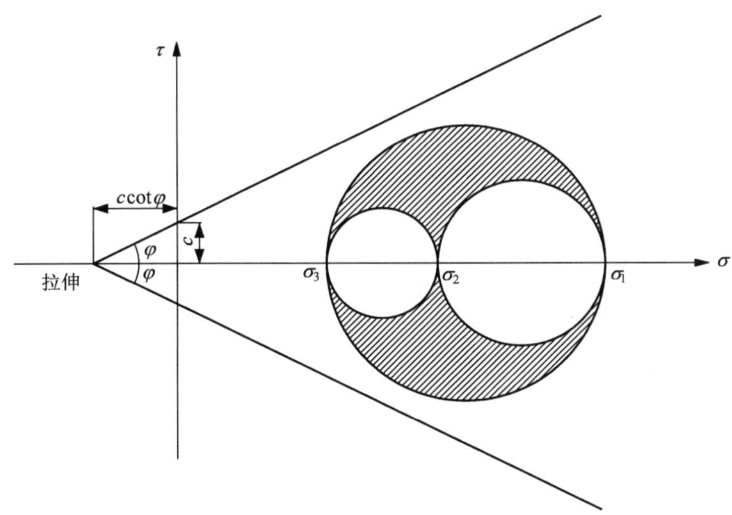

图 3-4　莫尔应力圆和库仑屈服准则

3.2.6 流动法则

极限分析原理与土体塑性有关，土体达到理想塑性状态时，会产生塑流，但是塑流值并不是一个确定的数值，所以可以采用应变率的方式来描述材料弹塑性变化。材料的应变率可以分为两部分，即弹性应变率 $\dot{\varepsilon}_{ij}^{\mathrm{e}}$ 和塑性应变率 $\dot{\varepsilon}_{ij}^{\mathrm{p}}$。

$$\dot{\varepsilon}_{ij} = \dot{\varepsilon}_{ij}^{\mathrm{e}} + \dot{\varepsilon}_{ij}^{\mathrm{p}} \tag{3-8}$$

其中，弹性应变率 $\dot{\varepsilon}_{ij}^{\mathrm{e}}$ 和弹性应力 $\dot{\sigma}_{ij}^{\mathrm{e}}$ 的关系可以通过胡克定律联系起来，塑性应变率 $\dot{\varepsilon}_{ij}^{\mathrm{p}}$ 的求解则涉及流动法则，也可以称为正交条件。对于材料塑性应变率，一般而言需要了解主应变率轴的方向，另外假设主应变率轴和主应力轴的方向一致，可以建立起应力和塑性应变率之间的关系，并根据屈服条件得到塑性势 g，可以表达为：

$$\mathrm{d}\dot{\varepsilon}_{ij}^{\mathrm{p}} = \lambda \frac{\partial g}{\partial \sigma_{ij}} \tag{3-9}$$

式中：λ 为比例系数，是一个大于 0 的常数；g 为塑性势函数，它的外法线方向和塑性应变率方向是一致的，而塑性应变率的向量是方向朝外并且垂直于屈服面的。

图 3-5 显示了屈服面的特点，即整个屈服面均是外凸的形状，并且当屈服面平滑的时候，塑性应变率向量是与平滑面的外法线方向保持一致的。

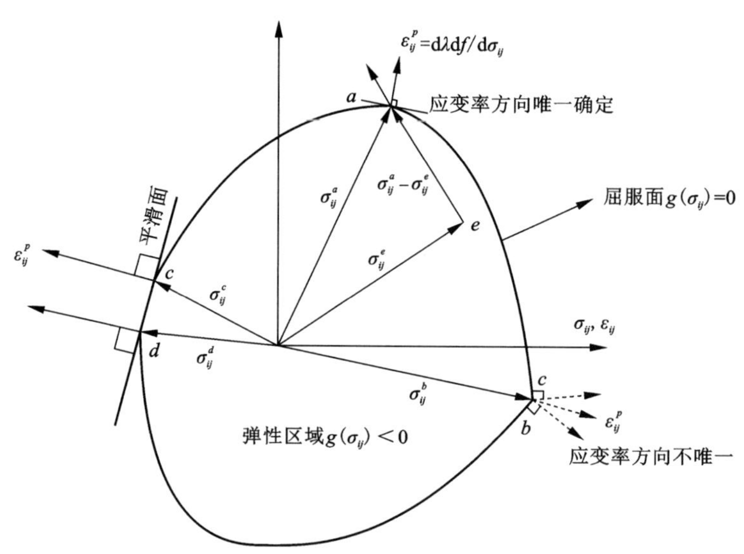

图 3-5 屈服面和流动法则示意图

可以从图中看出，屈服面内的两点之间的关系如下：

$$(\dot{\sigma}_{ij}^{\mathrm{a}} - \dot{\sigma}_{ij}^{\mathrm{e}})\,\dot{\varepsilon}_{ij}^{\mathrm{p}} \geqslant 0 \tag{3-10}$$

式中：$\dot{\sigma}_{ij}^{\mathrm{a}}$ 为屈服面上的点 a 的应力状态；$\dot{\sigma}_{ij}^{\mathrm{e}}$ 为屈服面上或屈服面内除点 a 之外其他任意一点的应力状态。

从外凸的屈服面可以发现，$(\dot{\sigma}_{ij}^{\mathrm{a}}-\dot{\sigma}_{ij}^{\mathrm{e}})$ 与 $\dot{\varepsilon}_{ij}^{\mathrm{p}}$ 这两个向量的夹角应不可能大于 $\pi/2$，因此这两者的乘积是非负的。

值得一提的是，极限分析一般会将公式(3-9)与土体屈服面 Q 结合起来，公式(3-9)可以改写成：

$$d\dot{\varepsilon}_{ij}^{p} = \lambda \frac{\partial F}{\partial \sigma_{ij}} \tag{3-11}$$

公式(3-11)也被称为关联流动法则，结合上述的莫尔-库仑屈服准则，又可以得出以下表达式：

$$Q = \tau - (c + \sigma \tan \varphi) = 0 \tag{3-12}$$

根据莫尔应力圆可以将公式(3-12)表达为：

$$Q = (\sigma_1 - \sigma_3) - (\sigma_1 + \sigma_3)\sin \varphi - 2c\cos \varphi = 0 \tag{3-13}$$

利用关联流动法则，结合公式(3-11)和公式(3-13)，可以得到以下表达式：

$$\dot{\varepsilon}_1^{p} = -\dot{\varepsilon}_3^{p} \tan^2(45° - \varphi/2) \tag{3-14}$$

式中：$\dot{\varepsilon}_1^{p}$ 为最大塑性主应变率；$\dot{\varepsilon}_3^{p}$ 为最小塑性主应变率。

根据公式(3-14)，当土体内摩擦角不等于 0 时，必然有塑性变形伴随着体积增加。为了进一步说明关联流动法则，本节引入一个简单的试验模型，如图 3-6 所示。在试验中，保持法向力 F_n 不动，而水平力 F_t 从 0 开始慢慢增加，直到发生滑动破坏才停止试验。在滑动破坏的瞬间，盖板不仅出现了水平的位移，也出现了竖向的位移，两者之间的夹角为 θ，这表明水平力 F_t 不仅需要克服土体黏聚力，还需要克服两类摩擦引起的阻力。这两类摩擦分别是发生在接触面上的面摩擦和发生在颗粒本身的咬合摩擦，咬合摩擦是导致盖板发生竖向位移的主要因素。

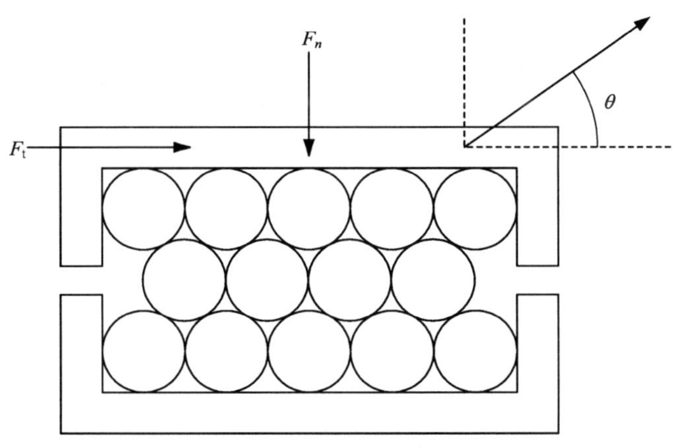

图 3-6　简单物理模型

对于关联流动法则，可以用一种简单的几何解释，可以建立应力应变的坐标，坐标的横坐标为塑性正应变率 $\dot{\varepsilon}^{p}$，纵坐标为塑性剪应变率 $\dot{\gamma}^{p}$，详细情况参见图 3-7。应力和应变率轴重合的时候，塑性应变率外法线方向必然垂直于屈服曲线，这可以说明夹角 θ 与土体内摩擦角 θ 相等。另外，也可以通过数学方式得到：

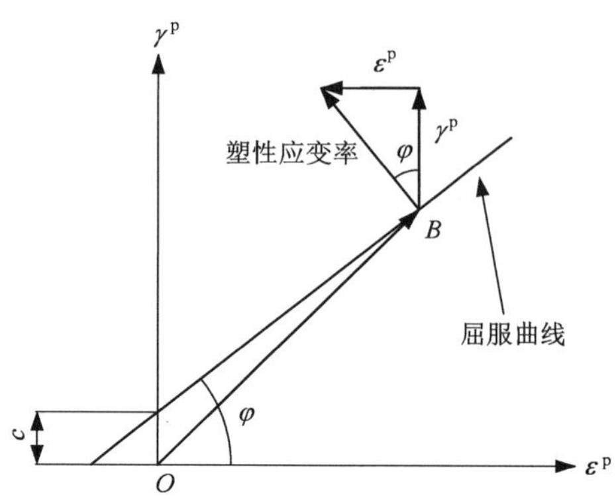

图 3-7 流动法则几何示意图

$$\begin{cases} \dfrac{\partial Q}{\partial \sigma} = -\tan\varphi \\ \dfrac{\partial Q}{\partial \tau} = 1 \end{cases} \tag{3-15}$$

$$\frac{\dot{\varepsilon}^p}{\dot{\gamma}^p} = -\tan\varphi \tag{3-16}$$

式中：$\dot{\varepsilon}^p$ 为塑性正应变率；$\dot{\gamma}^p$ 为塑性剪应变率。

以上是流动法则与关联流动法则的具体介绍，这两个法则都与材料的理想塑性状态有着密切的关系。由于颗粒本身阻止外力改变它的相对位置，所以土体发生滑动破坏时瞬间位移向量和滑动面形成一个与内摩擦角数值相等的角度。

3.3 极限分析上、下限定理

如图 3-8 所示，可以在试验中得到土体的典型的荷载-位移曲线，这条曲线包括 4 个阶段，即弹性阶段、弹塑性阶段、塑性阶段、工作强化阶段。上述说明极限分析的基本原

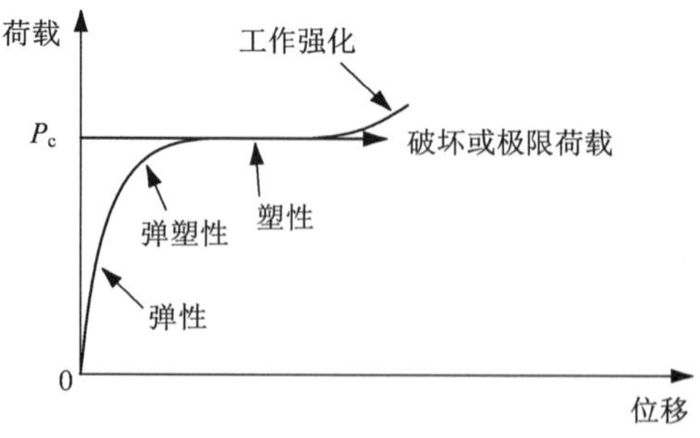

图 3-8 土体荷载-位移曲线

理之一就是需要假设材料为理想塑性材料，也就是工作强化阶段并不是极限分析所考虑的，那么对于极限分析而言，进入塑性阶段的荷载是发生破坏的极限荷载，被称为塑性极限荷载或者破坏荷载。

建立极限分析理论需要固体满足以下性质：①材料为理想塑性材料；②屈服面为凸形，满足流动法则；③几何变形小。

3.3.1 下限定理及证明

下限定理：如果有平衡应力分布 σ_{ij}^{E} 与作用在应变边界 A_T 的荷载 T_i 相平衡，且 σ_{ij}^{E} 处于屈服面内，则物体在荷载 T_i 和 F_i 作用下不会发生破坏。

证明：可以先假设这个定理不成立，在此基础上推导出矛盾的结论即可。物体在荷载 T_i 和 F_i 作用下发生破坏，必然存在相对应的实际应力 σ_{ij}^{c}、应变率 $\dot{\varepsilon}_{ij}^{c}$、位移率 $\dot{u}_i^{c}$，则出现两个平衡系统，分别为 T_i、F_i、σ_{ij}^{c} 及 T_i、F_i、σ_{ij}^{c}，列出的虚功方程如下：

$$\int_{A_T} T_i^{c}\dot{u}_i^{c}\mathrm{d}A + \int_{V} F_i^{c}\dot{u}_i^{c}\mathrm{d}V = \int_{V}\sigma_{ij}^{c}\dot{\varepsilon}_{ij}^{c}\mathrm{d}V \tag{3-17}$$

$$\int_{A_T} T_i^{c}\dot{u}_i^{c}\mathrm{d}A + \int_{V} F_i^{c}\dot{u}_i^{c}\mathrm{d}V = \int_{V}\sigma_{ij}^{E}\dot{\varepsilon}_{ij}^{c}\mathrm{d}V \tag{3-18}$$

公式(3-17)减去公式(3-18)得：

$$\int_{V}(\sigma_{ij}^{c} - \sigma_{ij}^{E})\dot{\varepsilon}_{ij}^{c}\mathrm{d}V = 0 \tag{3-19}$$

材料发生破坏之后的变形均为塑性变形，因此可得：

$$\int_{V}(\sigma_{ij}^{c} - \sigma_{ij}^{E})\dot{\varepsilon}_{ij}^{pc}\mathrm{d}V = 0 \tag{3-20}$$

根据屈服面的凸性和正交性，在屈服面内均有$(\sigma_{ij}^{c}-\sigma_{ij}^{E})\dot{\varepsilon}_{ij}^{pc}>0$，故与公式(3-20)矛盾，所以下限定理得证。

3.3.2 上限定理及证明

上限定理：相容塑性变形机构的塑性应变率场 $\dot{\varepsilon}_{ij}^{P*}$ 和速度场 $\dot{u}_i^{P*}$ 在位移边界 A_u 符合 $\dot{u}_i^{P*}=0$ 的条件，则可根据外力做功功率、内能损耗率推导出虚功方程：

$$\int_{A_u} T_i\dot{u}_i^{P*}\mathrm{d}A + \int_{V} F_i\dot{u}_i^{P*}\mathrm{d}V = \int_{V}\sigma_{ij}^{P*}\dot{\varepsilon}_{ij}^{P*}\mathrm{d}V \tag{3-21}$$

公式(3-21)成立时的荷载 T_i 和 F_i 必然不小于实际极限荷载。

证明：可以先假设这个定理不成立，在此基础上推导出矛盾的结论即可。物体在外荷载小于实际极限荷载时并不会发生破坏，因此必然存在与下限定理相反的平衡分布的应力状态 σ_{ij}^{E}，结合虚功方程可以推导出：

$$\int_{A_u} T_i\dot{u}_i^{P*}\mathrm{d}A + \int_{V} F_i\dot{u}_i^{P*}\mathrm{d}V = \int_{V}\sigma_{ij}^{E}\dot{\varepsilon}_{ij}^{P*}\mathrm{d}V \tag{3-22}$$

公式(3-21)减去公式(3-22)得：

$$\int_{V}(\sigma_{ij}^{P*} - \sigma_{ij}^{E})\dot{\varepsilon}_{ij}^{P*}\mathrm{d}V = 0 \tag{3-23}$$

根据屈服面的凸性和正交性，在屈服面内均有$(\sigma_{ij}^{p*}-\sigma_{ij}^{E})\dot{\varepsilon}_{ij}^{p*}>0$，故与公式(3-23)矛盾，所以上限定理得证。综上所述，上限定理和下限定理就是找到荷载的上限和下限，上限和下限无限逼近，将得到真实的临界荷载。

3.4 本章小结

本章对极限分析基本原理进行了详细的阐述，包括理想弹塑性假设、小变形假设、Drucker 稳定性公设、虚功方程、屈服准则、流动法则，以及上、下限定理。极限分析需要满足小变形且符合流动法则的理想塑性材料，小变形意味着计算能量方程可以采用虚功方程，流动法则意味着材料位移向量与滑动面出现数值与内摩擦角相等的夹角，理想塑性材料意味着极限分析不考虑材料后续的工作强化阶段。除此之外，本章还结合虚功方程并采用反证法证明极限分析上、下限定理的合理性和准确性，为确定实际临界荷载提供理论依据。本章所阐述的极限分析基本原理将应用至后续章节中，特别地，后续章节将采用极限分析基本假设和极限分析上限定理，并以二级边坡作为案例进行展开分析，通过功能平衡原理进一步了解二级边坡的稳定性。

第4章

水位升降条件下边坡的稳定性分析

在实际工程中，边坡很容易受到地下水的影响。对于被水淹没或者部分被水淹没的边坡，如果其外部水位发生升降，边坡内的渗透力会急剧增加，进而威胁到边坡的稳定性，因此，本章将研究外部水位升降对边坡稳定性的影响。靠近水库的边坡很容易因水位升降而崩塌，造成巨大的经济损失。为了减少人民的生命财产损失，许多学者对此问题展开了研究，然而，这些研究都是关于边坡在二维条件下的稳定性分析，而在实际工程中，如果边坡的宽度较小，边坡的破坏往往呈现三维特征，因此，很有必要对外部水位升降条件下边坡的三维稳定性进行评估。

研究边坡稳定性的一个普遍接受的方法是 Chen 提出的极限分析方法。该方法作为一个有用的工具，启发了许多后续的研究工作，本章也将采用这一工具进行研究。极限分析的运动学方法要求建立一个运动学许可的破坏机构。Baligh 和 Azzouz 于 1975 年提出了圆柱和球形破坏机构来进行黏性土边坡的上限稳定性分析。Michalowski 于 1989 年提出了三维多块体平移破坏机构，并基于此研究了在坡顶面存在局部载荷情况下的三维边坡稳定性。2009 年，Michalowski 和 Drescher 提出了三维旋转破坏机构，并利用这种破坏机构研究了三维边坡的稳定性，得到了较为满意的结果，因此，该破坏机构在后来被广泛采用，本章也将利用这一破坏机构。对于内摩擦角较小的缓坡，滑动面可通过坡脚以下，因此，为了扩大应用范围，Gao 等对三维旋转破坏机构进行了改进，他们将该破坏机构扩展到通过脚趾下方和脚趾上方的情形。Yang 和 Long 通过扩展 3D 旋转破坏机构，对两级边坡的稳定性进行了分析。Qin 和 Chian 结合离散化方法，利用极限分析上限定理研究了保持陡坡稳定性所需的钢筋支护力，并给出了一组拟静力解和一组拟动力解。

为了探究外部水位升降条件下边坡的三维稳定性，学者们采用了多种方法，包括极限平衡法、实验试验、数值模拟和极限分析法等，对该问题进行了研究。例如，Zhou 等基于严格的极限平衡法研究了在水库附近边坡的三维稳定性，该水库经常出现水位下降的情况。Jia 等进行了一个大型的边坡模型试验，以研究砂质粉土边坡在水位下降时的安全性。有限元方法也被广泛应用于水位升降条件下边坡的稳定性分析。近年来，极限分析法因其严格的塑性力学理论基础及快速的计算过程而备受关注，学者们也将这一方法应用于这一问题。例如，Michalowski 通过将孔隙压力看作作用于边坡坡体的外力研究了边坡的三维稳定性，他认为孔隙水压力的功率包括渗透力和浮力二者的功率之和。为便于后续对水位升降条件下边坡稳定性的研究，Viratjandr 和 Michalowski 根据边坡内部水位和外部水位的不同相对高度将水位下降过程分为四种不同的类型，相应地，他们还提出了四组图表来评估在不同水位下降条件下边坡的安全系数。此外，Michalowski 和 Nadukuru 在极限分析的框架下，利用三维旋转破坏机构作为运动学许可的速度场，研究了孔隙压力存在时边坡的稳定性。随后，Gao 等对这项工作进行了修改，他们修正了在斜坡宽度方向上孔隙水压力大小的假设。然而，在极限分析的框架下，这些理论工作都采用了一种简化的方法来计算孔隙水压力场。这种方法是由 Bishop 和 Morgenstern 于 1960 年提出的，他们指出，边坡内某一点处的孔隙水压力大小大约等于孔隙压力系数、岩土体容重以及该点到坡面深度的乘积。尽管 Pan 和 Dias 表明，如果在计算中使用孔隙水压力系数的合理值，则可以得到令人满意的结果，但获得其合理值的先验难度太大，即在实际应用中，很难预先确定在计算中该孔隙水压力系数的值为多少，这极大地影响了该简化方法的推广和使用。

为了克服简化方法的这一缺点，本章提出了一种将极限分析的运动学方法与数值计算相结合的新方法。在本章中，孔隙压力分布来自于利用有限差分技术进行的渗流计算，然后，根据所得到的三维边坡内的孔隙水压力分布，基于 Pan 等提出的离散化方案，求出三维边坡的外力功率及内部能量耗散率，进而进行三维边坡的运动学分析，计算边坡安全系数的严格上限解。边坡安全系数的计算采用强度折减法。为了验证所提出的方法，本书对三峡水库陈家湾边坡进行了案例研究，证明了所提出方法的有效性和正确性。此外，还将本章所得结果与数值计算以及文献中给出的安全系数进行比较，以进一步检验所提出方法的合理性。这些比较表明，利用本章方法所得结果比简单地使用简化方法所得结果更加合理，所提出的方法更适合研究水位升降条件下三维边坡的稳定性分析。本章考虑了四种不同的水位下降条件，并相应地提出了四组稳定性图表，用于直接评估不同水位下降条件下的边坡安全系数，最后进行了参数分析以研究边坡几何参数和强度参数对边坡稳定性的影响。

4.1 问题陈述

本章考虑图 4-1 中描绘的均匀土质边坡。该边坡的倾角记为 β，坡高记为 H。边坡内土体的破坏遵循 Mohr-Coulomb 破坏准则，土体的黏聚力和内摩擦角分别记为 c 和 φ。边坡外部存在一定的水位且外部经常发生水位下降，水位下降会导致边坡内水头差的出现，进而使得渗透力骤增，导致边坡失稳事故的发生。如图 4-1 所示，所考虑的边坡处于水位下降的情境中，外部水位下降和内部水位下降分别用 L_{w1} 和 L_{w2} 来表示。内外水位的高度差用 ΔL_w 来表示（$\Delta L_w = L_{w1} - L_{w2}$）。

如图 4-2 所示，Viratjandr 和 Michalowski 提出的四种类型的水位下降过程都在本章的考虑范围内。这四种不同的过程分别为：

（1）外部水位快速下降：在这一水位下降过程中，外部水位下降速度非常快，以至于边坡内部的水没有时间排出，边坡内部的水位始终保持在坡顶，在这一过程中，有 $0 \leqslant L_{w1} \leqslant H$，$L_{w2} = 0$。

（2）内部水位缓慢下降：这一水位下降过程为过程（1）的后续，当过程（1）结束后，外部水位将至坡底面，然后，边坡内部的水位开始缓慢下降。在这一水位下降过程中，有 $L_{w1} = H$，$0 \leqslant L_{w2} \leqslant H$。

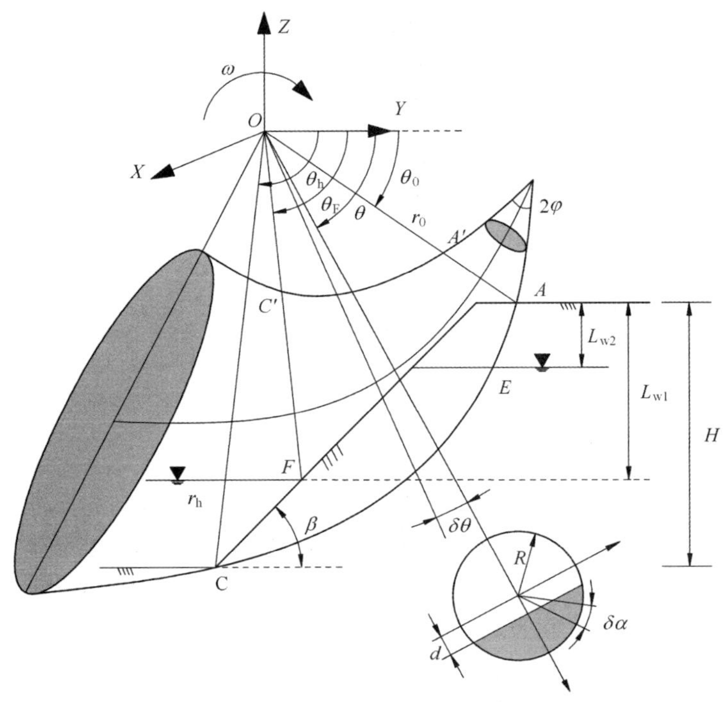

图 4-1 边坡模型及三维旋转破坏机构

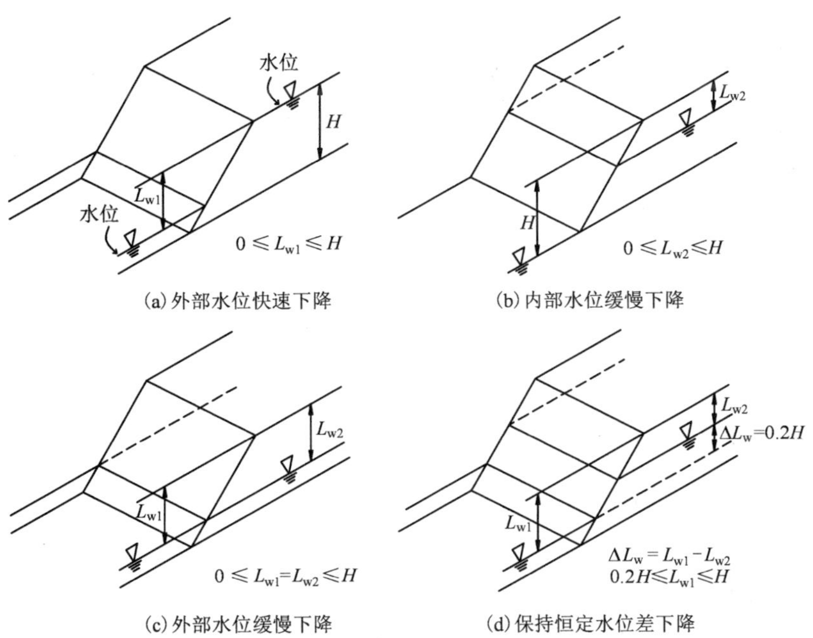

图 4-2 不同的水位下降过程

(3)外部水位缓慢下降：在这一水位下降过程中，边坡外部的水位下降非常缓慢，以确保边坡内部的水位和外部水位可以始终保持在同一水平面内。在这一水位下降过程中，有 $0\leq L_{w1}=L_{w2}\leq H$。

(4)保持恒定水位差下降：在这一水位下降过程中，内部水位下降速率等于外部水位下降速率，但外部水位始终低于内部水位，导致 ΔL_w 为恒定值。在本章中，考虑 ΔL_w 的大小为 0.2H，因此，在这一水位下降过程中，有 $0.2H\leq L_{w1}\leq H$。

4.2 水位升降条件下三维边坡的运动学分析

4.2.1 三维旋转破坏机构

本章基于极限分析的运动学方法研究水位升降条件下三维边坡的稳定性，因此需要预先确定运动学许可的破坏机构，进而计算外力做功功率和内部能量耗散率，建立功率平衡方程并计算边坡安全系数的上限解。现有文献中有几种不同类型的破坏机构，包括圆柱和球形破坏机构、三维多块体平移破坏机构和三维旋转破坏机构，其中三维旋转破坏机构在文献中被广泛用于岩土工程的稳定性分析，因此被应用于本章的研究中。Pan 等通过严格的理论推导和显式有限差分技术，验证了三维旋转破坏机构的合理性和有效性。三维旋转破坏机构的横截面如图 4-1 所示。从图 4-1 中可以看出，整个破坏机构以角速度 ω 绕水平轴旋转，而对数螺旋面以下的土体保持静止不动。更多关于三维旋转破坏机构的介绍见 3.4 节以及文献[36]。为了便于计算渗透力的做功功率，本章采用了 Pan 等提出的三维旋转破坏机构的离散化方案。如图 4-1 所示，在这一方案中，破坏机构是基于两个离散化参数($\delta\theta$ 和 $\delta\alpha$)被离散化的。在边坡宽度非常大时，为了能够进行平面应变分析，对图 4-1 所示的三维旋转破坏机构进行了改进，改进方法是首先从对称面拆分三维滑动体的两半，然后在这两半滑动体之间放置一个插入块体并保持该插入块体的横截面与图 4-1 一致以保证破坏机构的连续性。改进后的三维旋转破坏机构如图 4-3 所示，插入块体的宽度用 b 表示。B 表示边坡的宽度，H 表示边坡高度。插入块体宽度 b 将在寻找最不利滑动面时通过优化算法进一步确定，插入块体的引入给后续安全系数最小上限解的寻找增加了一个自变量 b。

4.2.2 外力做功功率计算

外力包括重力、渗透力和作用于坡面的水压力。

对于重力功率的计算，有两种方法，第一种方法是利用文献中已有的公式进行计算，第二种方法是基于离散化方案进行计算。

第一种方法是利用文献中已有的计算公式进行计算。三维旋转破坏机构的重力做功功率分为两部分，第一部分是关于两端曲线圆锥部分的重力做功功率，第二部分是关于中间插入块体部分的重力做功功率。两端曲线圆锥部分的重力做功功率记为 $W_{\gamma\text{-}3D}$，其表达式为：

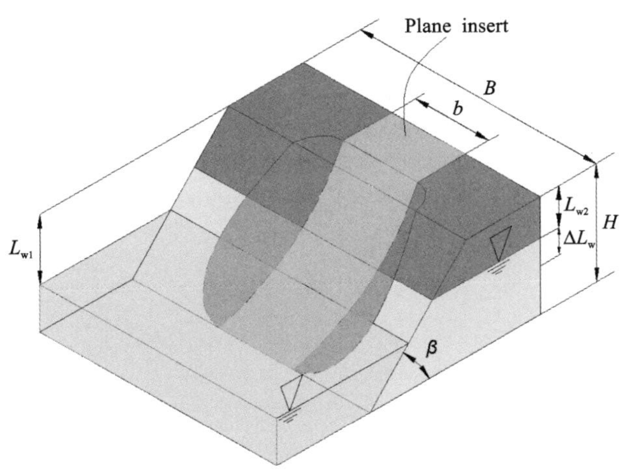

图 4-3　水位升降条件下利用插入块体改进后的三维旋转破坏机构

$$W_{\gamma-3D} = 2\omega\gamma\left[\int_{\theta_0}^{\theta_B}\int_0^{x_1^*}\int_{a_0}^{y^*}(r_m + y)^2\cos\theta \mathrm{d}x\mathrm{d}y\mathrm{d}\theta + \int_{\theta_B}^{\theta_h}\int_0^{x_2^*}\int_{d_0}^{y^*}(r_m + y)^2\cos\theta \mathrm{d}x\mathrm{d}y\mathrm{d}\theta\right] \tag{4-1}$$

式中：ω 为三维旋转破坏机构的旋转角速度；γ 为岩土体重度；$x_1^* = \sqrt{R^2-a_0^2}$，$x_2^* = \sqrt{R^2-d_0^2}$，$y^* = \sqrt{R^2-x^2}$；a_0 为三维旋转破坏机构嵌入边坡坡顶面的深度，d_0 为三维旋转破坏机构嵌入边坡坡面的深度，二者的大小可用如下两个表达式计算得到。

$$a_0 = \frac{\sin\theta_0}{\sin\theta}r_0 - r_m = r_0 f_3(\theta) \tag{4-2}$$

$$d_0 = \frac{\sin(\theta_h + \beta)}{\sin(\theta + \beta)}r_0 e^{(\theta_h-\theta_0)\tan\varphi} - r_m = r_0 f_4(\theta) \tag{4-3}$$

式中：θ_B 为三维旋转破坏机构的旋转中心与边坡顶点的连线与水平面之间的夹角，其大小可用如下公式计算得到。

$$\theta_B = \arctan\frac{\sin\theta_0}{\cos\theta_0 - \kappa} \tag{4-4}$$

$$\kappa = \frac{\sin(\theta_h - \theta_0)}{\sin\theta_h} - \frac{e^{(\theta_h-\theta_0)\tan\varphi}\sin\theta_h - \sin\theta_0}{\sin\theta_h \sin\beta}\sin(\theta_h + \beta) \tag{4-5}$$

式(4-1)是关于 y、x 及 θ 的积分，关于 y、x 的积分可以用解析的方式进行化简，最终得到一个关于 θ 的积分表达式，如下：

$$W_{\gamma-3D} = \gamma\omega r_0^4 g_1(\theta_0,\ \theta_h,\ r_0'/r_0) \tag{4-6}$$

最终求解该积分表达式，即可得到关于两端曲线圆锥部分的重力做功功率 $W_{\gamma-3D}$，其中

$$g_1(\theta_0,\ \theta_h,\ r'_0/r_0)=2\int_{\theta_0}^{\theta_B}\left[\left(\frac{f_2^2f_3}{8}-\frac{f_3^3}{4}-\frac{2f_1f_3^2}{3}-\frac{f_3f_1^2}{2}+\frac{2f_1f_2^2}{3}\right)\sqrt{f_2^2-f_3^2}+\left(\frac{f_2^4}{8}+\frac{f_2^2f_1^2}{2}\right)\arcsin\left(\frac{\sqrt{f_2^2-f_3^2}}{f_2}\right)\right]\cos\theta\mathrm{d}\theta+2\int_{\theta_B}^{\theta_h}\left[\left(\frac{f_2^2f_4}{8}-\frac{f_4^3}{4}-\frac{2f_1f_4^2}{3}-\frac{f_4f_1^2}{2}+\frac{2f_1f_2^2}{3}\right)\sqrt{f_2^2-f_4^2}+\left(\frac{f_2^4}{8}+\frac{f_2^2f_1^2}{2}\right)\arcsin\left(\frac{\sqrt{f_2^2-f_4^2}}{f_2}\right)\right]\cos\theta\mathrm{d}\theta \tag{4-7}$$

式中所涉及的参数的计算公式如下：

$$\frac{H'}{r_0}=\sin\theta_h e^{(\theta_h-\theta_0)\tan\varphi}-\sin\theta_0 \tag{4-8}$$

$$\frac{L}{r_0}=\frac{\sin(\theta_h-\theta_0)}{\sin\theta_h}-\frac{\sin(\theta_h+\beta)}{\sin\theta_h\sin\beta}\left[\sin\theta_h e^{(\theta_h-\theta_0)\tan\varphi}-\sin\theta_0\right] \tag{4-9}$$

$$f_1(\theta)=\frac{1}{2}\left[e^{(\theta-\theta_0)\tan\varphi}+\frac{r'_0}{r_0}e^{-(\theta-\theta_0)\tan\varphi}\right] \tag{4-10}$$

$$f_2(\theta)=\frac{1}{2}\left[e^{(\theta-\theta_0)\tan\varphi}-\frac{r'_0}{r_0}e^{-(\theta-\theta_0)\tan\varphi}\right] \tag{4-11}$$

$$f_3(\theta)=\frac{\sin\theta_0}{\sin\theta}-\frac{1}{2}\left[e^{(\theta-\theta_0)\tan\varphi}+\frac{r'_0}{r_0}e^{-(\theta-\theta_0)\tan\varphi}\right] \tag{4-12}$$

$$f_4(\theta)=\frac{\sin(\theta_h+\beta)}{\sin(\theta+\beta)}e^{(\theta_h-\theta_0)\tan\varphi}-\frac{1}{2}\left[e^{(\theta-\theta_0)\tan\varphi}+\frac{r'_0}{r_0}e^{-(\theta-\theta_0)\tan\varphi}\right] \tag{4-13}$$

中间插入块体部分的重力做功功率记为 $W_{\gamma\text{-insert}}$，其大小等于二维情况下对数螺旋破坏机构的做功功率乘以三维旋转破坏机构中间插入块体的宽度 b，其表达式如下：

$$W_{\gamma\text{-insert}}=\gamma\omega r_0^4 g_2(\theta_0,\ \theta_h,\ b/H) \tag{4-14}$$

其中，g_2 的表达式如下：

$$g_2(\theta_0,\ \theta_h,\ b/H)=\frac{b}{H}(f_5-f_6-f_7)\left[\sin\theta_h e^{(\theta_h-\theta_0)\tan\varphi}-\sin\theta_0\right] \tag{4-15}$$

其中所涉及的参数的表达式为：

$$f_5(\theta_0,\ \theta_h)=\frac{1}{3(1+9\tan^2\varphi)}\left[(3\tan\varphi\cos\theta_h+\sin\theta_h)e^{3(\theta_h-\theta_0)\tan\varphi}-(3\tan\varphi\cos\theta_0+\sin\theta_0)\right] \tag{4-16}$$

$$f_6(\theta_0,\ \theta_h)=\frac{1}{6}\frac{L}{r_0}\left(2\cos\theta_0-\frac{L}{r_0}\right)\sin\theta_0 \tag{4-17}$$

$$f_7(\theta_0,\ \theta_h)=\frac{1}{6}e^{(\theta_h-\theta_0)\tan\varphi}\left[\sin(\theta_h-\theta_0)-\frac{L}{r_0}\sin\theta_h\right]\left[\cos\theta_0-\frac{L}{r_0}+\cos\theta_h e^{(\theta_h-\theta_0)\tan\varphi}\right] \tag{4-18}$$

由于三维旋转破坏机构由两端的曲线圆锥体以及中间的插入块体组成，所以，将所得到的关于两端曲线圆锥部分的重力做功功率 $W_{\gamma\text{-3D}}$ 和关于中间插入块体部分的重力做功功率 $W_{\gamma\text{-insert}}$ 进行求和，即可得到整个三维旋转破坏机构的重力做功功率。

第二种计算重力做功功率的方法是基于离散化的三维旋转破坏机构展开的。为了计算外力功率，本章采用了 Pan 等提出的边坡离散方案。离散控制参数为 $\delta\theta$ 和 $\delta\alpha$。重力功率的计算方法是首先计算每一个小平面 F_{ij} 所对应的每个微小单元的重力功率，然后将每个单元上的所有重力功率相加求和。因此，重力功率的表达式为：

$$W_{\gamma} = \iiint_V \gamma' \cdot v\mathrm{d}V = \omega\gamma' \sum_i \sum_j (R_{i,j}V_{i,j}\cos\theta_{i,j}) \tag{4-19}$$

式中：$R_{i,j}$ 和 $\theta_{i,j}$ 为对应的三角形小平面 F_{ij} 的重心的极坐标；$V_{i,j}$ 为与小平面 F_{ij} 所对应的小微元的体积，同时也包括二维平面插入块体部分；ω 为三维旋转破坏机构在破坏时的旋转角速度；γ'为岩体的浮重度，浮重度的使用实际上是考虑了浮力的影响，但是对于在水位面之上的岩体部分，将使用干重量 γ_d 来计算重力做功功率，因为这部分的岩体处于干燥状态。

$$\gamma' = \gamma_{\mathrm{sat}} - \gamma_{\mathrm{w}} \tag{4-20}$$

当边坡内部存在地下水时，边坡会受到浮力的作用，而浮力也会降低边坡的安全性，因此必须予以考虑。在具体计算中，因为浮力与重力都是恒定的体积力，且二者方向相反，所以根据公式(4-20)，将浮力的计算隐含在重力功率的计算中，这也是公式(4-19)中使用浮重度而非饱和重度的原因。式(4-20)中，γ_{sat} 为饱和重度，γ_{w} 为水的重度，是计算浮力时所使用的重度。

渗透力做功功率的计算仍然采用第三章所述方法，在渗透力功率的计算中，仍然利用有限差分软件 FLAC3D，利用其内置的程序设计语言(FISH 语言)构建三维边坡模型。在第三章中，水力边界条件较为简单，在本章中，考虑了多种水位升降条件，每一种水位升降条件又包括了许多不同的水力边界条件，对于每一种水力边界条件，本章均对其进行了渗流计算，得到其相应的孔隙水压力场，然后利用 FLAC3D 内置的 FISH 语言遍历所有节点以提取孔隙水压力场，再利用所得到的孔隙水压力场计算水头高度，将所得到的水头代入第三章渗透力做功功率的计算公式中。

作用于坡面上的水压力对三维旋转破坏机构所做功的功率可以分为两部分：第一部分是作用在两端曲线圆锥体部分的做功功率，这部分功率的表达式详见 Gao 等的研究；第二部分是作用在中间插入块体部分的做功功率，这部分功率等于 b 乘以水压力对二维边坡坡面所做的功(其表达式详见文献[33])。

4.2.3　内部能量耗散率计算

内部能量耗散率包括由发生体应变而产生的能量耗散和由滑动面的摩擦而产生的能量耗散，这两部分内部能量耗散率的计算可以转化为两个积分的和，这两个积分分别是关于边坡顶面和边坡面的积分，这两个积分分别用 D_{top} 和 D_{sur} 来表示。对于两端的曲线圆锥部分，内部能量耗散率为：

$$D_{\mathrm{top-3D}} = -2\omega c\cot\varphi \int_{\theta_0}^{\theta_B}\int_0^{x_1^*} \frac{\sin^2\theta_0}{\sin^3\theta}\cos\theta r_0^2 \mathrm{d}x\mathrm{d}\theta \tag{4-21}$$

$$D_{\mathrm{sur-3D}} = -2\omega c\cot\varphi \int_{\theta_B}^{\theta_h}\int_0^{x_2^*} \frac{\sin^2(\theta_h+\beta)}{\sin^3(\theta+\beta)}\cos(\theta+\beta) r_0^2 \mathrm{e}^{2(\theta_h-\theta_0)\tan\varphi} \mathrm{d}x\mathrm{d}\theta \tag{4-22}$$

$D_{\mathrm{top-3D}}$ 和 $D_{\mathrm{sur-3D}}$ 的和即为曲线圆锥部分总的内部能量耗散率，即：

$$D_{3D}=D_{top-3D}+D_{sur-3D} \tag{4-23}$$

将式(4-21)和式(4-22)代入式(4-23)中可得：

$$D_{3D}=\omega c\cot\varphi r_0^3 g_1(\theta_0,\ \theta_h,\ r'_0/r_0) \tag{4-24}$$

式中：

$$g_1(\theta_0,\ \theta_h,\ r'_0/r_0)=-2\sin^2\theta_0\int_{\theta_0}^{\theta_B}\frac{\cos\theta}{\sin^3\theta}\sqrt{f_2^2-f_3^2}\mathrm{d}\theta-$$

$$2\mathrm{e}^{2(\theta_h-\theta_0)\tan\varphi}\sin^2(\theta_h+\beta)\int_{\theta_B}^{\theta_h}\frac{\cos(\theta+\beta)}{\sin^3(\theta+\beta)}\sqrt{f_2^2-f_4^2}\mathrm{d}\theta \tag{4-25}$$

同样的，中间插入块体部分的能量耗散率计算为：

$$D_{top-insert}=-2\omega c\cot\varphi\int_{\theta_0}^{\theta_B}\int_0^{b/2}\frac{\sin^2\theta_0}{\sin^3\theta}\cos\theta r_0^2\mathrm{d}x\mathrm{d}\theta \tag{4-26}$$

$$D_{sur-insert}=-2\omega c\cot\varphi\int_{\theta_B}^{\theta_h}\int_0^{b/2}\frac{\sin^2(\theta_h+\beta)}{\sin^3(\theta+\beta)}\cos(\theta+\beta)r_0^2\mathrm{e}^{2(\theta_h-\theta_0)\tan\varphi}\mathrm{d}x\mathrm{d}\theta \tag{4-27}$$

$D_{top-insert}$ 和$D_{sur-insert}$ 的和即为中间插入块体部分总的内部能量耗散率，即：

$$D_{insert}=D_{top-insert}+D_{sur-insert} \tag{4-28}$$

将式(4-26)和式(4-27)代入式(4-28)中可得：

$$D_{insert}=\omega c\cot\varphi r_0^3 g_2(\theta_0,\ \theta_h,\ b/H) \tag{4-29}$$

式中：

$$g_2(\theta_0,\ \theta_h,\ b/H)=\frac{b}{2H}\left\{\frac{\sin^2\theta_0}{\sin^2\theta_B}-1+\left[1-\frac{\sin^2(\theta_h+\beta)}{\sin^2(\theta_B+\beta)}\right]\mathrm{e}^{2(\theta_h-\theta_0)\tan\varphi}\right\}\cdot$$

$$[\sin\theta_h\mathrm{e}^{(\theta_h-\theta_0)\tan\varphi}-\sin\theta_0] \tag{4-30}$$

因此，整个三维旋转破坏机构的内部能量耗散率为D_{3D} 和D_{insert} 之和。

以上内容是根据文献中现有的公式计算三维旋转破坏机构的内部能量耗散率，除了这一方法，还可以结合离散化的三维旋转破坏机构计算内部能量耗散率。

在三维旋转破坏机构中，能量耗散来源于边坡内的体应变以及发生在滑动面上的摩擦。根据 Michalowski 和 Drescher 所得到的结论，发生在边坡体内部以及边坡滑动面上的能量耗散之和为：

$$W_D=c\cot\varphi\iint_S v\cdot n\mathrm{d}S=-\omega c\cot\varphi\left[\sum_i R_iS_i\cos\theta_i+\sum_j R_jS_j\cos(\theta_j+\beta)\right] \tag{4-31}$$

式中：c 和 φ 分别为土体的黏聚力和内摩擦角。S_i 为坡顶上任一个面微元的面积，R_i 和 θ_i 为坡顶上任一个面微元重心的极坐标；相应的，S_j 为坡面上任一个面微元的面积，R_j 和 θ_j 为坡面上任一个面微元重心的极坐标。

4.2.4 安全系数及目标函数优化

为了评估水位升降条件下三维边坡的安全性，本章使用了 Bishop 于 1955 年提出的强度折减法来计算边坡的安全系数，安全系数的定义为土体本身的抗剪强度与保持土体平衡所需的抗剪强度之比。因此，其定义式为：

$$F=c/c_m=\tan\varphi/\tan\varphi_m \tag{4-32}$$

式中：c 为土体的黏聚力；φ 为其内摩擦角；而 c_m 和 φ_m 为边坡保持极限状态所需的抗剪

强度。

如式(4-32)所示，安全系数计算的重点是 c_m 和 φ_m 值的确定。根据极限分析的运动学方法，为了使边坡保持在极限状态，总的外力做功功率应该等于总的内部能量耗散率，即应该满足功率平衡方程。因此，基于前述外力做功功率和内部能量耗散率的计算，可以列出功率平衡方程，进而从该方程中求得 c_m 和 φ_m 的大小。得到所需的 c_m 和 φ_m 的值后，将其代入式(4-32)中，就可以计算得到相应的边坡安全系数。

根据极限分析上限法，由式(4-32)计算所得的安全系数为一个上限解，因此，需要利用非线性优化算法求得最小上限解。为了避免错过安全系数的全局最小值并减少计算负担，本章采用了混合优化算法。首先，采用粒子群优化算法(particle swarm optimization algorithm)在全局最优点附近定位一个点，然后，以此点作为 Nelder-Mead 单纯形算法的起点，进一步寻找安全系数的全局最小值。所得最小上限解即为边坡的安全系数。

4.3　计算结果对比验证

为了验证本章所提出方法的正确性，将本章所得安全系数与文献中利用简化方法计算得到的安全系数进行比较。Gao 等对水位升降条件下的边坡进行了稳定性分析，他们计算孔隙水压力的方法是 Bishop 和 Morgenstern 于 1960 年提出的简化方法，他们将孔隙水压力系数设置为 0.5。为了检查所提出方法的正确性，将所得结果与 Gao 等的结果进行了比较，其中，所考虑的水位下降条件是外部水位快速下降条件。比较结果以 $F/\tan\varphi$ 的值展示在表 4-1 中，无量纲参数 $c/\gamma H\tan\varphi$ 的变化范围是 0.1～1，边坡倾角 β 设置为 45°，B/H 比的大小设置为 2、5 或 10。从表 4-1 中可以看出，本章所得结果与 Gao 等所得结果有着高度的一致性。最小的差异仅为 1.5%，对应的工况为 $B/H=10$ 且 $c/\gamma H\tan\varphi=0.1$；最大的差异为 11.5%，对应的工况为 $B/H=2$ 且 $c/\gamma H\tan\varphi=1$。

表 4-1　本章所得结果与 Gao 等结果的比较

$c/\gamma H\tan\varphi$	$F/\tan\varphi$ 的值					
	$B/H=2$		$B/H=5$		$B/H=10$	
	本文结果	Gao 等的结果	本文结果	Gao 等的结果	本文结果	Gao 等的结果
0.1	1.26	1.36	1.21	1.25	1.17	1.19
0.2	1.91	2.10	1.82	1.93	1.76	1.88
0.4	3.19	3.57	2.94	3.29	2.88	3.18
0.6	4.61	5.12	4.17	4.61	4.01	4.45
0.8	5.94	6.60	5.39	5.94	5.21	5.72
1	7.10	8.02	6.40	7.25	6.32	6.99

值得注意的是，本章所提出的方法与 Gao 等的方法都是基于极限分析上限定理的，因

此所得结果均为上限解，而通过观察表 4-1 可知，本章所得上限解小于 Gao 等的上限解，这表明 Gao 等所提出的方法对于最小上限解的寻找不够精确，可能错过了全局最优解，而本章所提出方法采用了有限差分技术而非粗糙的简化方法，获得了更加精确的孔隙水压力场，因此改进了 Gao 等的方法，得到了全局最优解。另外，由于应用简化方法时难以获得孔隙水压力系数的合理先验值，而本章所提方法可以直接建模计算以获得孔隙水压力场，更加方便应用，因此，本章所提方法对于水位升降条件下三维边坡的稳定性分析是有效且合理的。

4.4 不同水力边界条件下的计算结果及参数分析

如前所述，本章考虑了 Viratjandr 和 Michalowski 所提出的四种不同的水位升降条件，分别为外部水位快速下降、内部水位缓慢下降、外部水位缓慢下降和保持恒定水位差下降。不同的水位升降条件是根据边坡内部水位和外部水位之间的不同相对高程来定义和划分的。对于不同的水位升降条件和内外部水位之间不同的相对位置，均利用本章所提出的方法计算其边坡安全系数。将所获得的边坡安全系数绘制在 4 组稳定性图中以便查阅，4 组稳定性图分别对应于 4 种不同的水位升降条件，这些稳定性图如图 4-4 至图 4-7 所示。在计算中，B/H 设置为 2、3 和 10，考虑的边坡倾角 β 为 30°、45°和 60°。在这些稳定性图中，无量纲参数 $F/\tan\varphi$ 被绘制为无量纲参数 $c/\gamma H\tan\varphi$ 的函数，F 为边坡安全系数。下面分别对这 4 组稳定性图进行说明，并进行参数分析以研究边坡几何参数和强度参数对边坡稳定性的影响。

4.4.1 外部水位快速下降

图 4-4 给出了外部水位快速下降条件下三维边坡的安全系数，在这种水位升降条件下，外部水位下降速度非常快，坡体内的水没有任何时间排出。内部水位下降 L_{w2} 等于零，这组稳定性图中的每条曲线对应于水库下降过程中的一个特定水位高度。为了研究水位下降过程对边坡稳定性的影响，绘制了稳定性图，如图 4-8(a)所示，在图 4-8(a)的计算中，B/H 和边坡倾角 β 分别设置为 2 和 30°，无量纲参数 $F/\tan\varphi$ 被绘制为 L_{w1}/H 的函数。分析图 4-8(a)可知，边坡安全系数随着 L_{w1}/H 的增大而减小。这表明在这种水位升降条件下，水库水位下降幅度越大，边坡越不稳定，说明了外部水位下降对边坡的安全性会产生一定的威胁。同时，从图 4-4 中可以发现，边坡安全系数随着无量纲参数 $c/\gamma H\tan\varphi$ 的增大而增大，但随着坡角 β 的增大而减小，原因是较大的边坡角度对边坡稳定性的影响更为不利。

4.4.2 内部水位缓慢下降

图 4-5 给出了边坡内部水位缓慢下降条件下所对应的稳定性图。在这种情况下，水库的水已经排尽，外部水位保持在坡底($L_{w1}/H=1$)，这组稳定性图中的每条曲线都对应于边坡内部水位下降过程中的某一特定水位高度。为了研究该水位下降过程对边坡稳定性的影响，绘制了稳定性图，如图 4-8(b)所示，在图 4-8(b)的计算中，B/H 和边坡倾角 β 分别

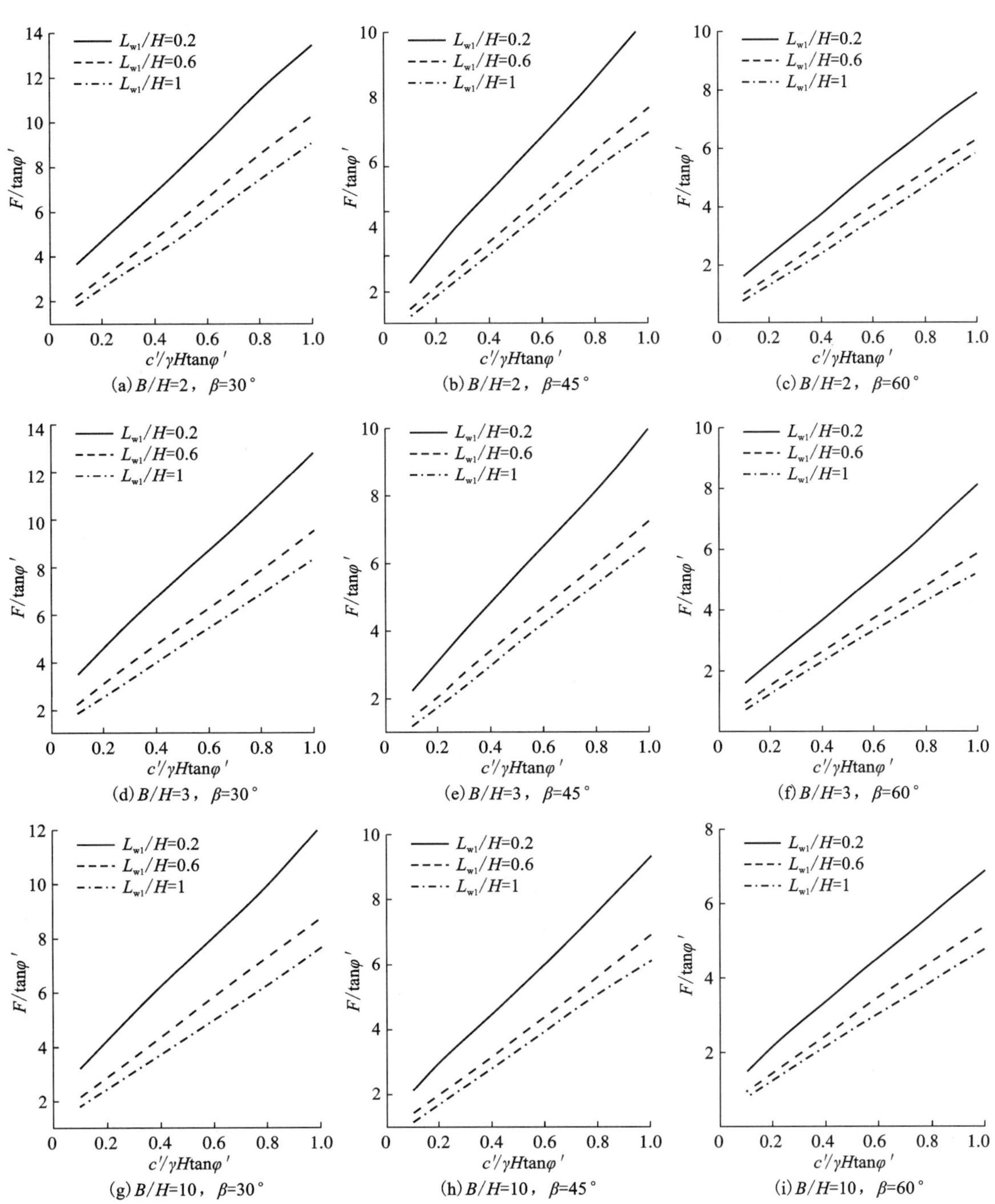

图 4-4　外部水位快速下降条件下的稳定性图

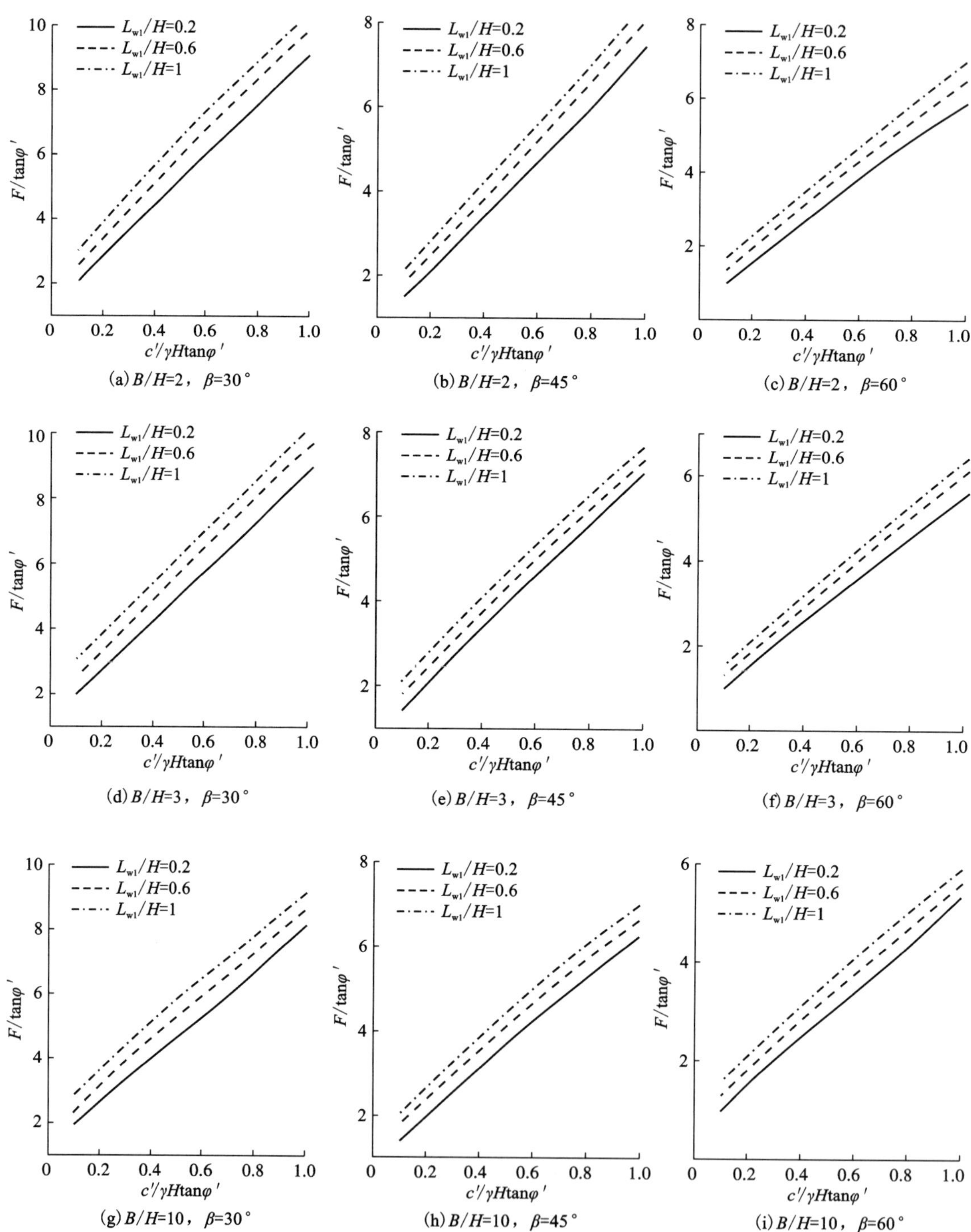

图 4-5　内部水位缓慢下降条件下的稳定性图

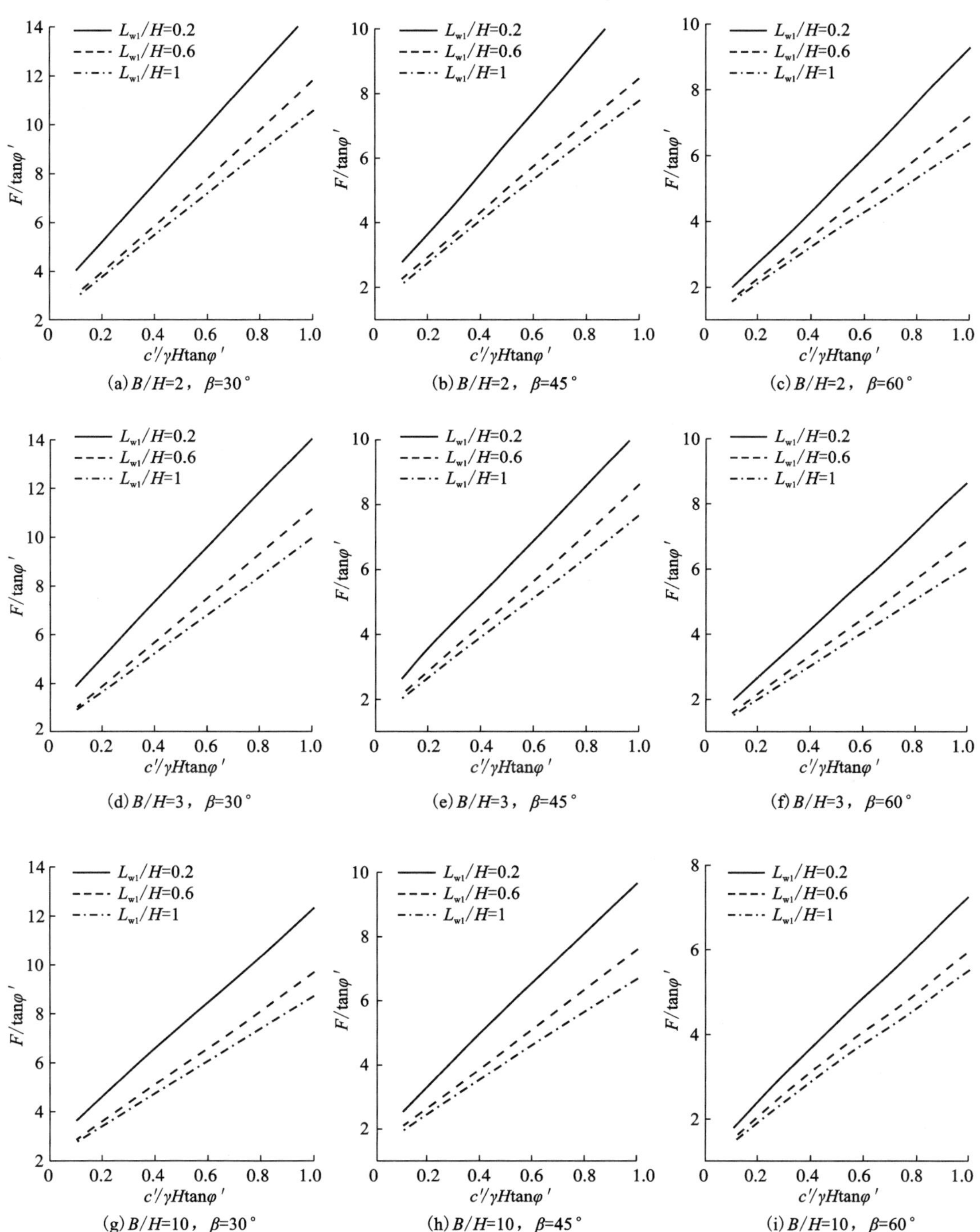

图 4-6　外部水位缓慢下降条件下的稳定性图

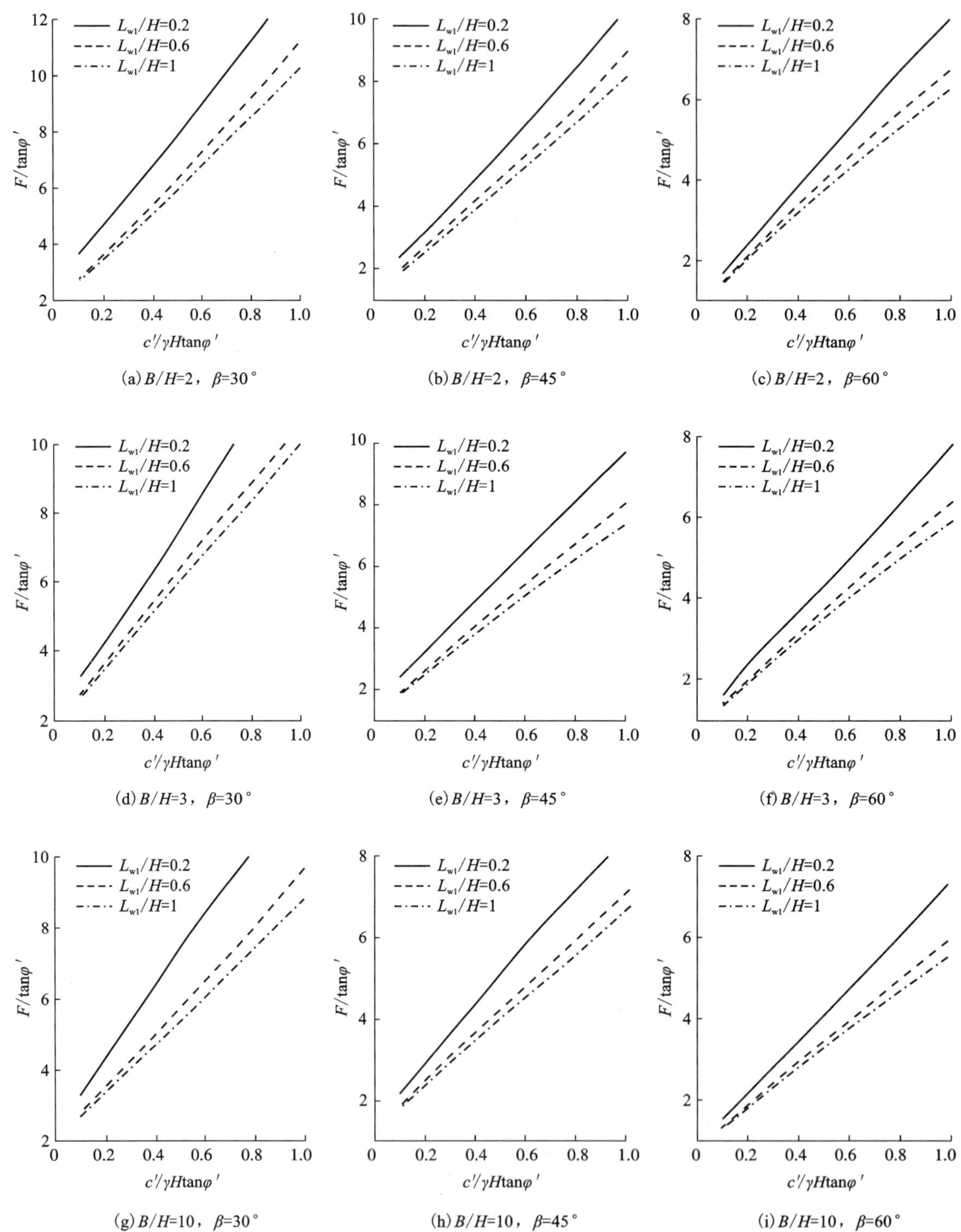

(a) B/H=2，β=30° (b) B/H=2，β=45° (c) B/H=2，β=60°

(d) B/H=3，β=30° (e) B/H=3，β=45° (f) B/H=3，β=60°

(g) B/H=10，β=30° (h) B/H=10，β=45° (i) B/H=10，β=60°

图 4-7 保持恒定水位差下降条件下的稳定性图

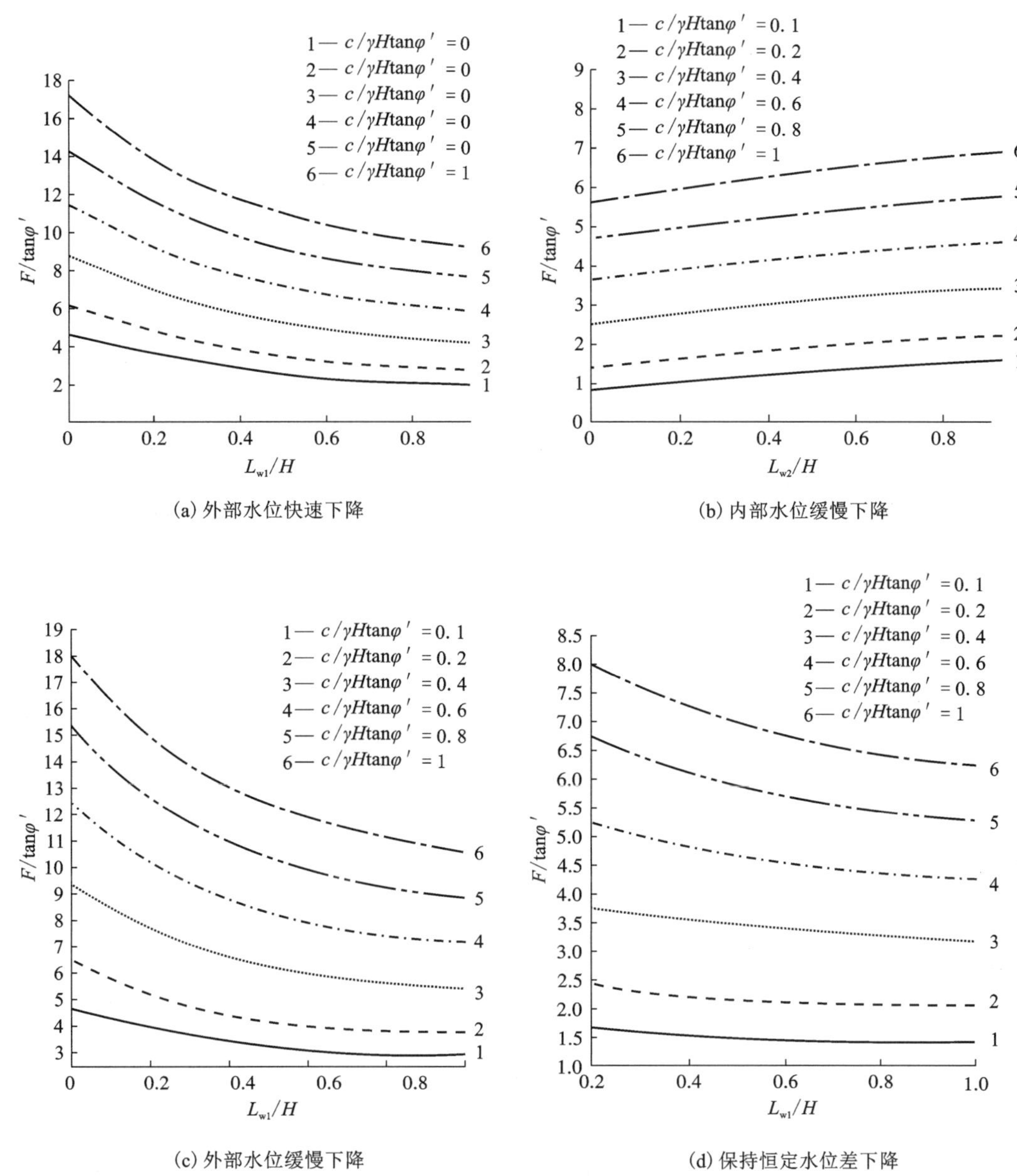

(a) 外部水位快速下降

(b) 内部水位缓慢下降

(c) 外部水位缓慢下降

(d) 保持恒定水位差下降

图 4-8 水位下降过程对边坡安全系数的影响

设置为 2 和 60°，无量纲参数 $F/\tan\varphi$ 被绘制为 L_{w2}/H 的函数，从图 4-8(b)中可以发现一个与图 4-8(a)相反的现象：随着水位下降过程的进行，边坡稳定性越来越强，即边坡安全系数随着 L_{w2}/H 的增大而增大，这意味着这一水位下降过程会对边坡的稳定性产生有利的影响，这正与外部水位快速下降过程所产生的不利影响相反。同时可以发现，图 4-5 中的曲线几乎是相互平行的，这表明特定水位下降深度(L_{w2}/H)之间的边坡安全系数变化值与无量纲参数 $c/\gamma H\tan\varphi$ 的大小无关。从图 4-5 中也可以发现，与外部水位快速下降条件中所观察到的一致，边坡安全系数随着无量纲参数 $c/\gamma H\tan\varphi$ 的增大而增大，但随着坡角 β

的增大而减小。

4.4.3 外部水位缓慢下降

图 4-6 中的图给出了外部水位缓慢下降条件下三维边坡的安全系数。在这种水位升降条件下，边坡外部的水位下降非常缓慢，使得边坡内部的地下水位与水库中的地下水位始终保持齐平($L_{w1}=L_{w2}$)。同样地，这组稳定性图中的每条曲线都对应于一个水位下降深度。

为了研究外部水位缓慢下降过程对边坡稳定性的影响，绘制了稳定性图，如图 4-8(c)所示。在图 4-8(c)的计算中，B/H 和边坡倾角 β 分别设置为 2 和 30°，无量纲参数 $F/\tan\varphi$ 被绘制为 L_{w1}/H 的函数。从图 4-8(c)中可以看出，总体来说，边坡安全系数随着 L_{w1}/H 的增大而减小。然而，对于较小的无量纲参数 $c/\gamma H\tan\varphi$ 值($c/\gamma H\tan\varphi=0.1$, 0.2)，边坡安全系数会在 L_{w1}/H 超过 0.8 后趋于稳定，这表明边坡安全系数在水位下降过程完全完成(外部水位到达坡底)之前就已经达到了最小值。Gao 等也发现了这一现象。产生这一现象的可能原因是边坡外部水位下降和边坡内部水位下降之间的相互抵消作用，具体而言，正如在前述两种水位下降条件的分析中所提到的，边坡安全系数随着 L_{w1}/H 的增大而减小，但随着 L_{w2}/H 的增大而增大，即边坡外部的水位下降会对边坡的稳定性产生不利影响，而边坡内部的水位下降会对边坡的稳定性产生有利影响。在外部水位缓慢下降这一条件下，外部水位下降和内部水位下降同时进行。起初，外部水位下降对边坡稳定性的影响大于内部水位下降，因此边坡安全系数随着水位下降过程的进行而不断减小；而当水位下降到 $L_{w1}/H=0.8$ 之后，内部水位下降对边坡稳定性所产生的影响变得比较大，大到可以抵消外部水位下降对边坡稳定性所产生的影响，因此边坡安全系数保持稳定。

4.4.4 保持恒定水位差下降

图 4-7 给出了保持恒定水位差下降条件所对应的稳定性图。在这种水位下降条件下，边坡内外部水位保持着同样的水位下降速率，外部水位始终比内部水位低，内外部水位差为 $\Delta L_w=0.2H$。在这种情况下，这组稳定性图中的每条曲线都代表水位下降过程中的一个特定水位高度，范围从开始的 $L_{w1}/H=0.2$ 到最后的 $L_{w1}/H=1$。为了研究保持恒定水位差下降过程对边坡稳定性的影响，绘制了稳定性图，如图 4-8(d)所示。在图 4-8(d)的计算中，B/H 和边坡倾角 β 分别设置为 2 和 60°，无量纲参数 $F/\tan\varphi$ 被绘制为 L_{w1}/H 的函数。从图 4-8(d)中可以看出，在这种水位下降条件下，边坡安全系数随着 L_{w1}/H 的增大而减小。然而，对于较小的无量纲参数 $c/\gamma H\tan\varphi$ 值($c/\gamma H\tan\varphi=0.1$, 0.2)，边坡安全系数会在 L_{w1}/H 超过 0.8 后趋于稳定，这表明边坡安全系数在水位下降过程完全完成(外部水位到达坡底)之前就已经达到了其最小值。与外部水位缓慢下降相似，产生这一现象的可能原因是边坡外部水位下降和边坡内部水位下降之间的相互抵消作用。

4.4.5 *B/H* 对边坡稳定性的影响

从图 4-4~图 4-7 所示的 4 组稳定性图可以看出，在上述 4 种水位升降条件下，边坡安全系数都随着无量纲参数 $c/\gamma H\tan\varphi$ 的增大而增大，但随着边坡倾角 β 的增大而减小。为了探究边坡的三维效应对其安全性的影响，需要探讨边坡宽度，即 B/H，对边坡稳定性的影响。在图 4-9 中绘制了一个分析图以研究这一影响，图中数据所对应的水位升降条件为外部水位快速下降，边坡倾角 β 和无量纲参数 $c/\gamma H\tan\varphi$ 分别为 45°和 1。从图 4-9 中可以发现，随着 B/H 的增大，边坡安全系数逐渐降低并逐渐趋于稳定，可以推知，在 B/H 大于 10 后，其对边坡安全系数的影响将会非常微小，可以忽略不计，即 B/H 大于 10 后，边坡的三维效应将不再明显，二维分析也可以得到令人满意的结果，这一结论在文献[78]中也可以看到。

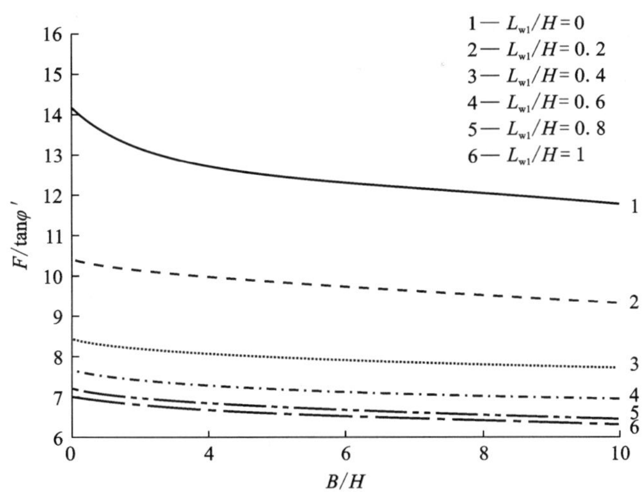

图 4-9　B/H 对边坡安全系数的影响($\beta=45°$，$c/\gamma H\tan\varphi=1$)

4.5　本章小结

本章采用极限分析上限法对水位升降条件下的边坡进行了三维稳定性分析。本章采用三维旋转破坏机构作为运动学许可的速度场，并将其离散化以便于外力做功功率的计算，计算中使用的孔隙水压力分布来自有限差分数值计算。本章考虑了四种不同的水位升降条件，计算了每种水位升降条件下的边坡安全系数并将其绘制到相应的稳定性图表中，共给出了四组稳定性图表。边坡安全系数通过极限分析上限法和强度折减法相结合得到。为了验证本章所提方法的正确性，将本章所得边坡安全系数与文献中利用简化方法所给出的边坡安全系数进行了比较。最后给出了四组稳定性图表并进行了参数分析。基于这些工作，可以得出以下结论：

(1)本章安全系数计算结果与利用简化方法所得结果的比较表明本章结果更小一些，说明本章所提方法在安全系数最小上限解的寻找方面更加优越，这可能是因为本章所提方法采用了有限差分技术而非粗糙的简化方法，获得了更加精确的孔隙水压力场。且因为应用简化方法时难以获得孔隙水压力系数的合理先验值，所以本章所提方法应用更加方便。

(2)不同的水位下降过程会对边坡稳定性产生不同的影响。在外部水位快速下降过程中，边坡安全系数随着水位下降过程的进行而不断减小，表明边坡外部水位下降会对边坡稳定性产生不利影响；水库完全排空后，在内部水位缓慢下降过程中，边坡安全系数随着水位下降过程的进行而不断增大，表明边坡内部水位下降会对边坡稳定性产生有利影响。在其他两种水位升降条件下，外部水位下降与内部水位下降同时进行，在水位下降过程尚未结束时，内外部水位下降对边坡稳定性所产生的有利影响和不利影响相互抵消，边坡安全系数在水位下降过程尚未结束时达到最小值。

（3）参数分析表明，在水位升降条件下，边坡安全系数随着边坡倾角 β 的增大而减小，但随着无量纲参数 $c/\gamma H\tan\varphi$ 的增大而增大。此外，随着 B/H 的增大，边坡安全系数逐渐减小并逐渐趋于稳定。本章所给出的稳定性图表中的数值结果可供直接查阅，免去烦琐的边坡安全系数计算过程，可供实际工程参考。

第 5 章
渗透力作用下三维边坡稳定性的数值模拟分析

近年来，随着计算机技术的迅猛发展，数值计算技术得到了越来越广泛的应用，很多难以计算的复杂问题，如今借助数值计算软件和性能优越的计算机都可以得到解决。计算机问世后，土力学得到了空前迅猛的发展，因为以前很复杂的难以手算的公式可以借助计算机进行计算。近年来，有限元软件、有限差分软件等数值计算软件越来越完善，使用越来越方便，因此在设计、施工、科研等领域得到了越来越多的应用。同样地，数值计算技术在边坡稳定性分析方面也有用武之地，国内外许多学者都利用这一技术进行了边坡稳定性分析，可利用的软件包括 ABAQUS、MIDAS GTS、FLAC3D、ANSYS 等。在矿产资源的开发中，常常会产生很多露天矿边坡，由于后续不断的开挖与扰动，露天矿边坡很容易发生边坡失稳事故，为了保护人民的生命财产安全，许多学者对露天矿边坡的稳定性进行了研究。张庆飞等利用数值模拟的方法，对西南山区某软弱夹层高边坡进行了研究，研究了施工场地的工程地质概况，提出了该高边坡的失稳破坏规律，并给出了相应的边坡防护建议。王安礼等基于数值模拟的方法，以贵州省境内某高速公路边坡为研究对象，对公路岩质边坡的失稳破坏机理及其稳定性进行了研究。宋灵修通过数值模拟的方法研究了在渗流和地震的耦合作用下边坡的稳定性。降雨会在很大程度上改变边坡的水力边界条件，很多滑坡事故都发生在降雨过程中，因此，许多学者就降雨对边坡稳定性的影响这一问题展开了一系列研究。

由此可见，数值模拟技术在边坡稳定性分析中的应用已经足够成熟，本章将基于 FLAC3D 有限差分软件进行边坡的渗流计算与稳定性分析，探究渗透力作用下三维边坡的稳定性。本章将阐述孔隙水压力场的计算与获取方法，并基于 FLAC3D 内置的强度折减算法计算渗透力作用下三维边坡的安全系数，将所得安全系数与根据本书所提方法得到的安全系数进行比较，以验证本书所提方法的正确性。

5.1　三维边坡模型的建立

5.1.1　模型网格的建立

网格的建立可以利用 FLAC3D 的命令流来进行，软件内置有立方体、圆柱体、球体等多种规则几何体。为了生成三维边坡模型，将三维边坡视为多个立方体块的组合，首先利用 brick 命令生成多个立方体块，然后将这些立方体块放置在一起，形成一个完整的三维边坡模型。为了保证立方体块之间的准确连接，使用了 FLAC3D 内置的 FISH 语言进行编程，自定义一系列变量来表达立方体块的顶点坐标，在使用生成立方体块的命令时调用这些变量，以实现立方体块顶点位置的准确表达，避免网格间出现空隙或重叠的现象。使用 FISH 语言的另一个好处是可以存储变量，在后续需要利用这些几何参数来设定边界条件时直接调用即可，而无须重复计算，避免了重复计算过程中可能出现的计算错误。

建立网格之前，要先确定三维边坡模型的几何参数，包括边坡的高度、倾角和宽度。这里以边坡高度 $H=10$ m，倾角 $\beta=45°$，宽高比 $B/H=3$ 为例进行说明，建立的三维边坡模型如图 5-1 所示，总的模型高度为 20 m，是边坡高度的 2 倍，这样做的目的是消除边界效应，减小其对计算结果产生的误差。在生成模型网格时，立方体网格并不都是大小均匀的，在边坡坡面处的网格更密一些，而在模型边界处的网格则更稀疏一些。通过 ratio 命令即可实现这样的网格分布，设置 ratio 的值为 1 时，生成的网格是均匀的；而当设置 ratio 的值大于 1 时，则会使得网格从坡面到边界越来越稀疏。

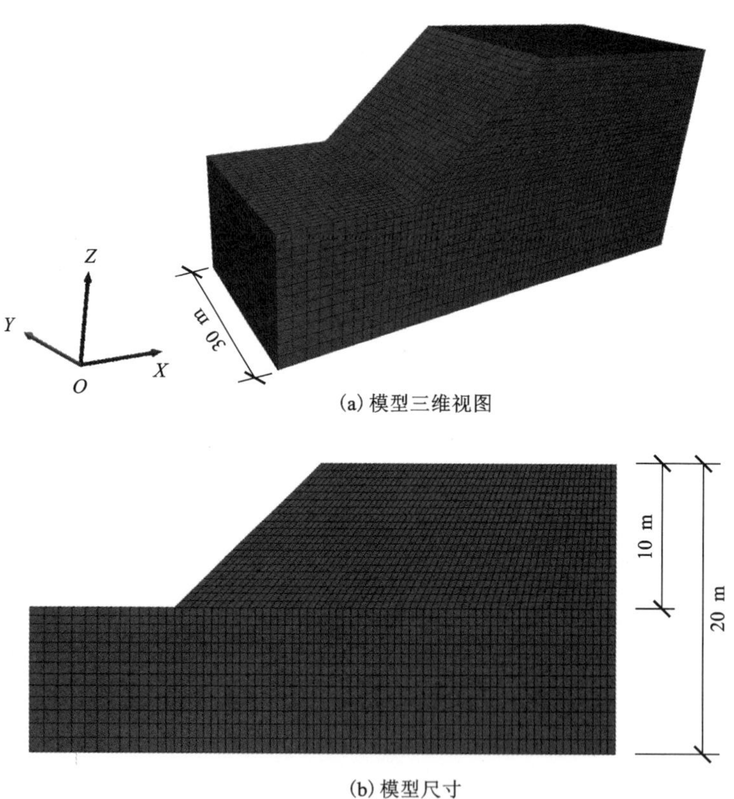

(a) 模型三维视图

(b) 模型尺寸

图 5-1 三维边坡模型($H=10$ m, $\beta=45°$, $B/H=3$)

5.1.2　模型参数的确定

建立几何模型后，需要确定本构模型及相应的模型参数。

本构模型是对材料力学特征的数学描述，代表的是岩土体在受到外荷载条件时其自身的应力应变关系。在选择模型时，需要注意的是所研究的具体材料特征及不同本构模型的适用范围。

为了满足实际工程分析需要，FLAC3D 内置了 12 种岩土体本构模型，它们可以分为 3 类，如表 5-1 所示。其中，莫尔-库仑模型适用于在剪应力下发生破坏的材料，这一模型是工程中最常用的岩土体本构模型，因此，本章也采用莫尔-库仑模型进行建模和分析。该模型包含两个参数，分别是土体的黏聚力 c 和内摩擦角 φ，这两个参数的取值需要配合 MATLAB 的具体计算来确定，因为在本书所提方法中，FLAC3D 是用来做渗流计算以配合 MATLAB 计算的，最终需要将渗流计算所得孔隙水压力场导入 MATLAB 变量空间。因此，FLAC3D 中的土体参数值应与 MATLAB 保持一致。无量纲参数 $c/\gamma H\tan\varphi$ 的考虑范围为{0. 1，0. 2，0. 4，0. 6，0. 8，1}，其他参数的取值参见其常用值，如表 5-2 所示。表 5-2 中，体积模量 K 和剪切模量 G 均由杨氏模量 E 和泊松比 ν 确定，因为这 4 个参数之间存在如下关系：

$$E=2G/(1+\nu)=3K/(1-2\nu) \tag{5-1}$$

表 5-1　FLAC3D 内置的本构模型

类别	名称
弹性模型	各向同性
	横观各向同性
	正交各向异性弹性模型
塑性模型	德鲁克-普拉格模型
	莫尔-库仑模型
	应变硬化/软化模型
	遍布节理模型
	双线性应变硬化/软化遍布节理模型
	双屈服模型
	霍克-布朗模型
	修正的剑桥模型
开挖模型	空模型

表 5-2 各参数的取值

参数名称	符号/单位	取值
杨氏模量	E/Pa	4×10^8
泊松比	ν	1/3
体积模量	K/Pa	$E/3/(1-2\nu)$
剪切模量	G/Pa	$E/2/(1+\nu)$
重力加速度	$g/(\mathrm{m\cdot s^{-2}})$	10
孔隙率	P	0.5
流体密度	$\rho_w/(\mathrm{kg\cdot m^{-3}})$	1000

5.1.3 模型边界条件及初始条件的确定

模型的边界条件利用 fix 命令来定义。在本章中，需要用 fix 命令来限制的主要是模型边界面的位移，限制的位移包括：垂直于 X 轴的两个边界面在 X 方向上的位移为 0、垂直于 Y 轴的两个边界面在 Y 方向上的位移为 0、垂直于 Z 轴的模型底面在 X、Y、Z 方向上的位移均为 0。

模型的初始条件利用 ini 命令来定义，需要定义的参数包括速度、密度、孔隙水压力初值等。给三维边坡模型施加重力后，要利用 ini 命令来设定整个模型的运动速度为 0 以模拟实际边坡的静止状态，同时需要 ini 命令来设定流体密度等参数的值。

5.2 渗流计算及其结果

5.2.1 水力边界条件设置

为了获得孔隙水压力场，需要进行渗流计算。三维边坡模型建立完成后，接下来打开 FLAC3D 的渗流计算模块进行地下水渗流模拟。打开渗流计算模块的命令是“config fluid flow”，此命令可以让 FLAC3D 进入渗流计算模式，然后设置流体为各向同性，命令是“model fluid fl_iso”。接下来设置孔隙率、流体密度、流体模量等参数的值以土体饱和度。关于饱和度的设置，如果有工程实测数据，则利用实测数据，如果没有，则粗略认为水位面以上的土体饱和度为 0，水位面以下的土体饱和度为 1。同样需要预先设置的还有孔隙水压力初值，一般认为孔隙水压力等于水的重度（10 kN/m^3）与水头高度的乘积，任一点的水头高度等于该点至水位面之间的竖直距离。对于边坡面正下方的节点，各节点的水位面（即边坡坡面）高度是不同的，这些高度在 X 方向（图 5-1）上是随着 X 坐标的变化而变化的，为了对边坡面正下方的这部分节点进行孔隙水压力初值赋值，利用了 FLAC3D 内置的 FISH 语言进行编程，首先利用 gp_head 命令结合循环语句将三维边坡模型的所有节点遍历一遍，然后利用判断语句判断出所有属于这部分区域的节点，再对这部分节点的孔隙水压力属性进行计算及赋值。除了边坡正下方的节点外，其余部分节点的水头高度则分区域统一赋值，不需要再遍历节点对每个节点单独赋值。定义水力梯度等于水的密度乘以重力加速度。

与渗流相关的参数值设置完成后，需要设置与边坡土体力学性质相关的材料力学参数，包括体积模量、剪切模量、黏聚力、内摩擦角和土体密度等。然后使用 fix 命令将三维边坡模型的边界面固定住，再对边坡土体施加重力。为了保证边坡土体能够像自然界的土体一样保持静止而非在重力作用下不断向下移动，使用 ini 命令设置所有节点的位移和速度均为 0。使用 set small 命令设置土体变形为小变形，然后使用 set 命令关闭力学计算模块，只保留渗流计算模块，再利用 fix pp［孔压值］range 节点范围命令设置模型边界为透水边界。

至此，所有边界条件和初始条件的设置工作全部完成。最后使用 solve 命令使 FLAC3D 开始进行渗流计算，控制计算精度的参数为“ratio”，其默认为 1×10^{-5}，如果想要提高计算精度，可以设置其为更小的值。

5.2.2　渗流计算结果

渗流计算完成后，调出“Contour of Zone Pore Pressure”图像，即可直观查看计算结果。图 5-2 所示即为孔隙水压力在 *XOZ* 平面内的分布图，由图可以看出，从坡顶到坡底，孔隙水压力逐渐增大，孔隙水压力呈现出明显的分层特征。图 5-3 为孔隙水压力在 *Y* 方向上，也就是在边坡宽度方向上的分布图，可以看出，在边坡宽度方向上没有颜色变化，也就是说，孔隙水压力在边坡宽度方向上没有发生变化。

图 5-2 和图 5-3 都是孔隙水压力计算结果的直观展示，通过这些分布图可以了解孔隙水压力分布的大致规律。然而，如果想要利用孔隙水压力计算结果来进一步计算渗透力，这些分布图是不够的，需要将每一个节点处的孔隙水压力都导出来，写入到一个以.dat 为后缀名的数据文件中，然后利用 MATLAB 读取数据文件，将所得孔隙水压力导入到

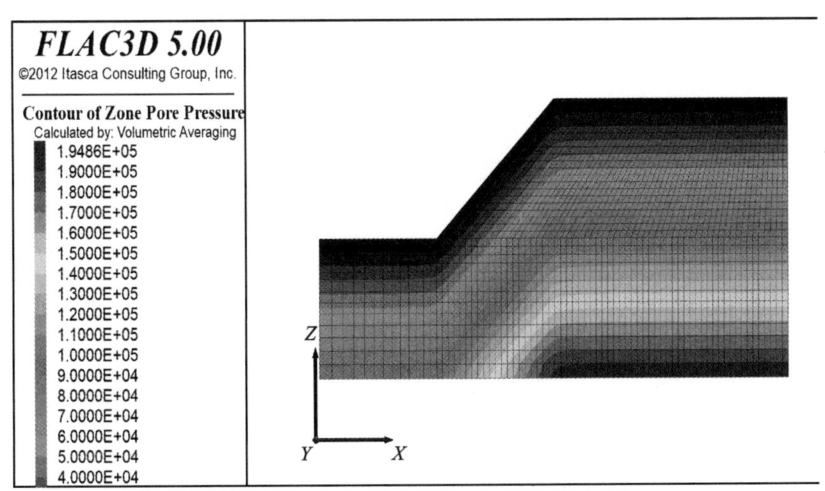

图 5-2　*XOZ* 平面内孔隙水压力分布图(单位：Pa)

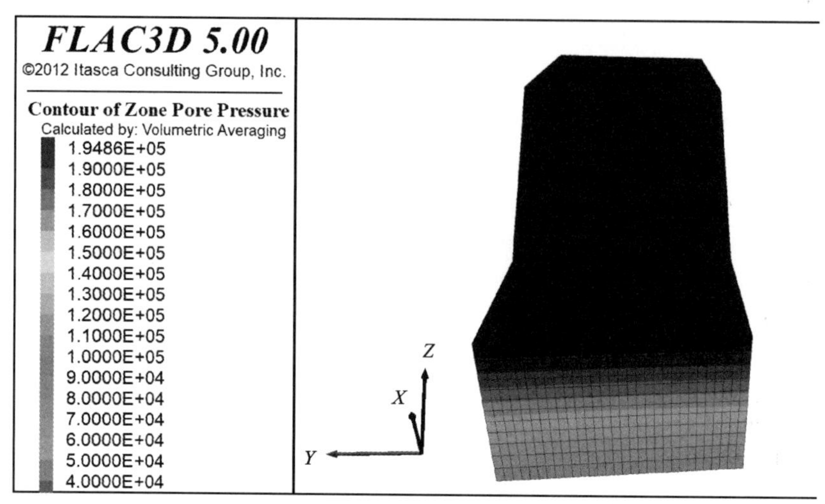

图 5-3 边坡宽度方向的孔隙水压力分布图(单位：Pa)

MATLAB 变量空间中以便在后续计算中进行调用。为了从 FLAC3D 中导出这样一个数据文件，需要利用 FISH 语言进行编程，结合循环语句将所有节点都遍历一遍，对于遍历到的每一个节点，首先利用判断语句判断其是否在边坡内部，如果是则读取其 X、Y、Z 坐标和孔隙水压力值，并将其坐标及孔隙水压力分别写入 X. dat、Y. dat、Z. dat、pp. dat 文件中以记录其坐标及孔隙水压力。

将所得到的数据文件复制到 MATLAB 文件夹下，将这些数据文件导入到 MATLAB 的 X、Y、Z、pp 4 个变量中，这 4 个变量都是数组，同时调用他们的某一维数据即可得到某一点处的 X、Y、Z 坐标及其孔隙水压力值。对于任一点，将所得孔隙水压力值除以水的重度即可得到该点的水头高度；对于任意两点，它们的水头高度差与距离之比即为水力梯度，利用水力梯度，结合土力学经典理论，即可计算出渗透力，所得渗透力可用于第 3 章及第 4 章中渗透力做功功率的计算。

对于不同的水力边界条件，均可利用上述过程进行边界条件设置及渗流计算。第 4 章中考虑了 4 种不同的水位升降条件，对于每一种水位升降条件，又考虑多个水位高度，对于这些不同的水位高度，可利用 FLAC3D 设置不同的水位初始条件，然后进行渗流计算得到每一个水位高度处对应的三维边坡孔隙水压力场，将所得孔隙水压力场导入到 MATLAB 中就可以计算出相应水位高度处的边坡安全系数。

5.3 边坡安全系数计算及验证

第 4 章提出了一种新的水位升降条件下三维边坡安全系数的计算方法，边坡安全系数的计算采用了强度折减法。在 FLAC3D 中，内置有边坡安全系数计算功能，其基本计算原理也是强度折减法，为了验证第 4 章所提方法的正确性，可将所得边坡安全系数与 FLAC3D 计算结果相比较。

利用 FLAC3D 计算三维边坡安全系数时，首先要保存渗流计算结果，这是因为在后面的计算中，将会把渗流计算所得到的孔隙水压力作为外力，直接作用在三维边坡模型上，这种把渗透力看作外力的观点与极限分析上限法一致。在第 4 章中，基于极限分析上限法，渗透力也是被看作是一个外力作用在三维边坡上，计算了其外力做功功率。为了计算三维边坡安全系数，需要关闭渗流模块，打开力学计算模块，然后使用 solve 命令计算安全系数即可。

此处以第 4 章中的外部水位快速下降条件为例，计算了当外部水位下降至坡底时的三维边坡安全系数。将此处所得边坡安全系数与利用第 4 章所提方法所得边坡安全系数进行比较以验证所提出方法的正确性，比较结果如表 5-3 所示。表 5-3 列出了不同 B/H 和不同无量纲参数 $c/\gamma H\tan\varphi$ 所对应的边坡安全系数，计算中取边坡倾角 $\beta=45°$。由表 5-1 可知，第 4 章所得结果与数值模拟所得结果有着很好的一致性，最大的差异为 7.38%，对应于工况 3，其中 $B/H=2$，$c/\gamma H\tan\varphi=0.6$；最小的差异仅为 1.05%，对应于工况 1，其中 $B/H=2$，$c/\gamma H\tan\varphi=0.2$。这一比较证明了第 4 章所提方法的正确性及合理性。

表 5-3　数值模拟与第 4 章所提方法所得边坡安全系数的比较

工况编号	B/H	$c/\gamma H\tan\varphi$	边坡安全系数		差异/%
			第 4 章所提方法	数值模拟方法	
1	2	0.2	0.89	0.88	1.05
2	2	0.4	1.49	1.43	3.76
3	2	0.6	2.15	1.99	7.38
4	5	0.2	0.85	0.83	2.20
5	5	0.4	1.37	1.34	2.38
6	5	0.6	1.94	1.84	5.28
7	10	0.2	0.82	081	1.14
8	10	0.4	1.34	1.32	1.74
9	10	0.6	1.87	1.77	5.24

除了边坡安全系数的比较外，为了进一步验证第 4 章所提方法的正确性，比较了第 4 章所提方法所得边坡破坏范围与 FLAC3D 所得边坡破坏范围。如图 5-4 和图 5-5 所示为 FLAC3D 所得边坡破坏范围，计算时取 $H=10$ m，$\beta=60°$，$B/H=3$。由图 5-4 和图 5-5 可知边坡的滑动面与三维旋转破坏机构非常相近且通过坡趾，通过获取滑动面与边坡顶面交点处的坐标可知滑动面在边坡顶面上的破坏范围为 6.79 m。

对于同样的边坡几何参数与强度参数，采用第 4 章所提方法进行边坡安全系数的计算时，利用非线性优化技术求得了边坡安全系数的最小上限解，并获得了最小上限解对应的破坏机构几何参数，根据这些几何参数可以计算出滑动面在边坡顶面的破坏范围为 6.92 m。与 FLAC3D 所得破坏范围的差异为 $(6.92-6.79)/6.92=1.9\%$，由此可见，第 4 章

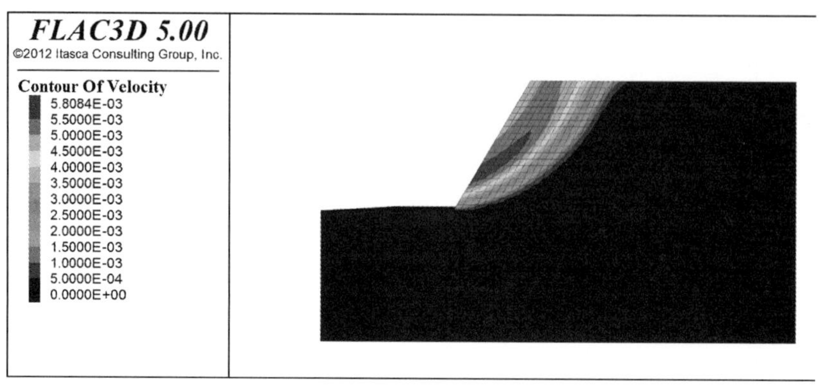

图 5-4 FLAC3D 所得边坡破坏范围(二维，单位：m/s)

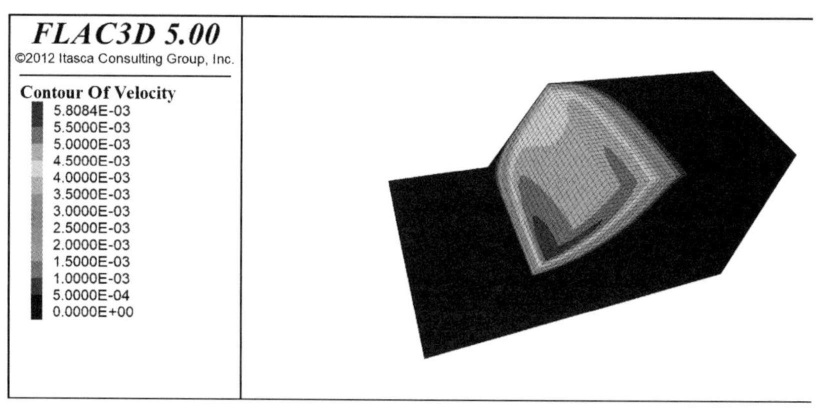

图 5-5 FLAC3D 所得边坡破坏范围(三维，单位：m/s)

所提方法所得破坏范围与有限差分数值计算所得破坏范围有着良好的一致性。由此进一步证明了第 4 章所提方法的正确性。

第 4 章所提方法与 FLAC3D 计算的区别在于，第 4 章所提方法只采用 FLAC3D 进行了渗流计算，而除了渗流计算以外的其他部分，例如渗透力功率、重力功率计算、内能耗散率计算及边坡安全系数的计算均是基于极限分析上限法通过公式推导并将公式编程的方法实现的，边坡安全系数的最小上限解是通过非线性优化算法获得的。因此，第 4 章所提方法是一个半数值半解析方法而非数值计算方法，所以，本文方法具有严格的理论基础，可以给出边坡安全系数的严格上限解。并且，在极限分析框架内，现有的关于渗透力作用下三维边坡稳定性的研究都是借助简化方法来计算孔隙水压力，而由于难以预先获得孔隙水压力系数的合理先验值，这一简化方法很难在实际工程中应用，本书的一个创新点是利用数值计算的方法考虑孔隙水压力场，因此不需要孔隙水压力系数，所以第 4 章所提方法在实际工程中应用起来更为简单，且第 4 章已经给出了许多设计图表，这些设计图表也不需要孔隙水压力系数，可以供实际工程直接查阅以确定渗透力作用时三维边坡的安全系数。

本书的另一个创新点是改进了文献中现有的关于渗透力作用下三维边坡的安全系数(如第4章所述)，本书所得边坡安全系数上限解比现有的上限解更小，因此更接近实际边坡安全系数。

另外，由表 5-3 可知，FLAC3D 同样可以用来很好地计算三维边坡的安全系数，但是，其计算效率比第 4 章所提方法低得多。例如，对于本章算例，即 $H=10$ m，$\beta=45°$，$B/H=3$ 时，利用 FLAC3D 计算出边坡安全系数所需的时间是 3 小时(所使用的计算机配备的处理器是英特尔酷睿处理器，型号为 i5-10400 2.9 GHz)。然而，采用第 4 章所提方法，渗流计算与边坡安全系数计算总共所需的时间只有 30 分钟，大大缩短了计算时间，高效率的计算使得参数分析可以很好地开展。在本章中，FLAC3D 的边坡安全系数计算仅仅用来验证第 4 章所提方法的正确性。

5.4　本章小结

本章基于 FLAC3D 数值模拟软件进行了渗透力作用下三维边坡稳定性的数值模拟分析。首先介绍了基于三维边坡几何参数建立三维边坡模型及划分网格的方法，然后介绍了边坡材料的本构模型及边坡材料和流体的强度参数取值，还介绍了三维边坡模型的边界条件及初始条件。其次着重讲述了利用 FLAC3D 内置的 FISH 语言设置初始孔隙水压力的方法，进行了渗流计算并分析了所得到的渗流结果。然后将渗流结果导出为数据文件，再导入到 MATLAB 中计算渗透力做功功率，基于极限分析上限法计算三维边坡安全系数，将利用数值模拟所得边坡安全系数与利用第 4 章所提方法所得边坡安全系数进行了比较以验证所提出方法的正确性。基于上述工作，可得到结论如下：

(1)从坡顶到坡底，孔隙水压力逐渐增大，孔隙水压力呈现出明显的分层特征，而孔隙水压力在边坡宽度方向上没有发生变化。

(2)为了充分利用渗流计算结果，可以利用 FISH 语言将所有节点遍历一遍，导出节点位置坐标及其孔隙水压力值，得到一个数据文件，然后可以将这一数据文件导入到 MATLAB 中计算水头差及渗透力，这样做的好处是可以避免因使用简化方法计算孔隙水压力而带来的较大误差。

(3)基于数值模拟方法所得边坡安全系数与利用第 4 章所提方法所得边坡安全系数的比较说明，这两种方法所得到的结果有着良好的一致性，证明了第 4 章所提方法的正确性及合理性。

第 6 章 基于球形及拓展机构的长大边坡上限分析

采用牛角形破坏机构，对三维长大边坡及折线边坡的稳定系数进行了分析。在构建破坏机构时，采取了平移与旋转机构相结合的方法。该机构可以较好地分析边坡宽度与稳定系数之间的关系，但是滑动体宽度只取决于插入平行块体的宽度，滑动体的形式较为单一，无法对较为复杂的滑动体形状进行分析。

本章利用球形破坏机构，首先对纯黏土三维长大边坡的稳定性进行了研究，推导了纯黏土长大边坡的安全系数表达式，并将该破坏机构用于泥浆槽壁的局部稳定性分析。在此基础上，针对一般长大边坡的三维极限分析问题，首次提出了一种新的三维拓展破坏机构，该机构可以对满足相关联流动法则的任意滑动体形状进行分析，推导了该机构的重力功率及内能耗散表达式，以及其临界高度的泛函表达式。为了便于计算，还提出了一种近似的数值解法。在验证该解法的正确性后，将其应用于三维拓展机构的计算。

6.1 球形机构下的纯黏土长大边坡上限分析

6.1.1 破坏机构

同二维长大边坡稳定分析类似，对于三维长大边坡的分析，首先研究较为简单的纯黏土情形。Michalowski 利用三维旋转机构研究了纯黏土边坡的稳定性问题，其情形符合本章的长大边坡情况。纯黏土中的内摩擦角 φ 的数值为零，在速度间断面上，其切向速度等于实际速度，因此速度间断面为圆形的一部分。

图 6-1 表示纯黏土长大边坡的三维机动容许速度场，破坏机构为球形，其圆心为 O，圆形半径为 R，球体 O 与边坡的重合部分为边坡的滑动体。图 6-2 为破坏机构的三维视图。

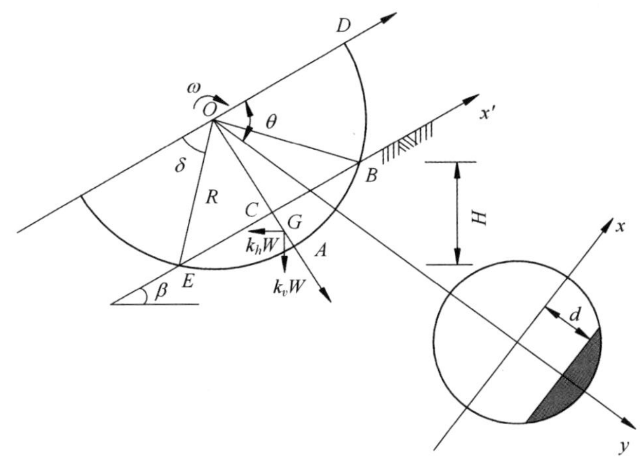

图 6-1　纯黏土长大边坡的三维球状破坏机构

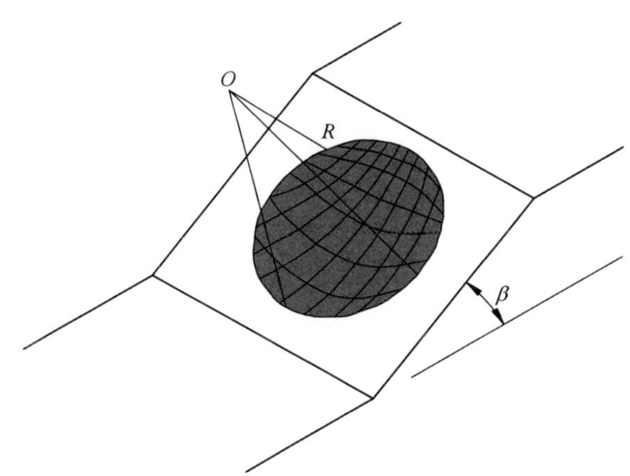

图 6-2　纯黏土长大边坡破坏机构三维视图

6.1.2　外力功率与内部能量耗散

重力功率为重力的单位向量 $\boldsymbol{\gamma}_i$ 与其速度向量 $\boldsymbol{v}_i$ 的向量积，在旋转破坏机构中，重力功率可表示为破坏块体的重力 W_i 与块体重心围绕旋转中心 O 的速度 v_i^c 的乘积。因此，重力功率可以表示为：

$$W_\gamma = \int_v \boldsymbol{\gamma}_i \boldsymbol{v}_i \mathrm{d}V = W_i v_i^c \tag{6-1}$$

写为更一般的形式：

$$W_\gamma = 2\omega\gamma \int_\delta^{\pi-\delta} \int_0^{x^*} \int_{\mathrm{d}}^{y^*} \sqrt{(d+y)^2 + x^2} \cos(\theta - \beta) \mathrm{d}x\mathrm{d}y\mathrm{d}\theta \tag{6-2}$$

式中：R，d，θ，δ 如图 6-1 所示；ω 为破坏机构的旋转角速度；γ 为土体重度；$y^* =$

$\sqrt{R^2-d^2}$；$x^* = \sqrt{R^2-d^2}$。

对式(6-2)中的积分进行运算，可以得到：

$$W_\gamma = \frac{1}{4}\omega\gamma\pi R^4\cos^4\delta\sin\beta \tag{6-3}$$

破坏机构的能量耗散速率为速度间断面上的切向速度 v_t 与黏聚力 c 的乘积沿速度间断面上的积分：

$$D = \int_S cv_t\mathrm{d}S \tag{6-4}$$

在本章的破坏机构中，球体表面的耗散速率 v 为球坐标 θ 与 α 的方程为：

$$v = \omega\gamma\sqrt{1 - \sin^2\alpha\cos^2\theta} \tag{6-5}$$

球冠上的微元面积单位如图 6-3 所示：

$$\mathrm{d}S = R^2\cos\theta\mathrm{d}\alpha\mathrm{d}\theta \tag{6-6}$$

因此，能量耗散功率为：

$$D = 4\omega cR^3\int_\delta^{\pi/2}\int_0^{\pi/2}\cos\theta\sqrt{1 - \sin^2\alpha\cos^2\theta}\,\mathrm{d}\alpha\mathrm{d}\theta \tag{6-7}$$

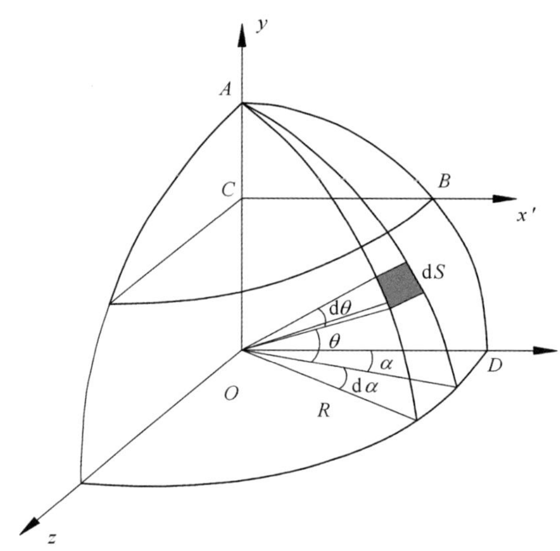

图 6-3　破坏机构的极坐标视图

令内能耗散功率与外力功率相等，即可得到边坡的上限稳定系数 $\gamma R/c$：

$$\frac{\gamma R}{c} = \frac{16}{\pi\sin\beta\cos^4\delta}\int_\delta^{\pi/2}\int_0^{\pi/2}\cos\theta\sqrt{1 - \sin^2\alpha\cos^2\theta}\,\mathrm{d}\alpha\mathrm{d}\theta \tag{6-8}$$

已有的研究表明，平面应变情形下的稳定性解要远比三维情形下的解偏保守。实际情况下，边坡的 $\gamma R/c$ 值除了与边坡坡角、土体强度参数有关之外，还与滑动体的宽度有关，即边坡的三维破坏具有端部效应。随着边坡宽度的逐渐增加，破坏机构由三维情况向二维情况过渡，如果只按照上述破坏机构进行分析，无法体现边坡临界高度与滑动体宽度的关系，因此需要对球形机构做出修正。在上述旋转破坏机构的中间插入一个平移块体，如

图 6-4 所示，其宽度为 b，即得到了由旋转破坏机构和平移破坏机构组成的三维破坏机构。对于该破坏机构，当 $b\to\infty$ 时，其临界高度解与平面应变情形下的解相同。

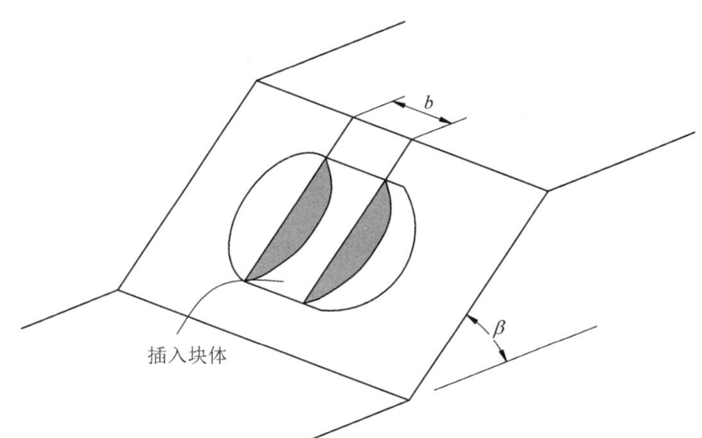

图 6-4　插入块体的三维破坏机构

插入块体的外力功率同样可由式(6-9)得到：

$$W' = (1 + k_v)\, bR^3\cos\delta\left(2 - \frac{1}{3}\sin^2\delta\right)\sin\beta + k_h bR^3\cos\delta\left(2 - \frac{1}{3}\sin^2\delta\right)\cos\beta \tag{6-9}$$

由式(6-8)可得内能耗散功率：

$$D' = b\int_{\delta}^{\pi-\delta}\omega R^2 c\cos(\theta - \beta)\,\mathrm{d}\theta \tag{6-10}$$

积分得：

$$D' = bR^2c[\sin(\delta + \beta) - \sin\beta] \tag{6-11}$$

结合式(6-3)与式(6-7)，考虑端部效应的边坡三维稳定系数为：

$$\frac{\gamma R}{c} = \frac{16E^* + 4(b/R)F^*}{G^* + 4(b/R)H^*} \tag{6-12}$$

式中：

$$E^* = \int_{\delta}^{\pi/2}\int_{0}^{\pi/2}\cos\theta\sqrt{1 - \sin^2\alpha\cos^2\theta}\,\mathrm{d}\alpha\mathrm{d}\theta \tag{6-13}$$

$$F^* = \sin(\delta + \beta) - \sin\beta \tag{6-14}$$

$$G^* = \pi\cos^4\delta\sin\beta \tag{6-15}$$

$$H^* = \cos\delta\left(2 - \frac{1}{3}\sin^2\delta\right)\sin\beta \tag{6-16}$$

由式(6-12)可知，球形机构下纯黏土长大边坡的稳定性问题可转变为单变量规划问题，即寻找最优角度 δ 使得 $\gamma R/c$ 值最小。若边坡的土体重度与黏聚力已知，由式(6-12)可以得到破坏机构的临界半径 R_{cr}。当破坏机构的半径超过 R_{cr}，则边坡处于不稳定状态。为方便与传统方法进行对比，计算了给定 $\gamma R/c$ 时考虑端部效应的边坡安全系数，其表示式如式(6-17)所示：

$$F=\frac{c}{\gamma R}\frac{16E^{*}+4(b/R)F^{*}}{G^{*}+4(b/R)H^{*}} \tag{6-17}$$

对于实际破坏的边坡，其破坏高度 H 相对于破坏机构的半径 R 更容易获得，根据几何关系可以得到：

$$H=2R\sin\delta\cos\beta \tag{6-18}$$

这样，边坡安全系数公式可以写为：

$$F=\frac{2c\sin\delta\cos\beta}{\gamma H}\frac{16E^{*}+4(b/R)F^{*}}{G^{*}+4(b/R)H^{*}} \tag{6-19}$$

6.1.3 结果对比及分析

为了验证公式的正确性，将计算结果与 Michalowski、Griffiths、Silvestri 等的研究成果进行比较。以上文献对坡率为 1∶2($\beta=26.56°$)，$c/\gamma R=0.1$，$\delta=30°$时边坡安全系数基准解进行了对比。利用式(6-17)，采用以上参数对边坡安全系数进行计算，由于已有研究中没有考虑边坡破坏时的端部效应，因此在计算时令 b 为零。通过单变量的优化算法，得到边坡安全系数为 1.402，与 Baligh 及 Michalowski 的计算结果相同。Hungr 利用极限平衡方法，得到此类情况下边坡安全系数为 1.422。Griffiths 利用有限元技术，得到边坡安全系数为 1.39。Silvestri 认为 Baligh 的计算结果不正确，并认为边坡安全系数为 1.377。但是，他在其推导过程中应用了很少见的坐标系统。

因为利用极限分析求解最小上限解，均能将其转化为一个优化问题。式(6-19)中的 F 随着角度 δ 的不同而发生变化。令 $\beta=26.56°$，$c/\gamma R=0.1$，对 δ 进行优化以取得最小边坡安全系数。结果表明，当 $\delta=15.0°$时，$F_{min}=1.265$，小于当 $\delta=30.0°$时的边坡安全系数为 1.402。由此可知，当 $\delta=30°$时，以上学者的边坡安全系数解为该问题的一个特殊解，而非最佳的上限解。

为了便于工程应用，分析了地震力系数 k_v、k_h 及 β 对边坡安全系数的影响，其结果如图 6-5 所示。由图中可知，地震力下边坡安全系数随着坡脚的增大而减小。除此之外，地震力对边坡稳定性也有较大影响。当水平地震力系数 k_h 增加至 0.3 时，边坡安全系数只有正常情况下的 50%~80%。竖向地震力的方向对边坡稳定性有着不同的影响，当竖向地震力向上，即 k_v 的值为负时，地震力抵消了一部分重力作用，边坡安全系数增大；而当竖向地震力向下时，边坡安全系数有所下降，但其影响程度小于水平地震力的影响。从图中还可以看出，随着 b/R 的增大，边坡安全系数逐渐减小。计算表明，当破坏机构中的插入块体宽度 b 较大，即 b/R 的值大于 6 时，b/R 的增加对边坡安全系数影响较小，此时的计算结果与二维情况的结果相近，因此当滑坡体较宽时($b/R>6$)时，可近似作为平面应变问题进行研究。

当边坡的斜面长度足够长时，该破坏机构的半径 R 趋向于无穷大，此时，边坡安全系数趋向于零。但是当边坡的内部土体存在强度较高的土层(图 6-6)时，边坡滑动面被约束在一定厚度 t 或者长度 s 内，此时，边坡安全系数可由 s 或者 t 表示，其表达式如式(6-20)与式(6-21)所示。

$$F=\frac{c(1-\sin\delta)}{\gamma t}\frac{16E^{*}+4(b/R)F^{*}}{G^{*}+4(b/R)H^{*}} \tag{6-20}$$

$$F=\frac{2c\cos\delta}{\gamma s}\frac{16E^{*}+4(b/R)F^{*}}{G^{*}+4(b/R)H^{*}} \tag{6-21}$$

为了表达的统一性，在式(6-20)与式(6-21)中也可将 b/R 写为 $b(1-\sin\delta)/t$ 及 $2b\cos\delta/s$。

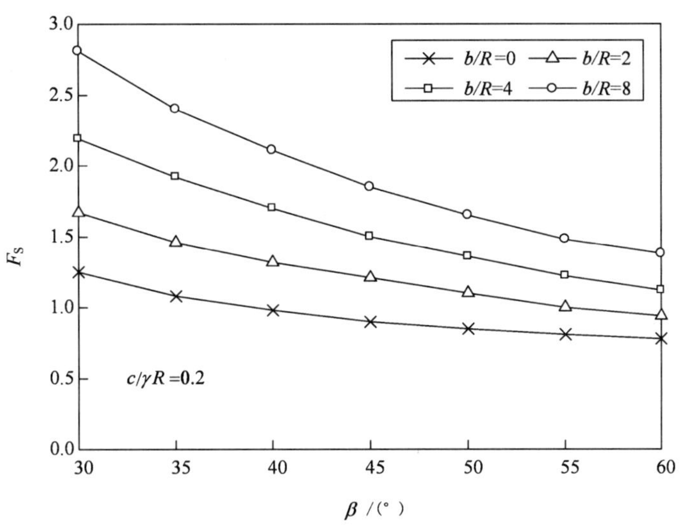

图 6-5　边坡安全系数的影响参数分析

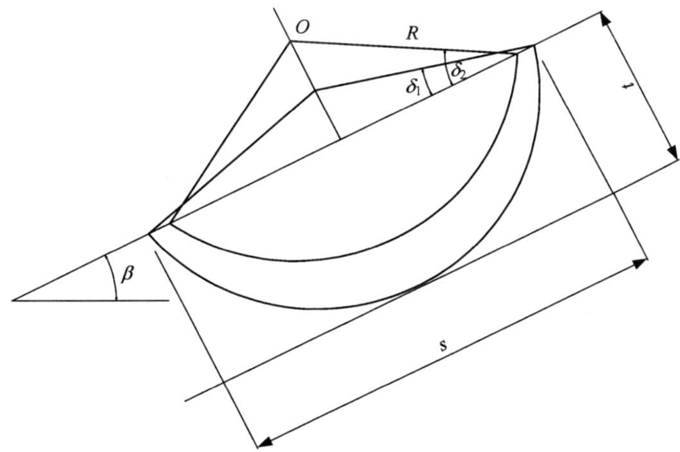

图 6-6　破坏机构的宽度与深度约束

6.2 特殊长大边坡(槽壁)的三维稳定性分析

在本节中，将通过构建三维破坏机构，计算纯黏土槽壁的三维局部稳定性。而对于 $\varphi \neq 0°$的普通槽壁稳定性，由于 Mohr-Coulomb 材料速度分离要求，需要另行构建三维破坏机构，将在下一节进行研究。

6.2.1 功率计算

与纯黏性土坡中的破坏机构类似，其机动许可的速度场如图 6-7 所示。弓形区域 *CFD* 围绕旋转中心 *O* 发生转动，*CFD* 区域下部的土体保持静止。

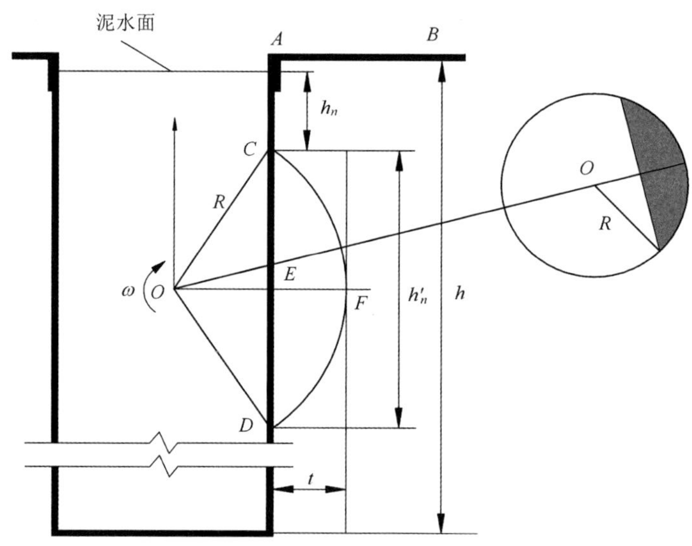

ω—旋转角速度；h'_n—弓形区域高度；h_n—弓形区域顶部埋深

图 6-7 砂性土中的槽壁局部圆弧破坏机构

如果与 *CFD* 区域内的土体重力功率直接进行积分，其计算结果较为烦琐。为方便起见，可以找到 *CFD* 区域的重心位置，以及其相对于重心的速度向量。其外力功率即为重心处的重力向量与围绕旋转中心的速度向量的点乘。

失稳的旋转体积 *CFD* 的重力为：

$$G=\frac{\pi}{3}\gamma R^3(1-\sin\delta)^2(2+\sin\delta) \tag{6-22}$$

土体做功为破坏土体重心速度及土体质量的乘积，可由式(6-23)表示：

$$W_s=\frac{1}{4}\omega\gamma\pi R^4\cos^4\delta \tag{6-23}$$

而内能耗散为：

$$D=4\omega cR^3\int_{\delta}^{\pi/2}\int_{0}^{\pi/2}\cos\theta\sqrt{1-\sin^2\alpha\cos^2\theta}\,\mathrm{d}\alpha\mathrm{d}\theta \tag{6-24}$$

泥浆的作用力的外力功率发生在沟槽表面 CED 上，具体值可由积分得到。

CE 面上的泥浆外力功率为：

$$W_{CE}=\int_0^{\alpha}2\omega\gamma_{sr}R^3\sin^2\delta\tan\beta\sec^2\beta(h_1+R\cos\delta-R\sin\delta\tan\beta)\sqrt{\cos^2\delta-\sin^2\delta\tan^2\beta}\,\mathrm{d}\beta \tag{6-25}$$

ED 面上的外力功率为：

$$W_{ED}=\int_0^{\alpha}2\omega\gamma_{sr}R^3\sin^2\delta\tan\beta\sec^2\beta(h_1+R\cos\delta+R\sin\delta\tan\beta)\sqrt{\cos^2\delta-\sin^2\delta\tan^2\beta}\,\mathrm{d}\beta \tag{6-26}$$

因此，总的泥浆外部功率为：

$$W_{sr}=4\omega\gamma_{sr}R^4\sin^2\delta\int_0^{\pi/2-\delta}\frac{\tan^2\theta}{\cos^2\theta}\sqrt{\cos^2\delta-\sin^2\delta\tan^2\theta}\,\mathrm{d}\theta \tag{6-27}$$

令外力功率等于内能耗散，并根据

$$H=2Rs\cos\delta \tag{6-28}$$

可得稳定系数 N_s 的表达式：

$$N_s=\frac{\gamma H}{c}=\frac{32\cos\delta\int_{\delta}^{\pi/2}\int_0^{\pi/2}\cos\theta\sqrt{1-\sin^2\alpha\cos^2\theta}\,\mathrm{d}\alpha\mathrm{d}\theta}{\pi\cos^4\delta+16\dfrac{\gamma_{sr}}{\gamma}\sin^2\delta\int_0^{\pi/2-\delta}\dfrac{\tan^2\theta}{\cos^2\theta}\sqrt{\cos^2\delta-\sin^2\delta\tan^2\theta}\,\mathrm{d}\theta} \tag{6-29}$$

对于给定软弱层厚度 H，其局部安全系数 F_s 为：

$$F_s=\frac{c}{\gamma H}\frac{32\int_{\delta}^{\pi/2}\int_0^{\pi/2}\cos\theta\sqrt{1-\sin^2\alpha\cos^2\theta}\,\mathrm{d}\alpha\mathrm{d}\theta}{\pi\cos^4\delta+16\dfrac{\gamma_{sr}}{\gamma}\sin^2\delta\int_0^{\pi/2-\delta}\dfrac{\tan^2\theta}{\cos^2\theta}\sqrt{\cos^2\delta-\sin^2\delta\tan^2\theta}\,\mathrm{d}\theta} \tag{6-30}$$

若在该破坏机构中间插入块体，则插入块体的重力功率可由式(3-68)、式(3-69)及式(3-72)获得，其中重力做功 W'_{γ} 为：

$$W'_{\gamma}=\frac{2}{3}\gamma b\omega R^3\cos^3\delta \tag{6-31}$$

泥浆做功 W'_s 为：

$$W'_s=-\frac{2}{3}\omega\gamma_s bR^3\cos^2\delta\cot\delta \tag{6-32}$$

内能耗散为：

$$D=2c\omega bR^2\left(\frac{\pi}{2}-\delta\right) \tag{6-33}$$

以上各式中 b 为插入体宽度。

将式(6-31)~式(6-33)代入功率相等公式，可得其安全系数公式为：

$$F=\frac{c}{\gamma H}\frac{96A^*\cos\delta+96\cos^2\delta\dfrac{b}{H}\left(\dfrac{\pi}{2}-\delta\right)}{3\pi\cos^4\delta+48\dfrac{\gamma_{sr}}{\gamma}B^*\sin^2\delta+16\dfrac{b}{H}\cos^4\delta-16\dfrac{\gamma_{sr}}{\gamma}\dfrac{b}{H}\cos^3\delta\cot\delta} \tag{6-34}$$

式中：

$$A = \int_{\delta}^{\pi/2}\int_{0}^{\pi/2}\cos\theta\sqrt{1-\sin^2\alpha\cos^2\theta}\,\mathrm{d}\alpha\mathrm{d}\theta \tag{6-35}$$

$$B = \int_{0}^{\pi/2-\delta}\frac{\tan^2\theta}{\cos^2\theta}\sqrt{\cos^2\delta-\sin^2\delta\tan^2\theta}\,\mathrm{d}\theta \tag{6-36}$$

6.2.2 结果分析与讨论

由式(6-33)可知，含有软弱夹层的泥浆槽壁三维局部稳定性可转化为单变量的优化问题，其他计算参数为土体密度γ、泥浆与土体重度比γ_{sr}/γ、土体黏聚力c，以及滑动体宽高比b/H。图6-8分析了不同b/H值下泥浆槽壁的三维局部稳定性问题。由图6-9可知，泥浆槽壁局部稳定性的变化规律与长大边坡相似，其安全系数同样随着b/H的增大而逐渐减小。当b/H大于6时，计算结果与二维条件下相当接近，此时若进行二维分析，计算结果不会造成大的误差。当b/H确定时，安全系数随土体黏聚力c呈线性增加，其变化速率与b/H的值有关，b/H值越大，其变化速率越快。而γ_{sr}/γ对安全系数的影响则是非线性的，γ_{sr}/γ越大，安全系数变化速率越快。

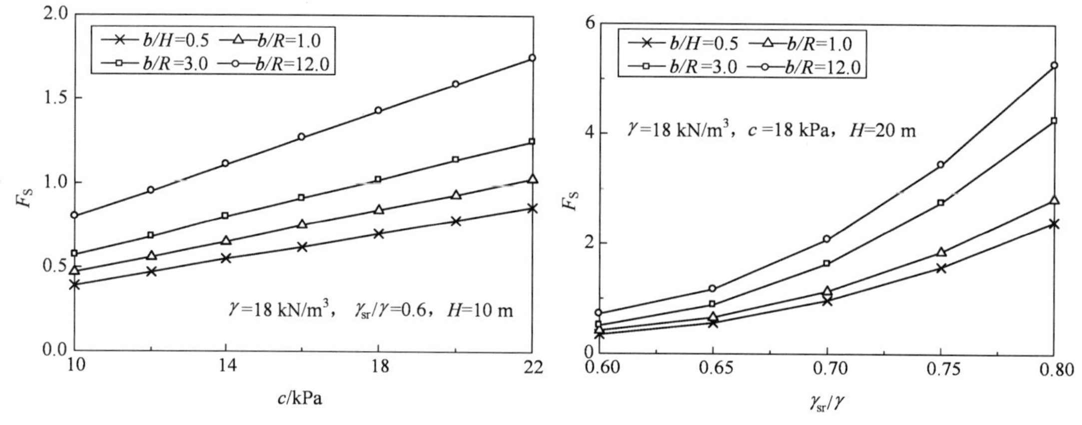

图6-8 泥浆槽壁三维局部稳定性变化规律

6.3 基于拓展机构的长大边坡三维上限分析

6.3.1 破坏机构的分类

6.1节阐述了极限分析上限定理在边坡二维及三维稳定性分析中的研究现状，介绍了较为著名的破坏机构，本节对这些机构进行简单的评述。

在二维破坏机构中，无论是对数螺旋线机构、直线机构还是折线机构，均可以分为两类。第一类破坏机构中，其速度间断面，无论是直线还是对数螺旋线，只存在于滑动体与下部刚体之间，且满足Mohr-Coulomb强度准则与相关联流动法则。边坡的滑动体内部不存在速度间断面而作为整体进行滑动，这种破坏机构以Chen著作中的对数螺旋线机构较为常见。而在第二类破坏机构中，边坡的滑动体内部包含若干刚体，刚体与刚体之间存在速度间断线，刚体之间满足运动协调条件。Michalowski 提出的直条分法，Chen 针对土质边坡提出的斜条分法，以及针对含节理岩质边坡的折线机构都属于此类型。

与二维破坏机构相似，三维破坏机构也可根据滑动体的整体性进行分类。第一类破坏机构中，边坡的三维滑动体为整体，内部不含速度间断面。符合该特点的破坏机构包含了第 5 章中的讨论的曲线圆锥状旋转机构及 de Buhan 提出的在坡顶基础荷载下边坡整体滑移机构。Giger 在分析切坡稳定时，同样利用了三维整体机构。第二类破坏机构为三维块体机构，其滑动体可分为若干块体，块体之间由速度间断面隔开，并满足运动协调条件。例如 de Buhan 提出的坡顶基础荷载下冲模破坏机构，Chen 提出的三维垂直条分机构。

研究者在进行边坡的二维及三维上限分析时，所采用的破坏机构均属于整体机构或者块体机构。Chen 将对数螺旋线形状的旋转机构与极限平衡方法进行了对比，在分析普通均质边坡的稳定性时，两者的结果非常接近。Michalowski 将垂直条分机构的结果与 Bishop 法、Spencer 法及对数螺旋线机构的计算结果进行了对比，分析表明已有的计算结果均在垂直条分机构的解范围内。此外，Chen 等的研究均表明，无论是整体机构还是块体机构，得到的上限解与极限平衡解都较为接近，均能满足二维上限分析的要求。但是就求解的简便程度而言，整体机构只需要确定对数螺旋线的方程，通常能将临界高度求解转变为含有 1~2 个变量的非线性规划问题。而块体机构则需要考虑块体之间的运动协调条件，对速度场进行求解时，需要考虑的约束条件较多，求解难度较大。笔者认为，在二维情况下对均质边坡进行求解时，在满足计算精度的条件下，因为整体机构计算的简洁性，可以作为上限分析的首选机构。

而在已有的三维边坡上限分析中，块体机构常被用来分析具有局部荷载时的边坡破坏情况。Chen 提出的三维斜条分法，作为一种块体机构，也可用于分析具有不规则滑动面的三维边坡稳定性分析。但是其由于其机构的复杂性及条块数多，为数值计算带来了较大的困难。因此在处理三维均质边坡的破坏时，Michalowski 及 de Buhan 等学者均采用整体机构，既能保证计算的精度，也能大大简化计算。本节将利用一种新的三维整体机构，对三维均质边坡的稳定性进行分析。

6.3.2　三维整体机构的基本性质

本节在 Michalowski、de Buhan 及 Chen 等的研究成果的基础上，分析三维整体机构的一些基本性质。

1) 三维整体机构的基本形状

采用极限分析方法对三维整体机构进行分析，一般需要事先确定边坡的滑动面。在极限平衡方法中，简单三维均质边坡的破坏面形状一般如图 6-9 所示，A、B、C、D 为滑动体的四个端点，滑动体的对称面为 AB。

根据上限分析方法构建的破坏机构也具有相同的形状。Michalowski 提出的曲线圆锥形破坏机构下边坡滑动体如图 6-10 所示。与图 6-9 相似，该破坏机构同样有 4 个关键点 A、B、C、D。不同于图 6-9 中 D 点位于坡趾前方，图 6-10 中的 D 点位于坡趾处，因此曲线 BC 及 BD 在同一平面内。若是长大边坡发生破坏，因为其滑动体与边坡表面的交线均位于边坡坡面上，因此曲线 ACB 及 ADB 均为平面曲线，如图 6-11 所示。

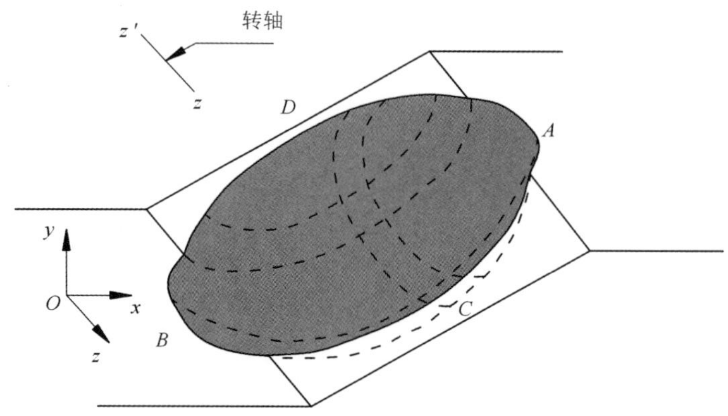

图 6-9　极限平衡法中的滑动体形状

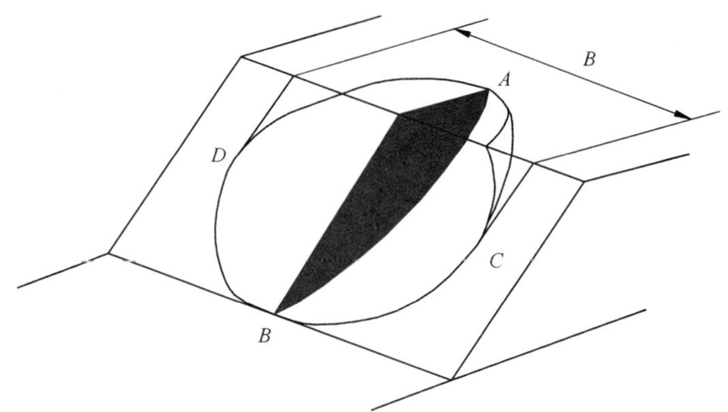

图 6-10　曲线圆锥形破坏机构下的滑动面形状

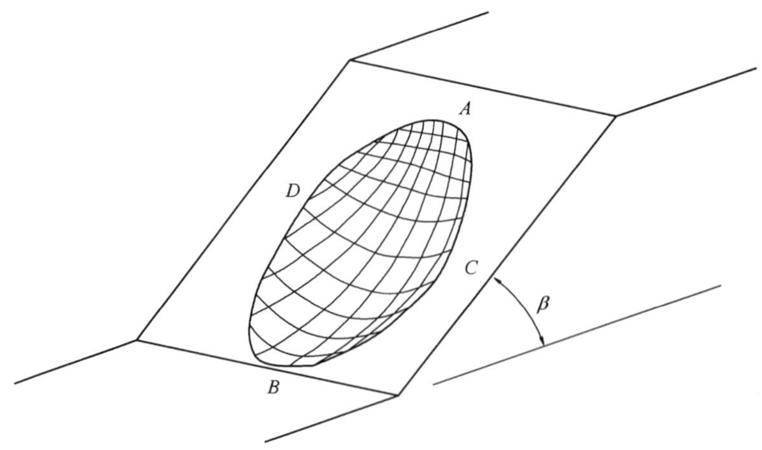

图 6-11　曲线圆锥形破坏机构下的长大边坡滑动面形状

根据上述分析，可以对三维均质边坡滑动体形状做初步总结：其滑动体为轴对称图形，对称轴两个端点为滑动体的最低点与最高点。AB 之间的曲线 ACB、ADB 决定滑动体的外轮廓线，其形状呈镜像对称。根据边坡滑动体的位置不同，曲线 ACB 及 ADB 为空间曲线或者平面曲线。其中，C、D 两点为曲线上距 AB 距离最远的两点。因此在构建边坡破坏的整体机构时，应符合三维滑动体的基本特征。

2）三维整体机构的旋转轴

对于二维整体旋转机构，其滑动体围绕中心 O 进行旋转；而对于三维整体机构，其应围绕某旋转轴进行旋转。由于三维均质边坡滑动体的对称性，要求其旋转轴与滑动体具有相同的对称面。

在已有的研究中，无论是 Chen 的极限平衡条分法，还是 Michalowski 及 de Buhan 的三维破坏机构，均将通过边坡上方某点 O，垂直于滑坡体对称面的轴 OO' 作为三维旋转体的旋转轴。同样，本节也将直线 OO' 作为三维整体机构旋转轴。

这样无论对于二维机构还是三维机构，对于破坏机构中的任意一点，其线速度始终为：

$$v=\rho\omega \tag{6-37}$$

在二维机构中，ρ 为机构内任一点至旋转中心的距离；而在三维机构中，ρ 为机构内某点到旋转轴的距离。

3）速度分离要求

在上限分析中，大多数情况下采用 Mohr-Coulomb 强度准则及相关联流动法则。这样需保证在速度间断面上，任一点的切向速度必伴随分离速度，且两者之间的夹角等于内摩擦角。以图 6-12 中的破坏机构为例，对于任意截面，其底部间断面上的任一点线速度必平行于破坏机构的对称面，而与其切向速度之间的夹角为 φ。

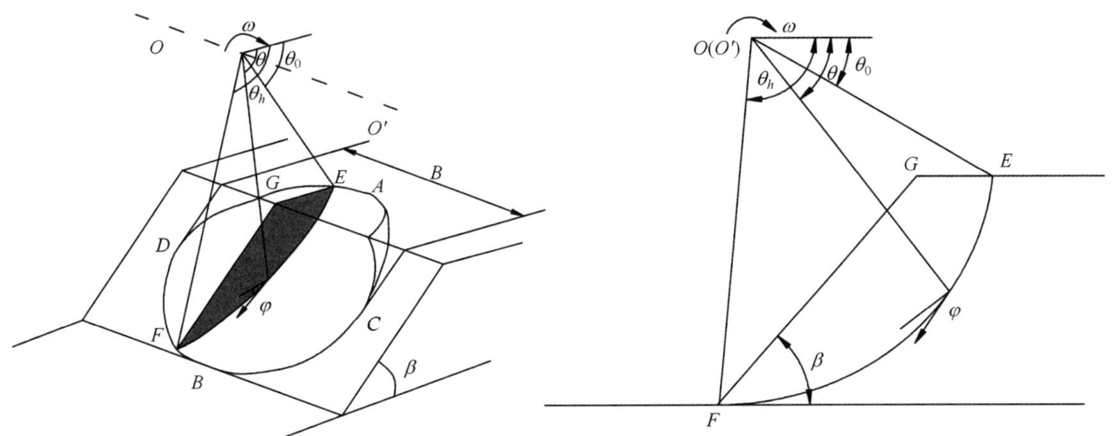

图 6-12　边坡滑动面的速度分离要求

6.3.3 长大边坡三维整体机构

由前文可知，构建三维整体破坏机构时，必须满足 3 点基本要求。此处提出一种适用于长大边坡的新的三维整体机构的构建方法，并介绍其功率计算方法。

6.3.3.1 三维破坏的构建

图 6-13 表示长大边坡破坏的整体机构，该破坏机构高度及宽度由 A、B、C、D 四点确定。为满足 Mohr-Coulomb 强度准则及相关联流动法则，以速度间断面与任意纵向截面 O_2EF 的交线为对数螺旋线。

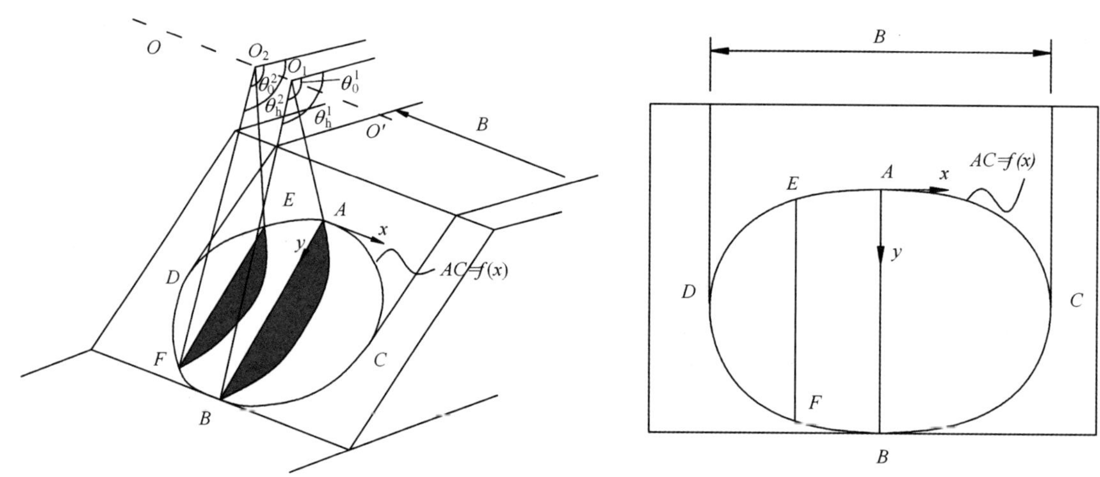

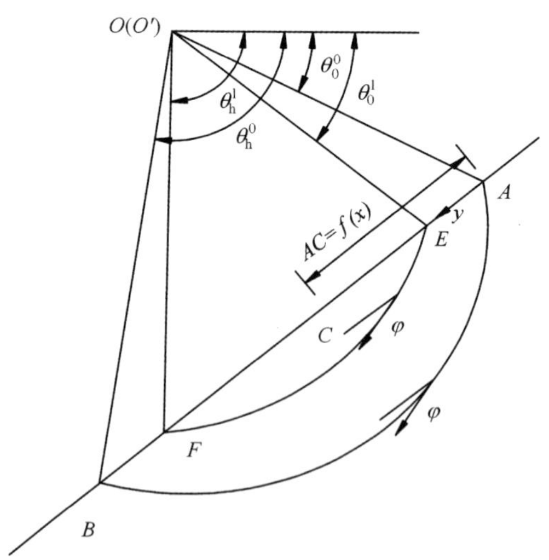

图 6-13 长大边坡破坏的三维整体机构

对于垂直于轴 OO' 的任意截面 O_2EF，与边坡的交点 E、F 均在同一条对数螺旋线上，因此当 $AC(AD)$ 段上任一点 E 确定后，则 F 点位置亦能确定下来。若 E 点的坐标为 (x_1, y_1)，F 点坐标为 (x_2, y_2)，则 (x_1, y_1)，(x_2, y_2) 满足以下关系：

$$r_2 = r_1 \exp[(\theta_2 - \theta_1)\tan\varphi] \tag{6-38}$$

式中：r_1、r_2、θ_1、θ_2 由下式决定。

$$\begin{cases} r_1 = \sqrt{r_0^2 + y_1^2 - 2r_0 y_1 \cos(\theta_0 + \beta)} \\ r_2 = \sqrt{r_0^2 + y_2^2 - 2r_0 y_2 \cos(\theta_0 + \beta)} \\ \theta_1 = \pi - \arcsin[r_0 \sin(\theta_0 + \beta)/r_1] - \beta \\ \theta_2 = \pi - \arcsin[r_0 \sin(\theta_0 + \beta)/r_2] - \beta \end{cases} \tag{6-39}$$

这样，在满足间断面上速度分离的要求下，以两侧端点 C、D 为界，其下部曲线 BC 可由上部曲线 AC 决定。

若在边坡表面以 A 点为原点建立直角坐标系，则破坏机构的具体形状可由 AD 段或 AC 段的曲线形状决定，设 AC 可由式(6-40)表示：

$$y = f(x),\ x \in [0,\ B/2] \tag{6-40}$$

根据滑坡三维破坏体的特征，$f(x)$ 应该为外凸的非减函数，则 BC 段也应为非增函数，即保证表示 BC 曲线的函数与 $f(x)$ 具有相反的增减性。如图 6-14 所示，EF 及 HG 为对数螺旋线，当 G 点位于 E 点下方时，即要求 H 点也在 F 点上方。现简单证明如下。

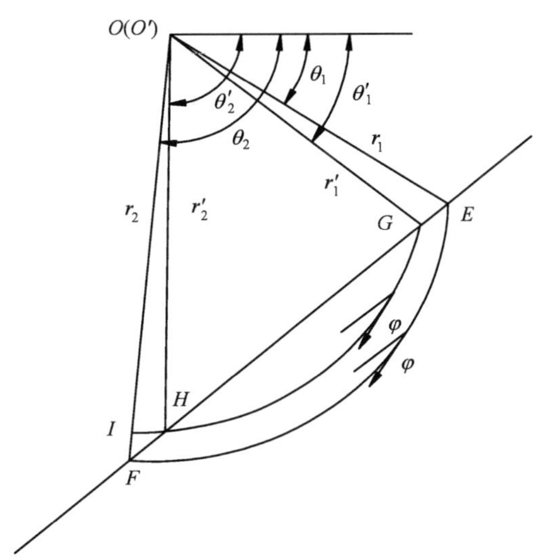

图 6-14　破坏机构的侧向投影图

对数螺旋线 EF 的方程为：

$$r = r_1 \exp[(\theta - \theta_1)\tan\varphi] \tag{6-41}$$

对数螺旋线 HG 的方程为：

$$r' = r_1' \exp[(\theta - \theta_1')\tan\varphi] \tag{6-42}$$

由图中几何关系有：

$$\theta_1'>\theta_1,\ \theta_2'<\theta_2,\ r_1>r_1'$$

当 $\theta=\theta_2$ 时，有：

$$r_1\exp[(\theta_2-\theta_1)\tan\varphi]>r_1'\exp[(\theta_2-\theta_1')\tan\varphi] \tag{6-43}$$

由式(6-43)可知，对数螺旋线 GH 必相交于 $O(O')F$ 上某点 I，即当 $\theta=\theta_2$ 时，对数螺旋线 GHI 位于坡面外侧。而在对数螺旋线 GHI 与坡面的交点为 $G(\theta=\theta_1')$，因此必存在某个角度 $\theta_2'(\theta_2<\theta_2'<\theta_1')$，使得 $\theta=\theta_2'$时，对数螺旋线 GH 与坡面线相交于点 H。因此 H 点在 F 点的上方。

对于垂直于旋转轴 OO'的任意截面 O_2EF，随着其与中心面 AB 的距离 x_2 的增大，底部滑动面的入坡点 E 的 y 坐标逐渐增大，而其出坡点 F 的 y 坐标减小。直至 $x_2=B/2$ 时，滑动面的入坡点与出坡点交于点 C，故坡面与经过 C 点的对数螺旋线相切。

根据对数螺旋线的定义，以及几何关系，OC 与水平线夹角 θ_C 满足以下关系：

$$\theta_C=\pi/2+\varphi-\beta \tag{6-44}$$

故 C 点纵坐标 y_C 为：

$$y_C=r_0\cos(\varphi-\beta-\theta_0)/\cos\varphi \tag{6-45}$$

而 C 点的横坐标 x_C 与滑动体的宽度有关，在计算时根据实际分析需要作为参数选定。

根据以上分析，本章提出的三维整体破坏机构由 A、B、C、D 四个关键点及曲线 AC(AD)的函数 $f(x)$ 的方程决定。其中，A 点决定滑动体的高度，C 点与 D 点决定滑动体的宽度。而 $f(x)$ 决定滑动体的具体形状。

6.3.3.2 重力功率及内能耗散的泛函表达

三维破坏机构的重力功率及内能耗散可由任意微元截面的重力功率 W_i 及内能耗散 D_i 沿 x 轴积分获得，总的功率可以表示为 $f(x)$ 的泛函。

$$W=2\int_0^{B/2}W_i[f(x)]\,\mathrm{d}x \tag{6-46}$$

$$D=2\int_0^{B/2}D_i[f(x)]\,\mathrm{d}x \tag{6-47}$$

$$f_1=\{(3\tan\varphi\cos\theta_h^i+\sin\theta_h^i)\exp[3(\theta_h^i-\theta_0^i)\tan\varphi]-(3\tan\varphi\cos\theta_0^i+\sin\theta_0^i)\}/3(1+9\tan^2\varphi) \tag{6-48}$$

$$f_2=\frac{1}{6}\exp[(\theta_h^i-\theta_0^i)\tan\varphi]\sin(\theta_h^i-\theta_0^i)\{\exp[(\theta_h^i-\theta_0^i)\tan\varphi]\cos\theta_h^i+\cos\theta_0^i\} \tag{6-49}$$

内能耗散：

$$D_i=\frac{\omega c r_i^2}{2\tan\varphi}\{\exp[2(\theta_h^i-\theta_0^i)\tan\varphi]-1\} \tag{6-50}$$

式中：γ 为土体重度；ω 为角速度；φ 为土体内摩擦角；r_i，θ_0^i 及 θ_h^i 的值由下式表示

$$r_i=\sqrt{r_0^2+f^2(x)-2r_0f(x)\cos(\theta_0+\beta)} \tag{6-51}$$

$$\theta_0^i=\pi-\arcsin\left[r_0\sin(\theta_0+\beta)/\sqrt{r_0^2+f^2(x)-2r_0f(x)\cos(\theta_0+\beta)}\right]-\beta \tag{6-52}$$

$$\sin(\theta_0^i+\beta)=\exp[(\theta_h^i-\theta_0^i)\tan\beta]\sin(\theta_h^i+\beta) \tag{6-53}$$

由于函数 $f(x)$ 的具体形式需要根据实际滑坡情况确定，大多数情况下难以用简洁的函

数表示，在此情况下，求解破坏体的总重力功率及内能耗散存在困难。本章采用一种近似解法，对该三维整体破坏机构的功率进行求解。

6.3.3.3　重力功率及内能耗散的近似求解

为了避免复杂的泛函运算，在计算该破坏机构时，可采取近似的算法。该方法采用一系列的点 P_1，P_2，…，P_n 对曲线 $AC(AD)$ 进行逼近，邻近两点 P_i 与 P_{i+1} 以直线连接，当 n 足够大时，折线段 P_1，P_2，…，P_n 与曲线 AC 误差较小，则可用其内外能量功率近似表示实际功率。

若设点 P_i、P_{i+1} 的坐标为 (x_i, y_i)、(x_{i+1}, y_{i+1})，则图 6-15 中阴影部分块体的外力功率为：

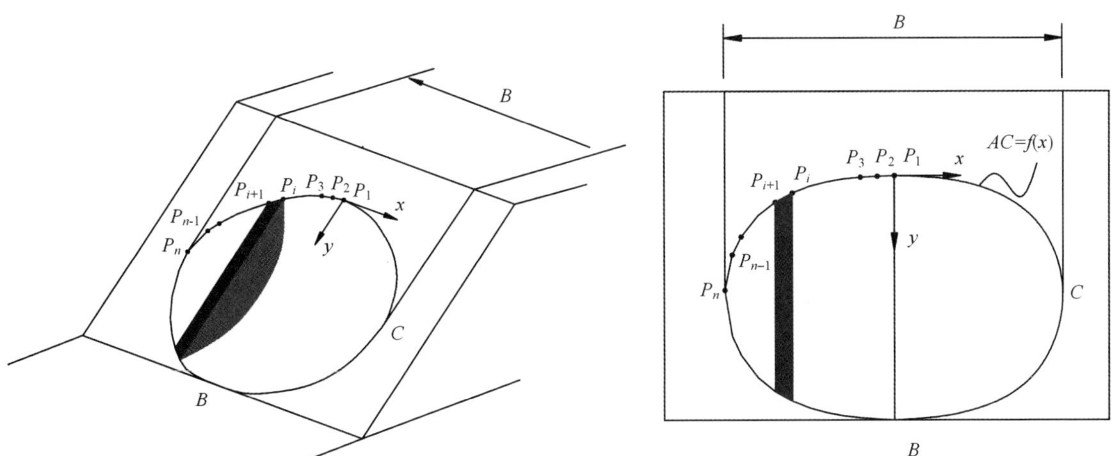

图 6-15　破坏机构的近似表示

$$W_i = \int_{x_i}^{x_{i+1}} \gamma r_i^3 \omega [f_1(\theta_0^i, \theta_h^i) - f_2(\theta_0^i, \theta_h^i)] \mathrm{d}x \tag{6-54}$$

$$f_1 = \{(3\tan\varphi\cos\theta_h^i + \sin\theta_h^i)\exp[3(\theta_h^i - \theta_0^i)\tan\varphi] - (3\tan\varphi\cos\theta_0^i + \sin\theta_0^i)\} / 3(1 + 9\tan^2\varphi) \tag{6-55}$$

$$f_2 = \frac{1}{6}\exp[(\theta_h^i - \theta_0^i)\tan\varphi]\sin(\theta_h^i - \theta_0^i)\{\exp[(\theta_h^i - \theta_0^i)\tan\varphi]\cos\theta_h^i + \cos\theta_0^i\} \tag{6-56}$$

内能耗散：

$$D_i = \int_{x_i}^{x_{i+1}} \frac{\omega c r_i^2}{2\tan\varphi}\{\exp[2(\theta_h^i - \theta_0^i)\tan\varphi] - 1\} \mathrm{d}x \tag{6-57}$$

$$r_i = \sqrt{r_0^2 + y^2 - 2r_0\cos(\theta_0 + \beta)} \tag{6-58}$$

$$y = \frac{y_i - y_{i+1}}{x_i - x_{i+1}}x - \left[y_{i+1} + \frac{(y_i - y_{i+1})x_{i+1}}{x_i - x_{i+1}}\right] \tag{6-59}$$

为了验证近似算法的正确性，采用该方法对 6.1 节中纯黏土长大边坡的球形机构进行计算，具体参数为 $\gamma = 18\ \mathrm{kN/m^3}$，$\beta = 30°$，计算时将破坏机构划分为 100 个单元块体。不同

半径 R 下，解析算法及近似算法得到的外力功率随 δ 的变化规律如图 6-16 所示。从图中可以看出，尽管破坏机构的 R 及 δ 值不同，当 n 足够大时，解析算法及近似算法的结果误差在 3%以内。图 6-17 计算了近似算法中划分块体的个数对计算结果的影响。当划分块体个数为 20 个时，重力功率的误差为 85%左右，而随着块体个数的增加，近似算法的重力功率接近于解析解；当块体个数为 80 个时，误差为 5%左右。因此在计算时，为了保证一定的计算精度，划分块体的个数应在 80 个以上。

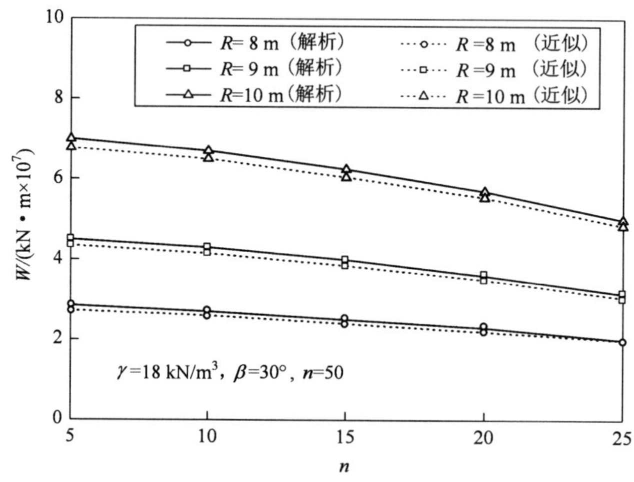

图 6-16　破坏机构的功率的近似计算

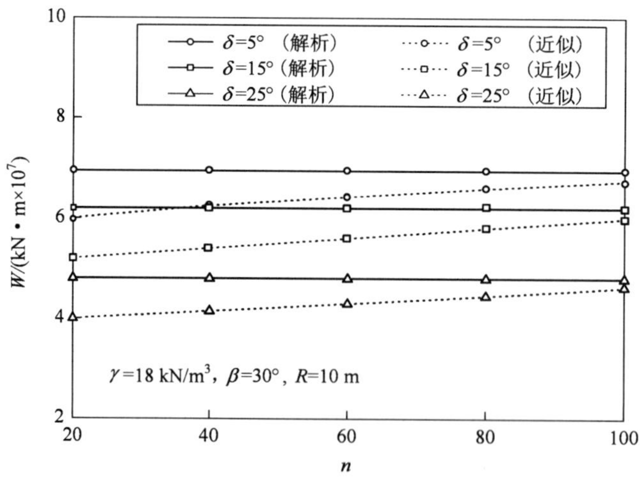

图 6-17　块体划分个数对重力功率计算的影响

在用近似算法计算内、外功率的基础上，对球形破坏机构下的长大边坡稳定系数进行了计算，其结果如图6-18所示。图中表示了不同边坡倾角β下三维边坡的稳定系数$\gamma H/c$随B/H的变化规律。可以看到，近似算法与解析算法得到的$\gamma H/c$误差在5%之内。近似算法具有较好的适用性，可以用于三维破坏机构的能耗计算及稳定系数的求解。

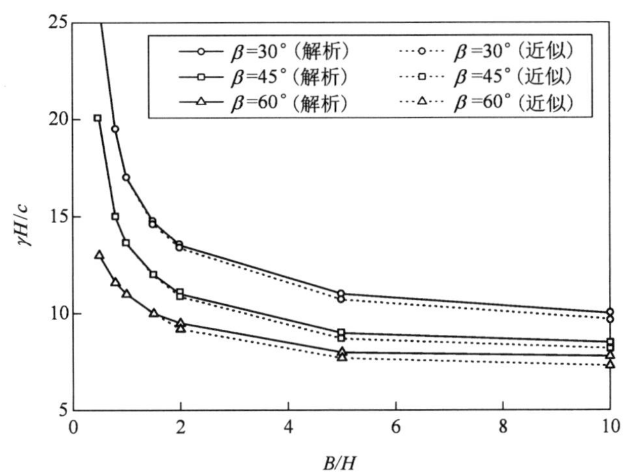

图6-18　三维纯黏土边坡稳定系数的近似算法与解析算法比较

6.3.3.4　稳定系数的求解及分析

对三维整体破坏机构进行能耗计算及求解相应的稳定系数或者临界高度时，需要确定函数$f(x)$的具体形状。利用本章提出的近似方法进行计算时，需要确定P_1，P_2，…，P_n的坐标。设P_i点的坐标为$(x_i,\ y_i)$，若各点之间的x轴距离相等，且$y_i<y_C$，则有：

$$x_i=\frac{B}{n}i \tag{6-60}$$

$$y_i=\eta_i y_C \quad (0\leqslant\eta_i\leqslant 1) \tag{6-61}$$

注意：y_C可表示为r_0及θ_0的函数，因此当η_i确定后，边坡的稳定系数可以表示为θ_0的单变量优化问题。

本章计算了当$f(x)$为抛物线时的边坡稳定系数，此时$f(x)$的方程为：

$$f(x)=\frac{4y_C}{B}x^2 \tag{6-62}$$

计算时，令整体破坏机构的宽度为$B=5$ m，并采取上节方法，在AB处插入平移机构，则总的破坏机构长度为B^*，计算结果如图6-19所示。

从图6-19中可以看出，在本章提出的三维整体破坏机构下，随着中间插入平移机构的宽度的增大，其稳定系数逐渐减小，最终与二维平面应变情况下的结果相近。说明在该机构下，随着B/H值的增大，边坡的破坏趋势同样由三维情况向二维过渡。其变化情况与“牛角形”机构下的规律大致相同，这里不再赘述，需要指出的是，当利用本章的三维破坏机构计算边坡临界高度时，若假定$f(x)$为抛物线，当边坡的B/H较小时，其稳定系数与

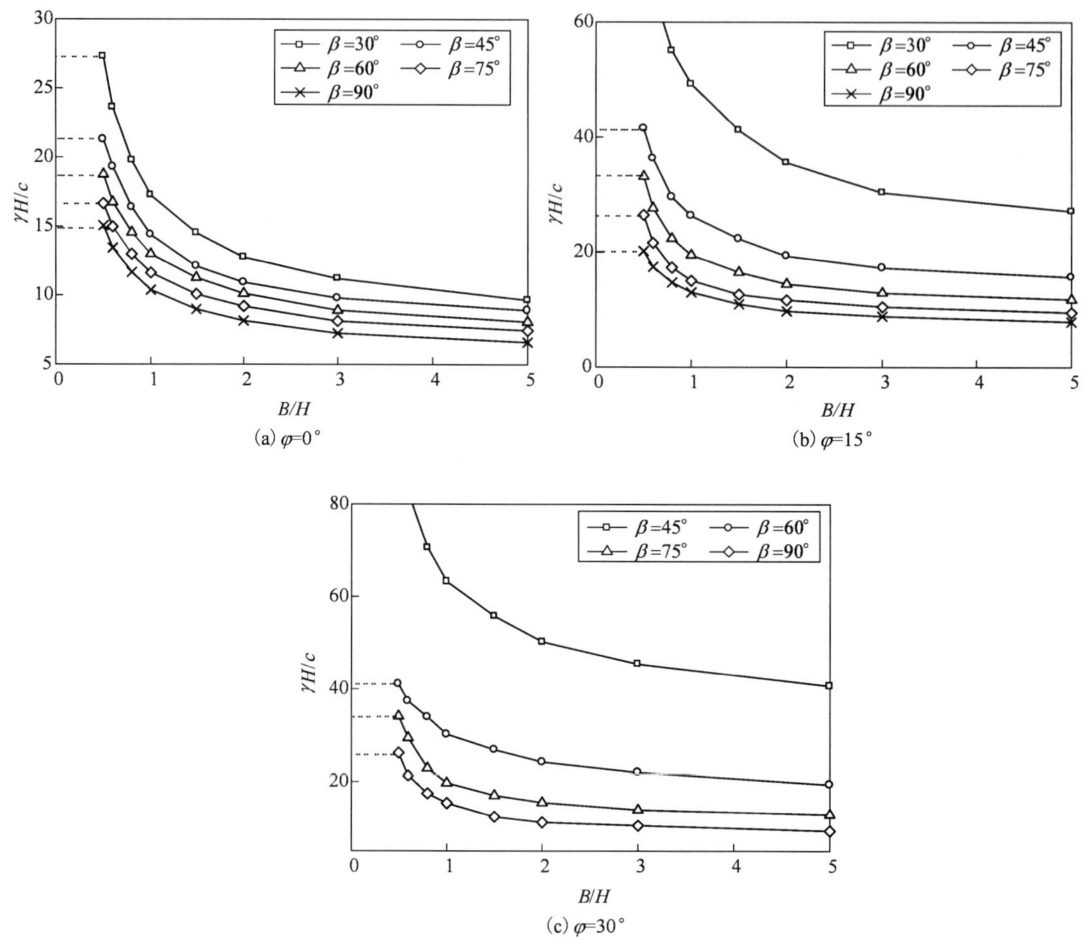

图 6-19 抛物线形三维整体机构下的长大边坡安全系数

“牛角形”机构下的稳定系数相比，增加 20%~40%。说明当 $f(x)$ 为抛物线情况时，“牛角形”机构较优。但是否能找到合适的 $f(x)$，使得本章所提破坏机构优于“牛角形”机构，需要进一步研究。

6.4 本章小结

(1)利用球形破坏机构计算了长大边坡在水平地震力作用下的安全系数。结果表明边坡安全系数随着坡脚的增大而减小；当水平地震力系数 k_h 增加至 0.3 时，边坡安全系数只有正常情况下的 50%~80%；竖向地震力的方向对边坡的稳定性有着不同的影响。随着 b/R 增大，边坡安全系数逐渐减小，当滑坡体较宽时($b/R>6$)，可近似当作平面应变问题进行研究。

(2)利用球形机构，对纯黏土泥浆槽壁的局部稳定性问题进行分析，当 b/H 确定时，安全系数随黏聚力 c 呈线性增加。安全系数的变化速率与 b/H 的值有关，当 b/H 的值越大，安全系数增加得越快。而泥浆与土体的重度比 γ_{sr}/γ 对安全系数的影响则是非线性的，γ_{sr}/γ 越大，其安全系数增加得越快。

(3)提出了一种近似算法，用于三维破坏机构的重力做功与内能耗散，利用该方法计算了球形机构下的纯黏土边坡。结果表明当条块的数量足够多时，能够得到与解析算法相近的结果。构建了一种新的三维破坏机构，并用近似算法计算了当滑动面与坡面交线为抛物线时长大边坡的稳定系数，结果表明此时边坡的稳定系数的变化规律与第 5 章机构的计算结果相似。

第 7 章 基于离散方法的边坡上限分析

极限分析方法在均质边坡的稳定性分析中得到了广泛的应用，但是当边坡的强度参数存在较强的空间异性时，在严格满足相关联流动法则的条件下，采用传统的解析方法难以构建破坏机构的速度间断面。为解决此难题，Mollon 针对空间异性的隧道围岩掌子面稳定性问题，于 2010 年首次提出了离散技术，并建立了新的极限分析方法，很好地解决了非均质岩土体的隧道掌子面稳定性问题。

本章在 Mollon 研究的基础上，首次将离散技术应用于边坡的上限分析，建立了二维边坡上限分析的离散方法；推导出离散方法中各土体单元的内能耗散与重力功率公式，研究了边坡的坡顶荷载及临界高度的上限解；并采用有限差分法软件 FLAC3D 进行数值模拟，验证该方法在边坡应用方面的正确性；分析了层状边坡的滑动面形状及安全系数。

7.1 基于离散法的岩土上限分析

7.1.1 常规方法的困难性

理想边坡分析模型往往是简单均质边坡，而实际边坡往往具有显著的强度离散性及各向异性。以边坡稳定性分析为例，Chen 研究了土体黏聚力 c 呈非均匀和各向异性的情况。而对于土体的各向异性，假设在某一给定点上，黏聚力随方向变化，如图 7-1 所示，最大主应力方向与垂直方向呈 i 角的黏聚力可表示为：

$$c_i = c_h + (c_v - c_h)\cos^2 i \tag{7-1}$$

式中：c_v、c_h 分别为最大主应力方向在垂直、水平方向上的黏聚力，分别称为垂直、水平主黏聚力。例如，在任意位置取出土样，并按上述方向加上最大主应力进行试验，就可以得到垂直主黏聚力。

Chen 仅对黏聚力 c 存在空间离散性及各向异性的边坡进行了上限分析，并假设土中各处的内摩擦角 φ 不变，因此在构建破坏机构时，其速度间断面仍为对数螺旋线，面上各点的切向速度与线速度之间的夹角为 φ。进行上限高度的求解时，速度间断面的计算同传统方法，仅在计算内能耗散时考虑了 c 的变异性。

大多数金属材料服从 Tresca 准则，但岩土体材料常遵循 Mohr-Coulomb 强度准则。塑性力学中，伴随着 Mohr-Coulomb 材料的切向滑动，速度间断面两侧的材料之间同时存在

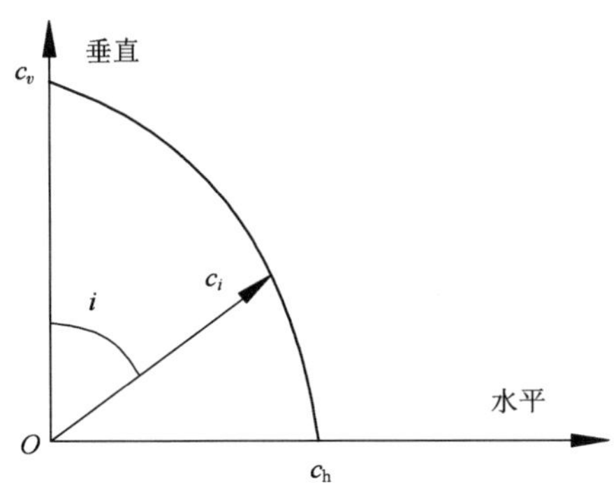

图 7-1　黏聚力的各向异性及非均匀性

着一个分离速度 $\Delta\delta$。即要求在其速度间断面上，土体的切向速度与实际速度之间存在夹角，其值等于土体的内摩擦角 φ，对岩土体进行上限分析时，在满足相关联流动法则的情况下，须严格满足上述条件。

若边坡的内摩擦角 φ 也存在空间异性，将大大增加分析的难度，因为土体各点的 φ 值不同，速度间断面上各点的切向速度与线速度之间的夹角也将随之变化，这就为确定速度间断面的方程增加了许多计算量。而当土体内部内摩擦角的空间变异性较大，或者只了解土体内部强度的大致分布而无法将其表示为分布函数时，因为构建严格满足 Mohr-Coulomb 强度准则的速度间断面存在较大困难，传统方法在分析空间变异尤其是 φ 值存在空间变异的 Mohr-Coulomb 强度准则岩土体时有较大的局限性。采用离散技术，通过滑动面搜索技术，构建了一种新的破坏机构，可以有效解决上述问题。

7.1.2　离散法上限分析的提出

Mollon 的主要研究对象为采用全气压盾构进行隧道开挖时的隧道掌子面稳定性问题。如图 7-2 所示，因为全气压盾构利用压缩空气代替了液体压力，因此在掌子面处的压力 σ_t 为均布荷载。如果该压力低于某一极限值(极限破坏压力 σ_c)，掌子面附近的土体将发生滑塌并进入隧道。但是在 φ 值不为零的土体中，土拱效应将防止破坏延伸至地表，尤其当上覆土体厚度 C 远大于隧道开挖洞径 D。

考虑隧道埋深 C 相对隧道开挖洞径 D 较大的情况，此时隧道为浅埋隧道，破坏时在掌子面前方形成土拱效应，因此破坏断面没有延伸至地表。如图 7-3 所示，对于均质岩体，隧道掌子面的破坏机构由两条对数螺旋线 EA 与 EB 组成，两条对数螺旋线相交于点 E，并且具有公共的旋转中心 O。发生破坏时，EAB 区域内的岩体围绕点 O 以角速度 ω 向掌子面内部滑移。

当掌子面前方的土体具有空间异性时，为了满足 Mohr-Coulomb 强度准则速度分离的要求，对数螺旋线 EA 与 EB 各点处的切向速度与实际速度之间的夹角必须为变量 φ。当 φ 的空间分布具有离散性时，对数螺旋线 EA 与 EB 的方程难以用函数的形式表示，因此，采用离散化的方法，在速度间断面上取若干点 A_j，A_{j+1}，…。由于各点处的 φ 值已知，使各点均满足速度分离的要求，当点的间距足够密时，即可得到近似的速度间断面。

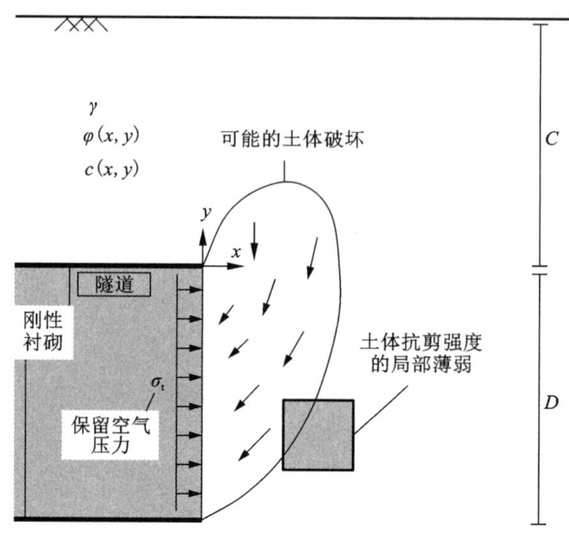

图 7-2　隧道掌子面的稳定性分析

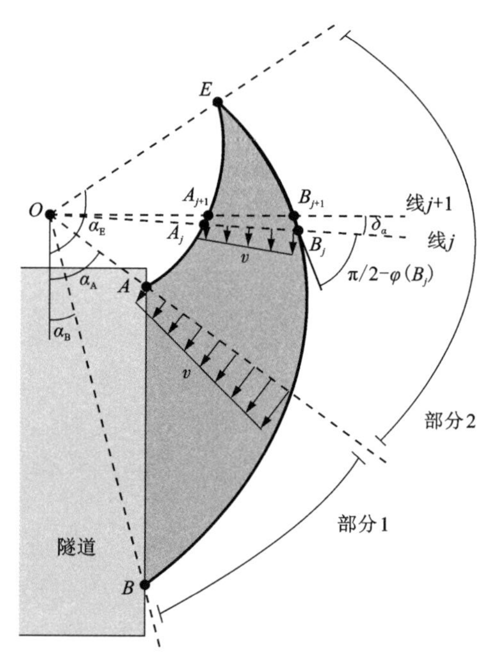

图 7-3　隧道掌子面的破坏机构

以图 7-3 中的破坏机构为例，说明该方法是如何逐点绘制破坏机构的速度间断面的。图中直线 OA_jB_j 与破坏机构两个速度间断面交于 A_j 点与 B_j 点，A_j、B_j 两点的内摩擦角为 $\varphi(A_j)$、$\varphi(B_j)$。O 点为破坏机构的旋转中心，因此 A_j、B_j 两点处的线速度 $v(A_j)$、$v(B_j)$ 的方向垂直于 OA_j、OB_j，而其切线速度 $w(A_j)$、$w(B_j)$ 与线速度的夹角为 $\varphi(A_j)$、$\varphi(B_j)$，因此这两点的间断面的切线方向也能确定下来。使直线 OA_jB_j 沿着点 O 转动一个很小的角度 δ_α，形成一条新的直线，与向量 $\boldsymbol{w}(A_j)$、$\boldsymbol{w}(B_j)$ 相交于点 A_{j+1}、B_{j+1}，这两点即为间断面上的下一点。当 δ_α 角度足够小时，因为各点处均满足 Mohr-Coulomb 强度准则，因此形成的速度间断面可以视为真实的破坏面。计算时，令 A、B 点为 A_0、B_0，从 $j=0$ 开始计算，两条速度间断面从 A、B 点处向 E 点延伸，最后交于 E 点。

7.2　简单非均质边坡的上限分析

7.2.1　速度间断面的形成

相关联流动法则要求滑动面上每一点的速度方向与滑动面的夹角为土体的内摩擦角。以往的研究中，一般认为土体的内摩擦角 $\varphi(x, y)$ 保持不变，这样，滑动面，即破坏机构中的速度间断面，可以采用对数螺旋线来描述。而当土体的内摩擦角 $\varphi(x, y)$ 随着其位移发生变化，且无法采用简单的函数来表示时，滑动面的形状不能简单地采用对数螺旋面来表示。为了解决这个困难，本节基于空间离散方法，通过点到点的方法来生成破坏机构的速度间断面，满足内摩擦角 $\varphi(x, y)$ 在空间变化的破坏机构。

采用经典的极限分析方法对边坡进行稳定性分析时，常常采用临界高度 H 或者稳定系数 N_s 表征边坡的稳定性。但是在利用离散方法求解简单非均质边坡的破坏机构及稳定系数时，为了方便起见，先计算坡顶荷载 q 的上限值。

如图 7-4 所示，边坡高度为 H，倾角为 β，顶部作用均布荷载 q，将边坡视为平面应变问题。取坡脚 C 点为原点，建立平面直角坐标系，水平方向为 x 轴，竖直方向为 y 轴，故边坡所在平面内任意点 $P(x, y)$ 的位置都可以用坐标(x, y)来表示，$c(x, y)$、$\varphi(x, y)$ 为滑动面上任意一点 $P(x, y)$ 的黏聚力、内摩擦角。面 AC 为边坡发生破坏时的滑动面，区域 ABC

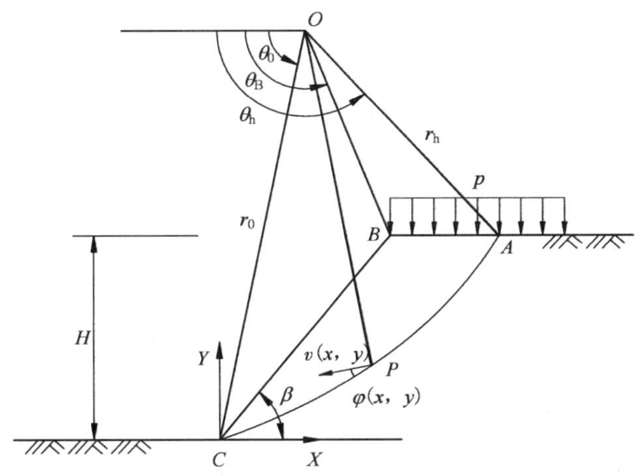

图 7-4　边坡旋转破坏机构

绕旋转中心 O 作刚体旋转，滑动面上任意一点 $P(x, y)$ 的速度矢量 $\boldsymbol{v}(x, y)$ 的大小为：

$$\boldsymbol{v}=\omega\overline{\mathrm{OP}} \tag{7-2}$$

$\boldsymbol{v}$ 的大小与 P 点到 O 点的距离成正比，方向垂直于 P 点与 O 点的连线。θ_0、θ_B、θ_h、r_0 和 r_h 的意义见图，该破坏机构可以通过参数 θ_0 和 r_0 来唯一确定。

在直角坐标系中，O 点的坐标为(x_O, y_O)，B 点的坐标为(x_B, y_B)，那么有：

$$\begin{cases}x_O=r_0\cos\theta_0\\ y_O=r_0\sin\theta_0\end{cases} \tag{7-3}$$

$$\begin{cases}x_B=H\cot\beta\\ y_B=H\end{cases} \tag{7-4}$$

搜索边坡滑动面时，采用逐点生成的方式。边坡滑动面通过坡趾，如图 7-5 所示，C 为坡趾点，亦为滑动面前端的第一点，令 C 点为 P_1 点，则 P_2，P_3，…为滑动面上的一系列点，OP_1，OP_2，…之间的夹角为 $\delta\theta$，该角度的大小决定了破坏机构生成的精度，$\delta\theta$ 越小，则生成的滑动面更加接近实际的破坏面。

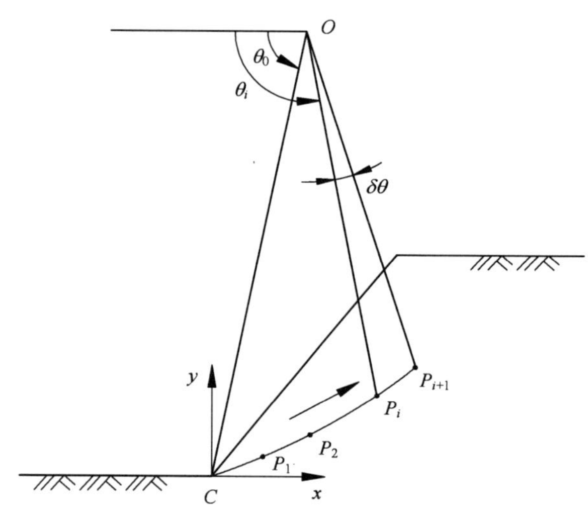

图 7-5　空间离散技术生成边坡破坏机构

下面以任意两点 P_i、P_{i+1} 为例，并利用图 7-6，说明如果利用离散技术得到边坡的破坏机构。P_i 为滑动面上任意一点，其坐标为(x_i, y_i)，围绕旋转中心 O 的速度矢量为 $\boldsymbol{v}_i=(v_{xi}, v_{yi})$，$P_{i+1}$ 为由点 P_i 确定的下一点，其坐标为(x_{i+1}, y_{i+1})，速度矢量为 $\boldsymbol{v}_{i+1}=(v_{xi+1}, v_{yi+1})$，$OP_{i+1}$ 与 OP_i 之间的夹角为定值 $\delta\theta$，OP_i 与起始方向的夹角为 θ_i，当 $i=1$ 时，OP_i 为直线 OC，$\theta_i=\theta_0$，该条件为生成破坏机构的起始条件，直线 P_iP_{i+1} 的单位法向量为 $\boldsymbol{n}_i=(n_{xi}, n_{yi})$。

由几何关系可以推导出点 P_i 的速度矢量 $\boldsymbol{v}_i$ 分量与角度 θ_i 的关系为：

$$\begin{cases}\boldsymbol{v}_{xi}=-\sin\theta_i\\ \boldsymbol{v}_{yi}=\cos\theta_i\end{cases} \tag{7-5}$$

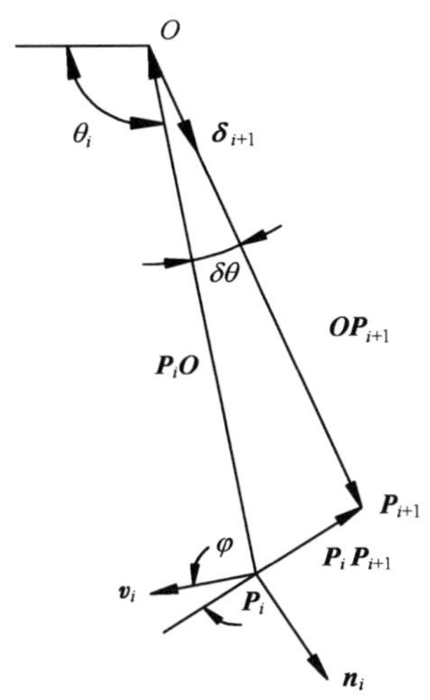

图 7-6　破坏机构计算说明图

由相关联流动法则可知速度矢量$\boldsymbol{v}_i$ 与法向量$\boldsymbol{n}_i$ 的夹角为 $\pi/2+\varphi(x, y)$，那么单位向量$\boldsymbol{n}_i$ 满足下列条件：

$$\begin{cases}\boldsymbol{v}_i \cdot \boldsymbol{n}_i=\cos\left[\pi/2+\varphi(x, y)\right] \\ \|\boldsymbol{n}_i\|=1\end{cases} \tag{7-6}$$

将式(7-6)代入式(7-5)，可以得到法向量$\boldsymbol{n}_i$ 的计算式：

$$\begin{cases}\boldsymbol{n}_{xi}=\left(-B\pm\sqrt{B^2-4AC}\right)/2A \\ \boldsymbol{n}_{yi}=x_{ni}\tan\theta_i-\sin\left[\varphi(x, y)\right]/\cos\theta_i\end{cases} \tag{7-7}$$

式中：

$$A=1+\tan^2\theta_i \tag{7-8}$$

$$B=-2\tan\theta_i\sin\left[\varphi(x, y)\right]/\cos\theta_i \tag{7-9}$$

$$C=\sin^2\left[\varphi(x, y)\right]/\cos^2\theta_i-1 \tag{7-10}$$

因为法向量$\boldsymbol{n}_i$ 指向滑动面的外侧，必须满足：

$$\boldsymbol{n}_i\cdot(\boldsymbol{P}_i\boldsymbol{P}_{i+1})\times\boldsymbol{v}_i>0 \tag{7-11}$$

结合式(7-8)及式(7-11)，即可求得 P_i 点处的法向量 $\boldsymbol{n}_i$。

为了得到点 P_{i+1} 的坐标，我们引入向量 $\boldsymbol{\delta}_{i+1}$：

$$\boldsymbol{OP}_{i+1}=\lambda_{i+1}\boldsymbol{\delta}_{i+1} \tag{7-12}$$

式中：λ_{i+1} 为点 O 与点 P_{i+1} 之间的距离；$\boldsymbol{\delta}_{i+1}$ 为单位向量，即

$$\boldsymbol{\delta}_{i+1}=(-\cos\theta_{i+1}, -\sin\theta_{i+1}) \tag{7-13}$$

注意到，P_i 点的破坏机构法向量与 P_iP_{i+1} 垂直，因此有：

$$\boldsymbol{n}_i\cdot\boldsymbol{P}_i\boldsymbol{P}_{i+1}=0 \tag{7-14}$$

向量 $\boldsymbol{P}_i\boldsymbol{P}_{i+1}$ 可以写成下式：

$$\boldsymbol{P}_i\boldsymbol{P}_{i+1}=\overrightarrow{P_iO}+\boldsymbol{OP}_{i+1} \tag{7-15}$$

结合式(7-14)及式(7-15)，可以得到：

$$\boldsymbol{n}_i \cdot (\boldsymbol{P}_i\boldsymbol{O}+\boldsymbol{OP}_{i+1}) = 0 \tag{7-16}$$

将式(7-16)代入式(7-12)，并将向量写成坐标的形式，可以得到 λ_{i+1} 的计算式：

$$\lambda_{i+1} = -\frac{n_{xi}(x_i-x_0)+n_{yi}(y_i-y_0)}{n_{xi}\cos\theta_{i+1}+n_{yi}\sin\theta_{i+1}} \tag{7-17}$$

这样，即可得到点 P_{i+1} 的坐标：

$$\begin{cases} x_{i+1}=x_0-\lambda_{i+1}\cos\theta_{i+1} \\ y_{i+1}=y_0-\lambda_{i+1}\sin\theta_{i+1} \end{cases} \tag{7-18}$$

在破坏机构的生成过程中，为保证破坏面的另一端点在水平坡顶之下，必须保证 $y_{i+1}<H$。因此，当 $y_{i+1}>H$ 时，则完成了破坏机构的生成，计算中止。若点的纵坐标 $y_j>H$，可以采用线性插值的方法调整 y_j 的值，使 $y_j=H$。

计算时，由 C 点开始生成滑动面，依次生成 P_1，P_2，P_3，…，直到 $y_j>H$ 或 $y_{i+1}=H$ 时停止。对于均质土体，当 $\delta\theta$ 的取值越小时，生成的破坏机构越精确。若 $\delta\theta$ 足够小，则按上述过程生成的点应该都在一条对数螺旋线上。图 7-7 表示 $\delta\theta$ 取 1°和 5°时对生产破坏面形状的影响。在计算中各参数取值为：$\theta_0=75°$，$r_0=2.5$ m，$H=1.0$ m，$\varphi=30°$，$\beta=45°$。从图中可以看到，当 $\delta\theta=1°$时，按上述离散方法生成的系列点与均质边坡的解析解即对数螺旋线基本吻合；而当 $\delta\theta=5°$时，按上述离散方法生成的速度间断面与对数螺旋线偏离较大。因此，为了保证生成的滑动面的正确性，最好保证 $\delta\theta<1°$。在本节的计算中，取 $\delta\theta=0.1°$，完全可以满足计算的精度要求。

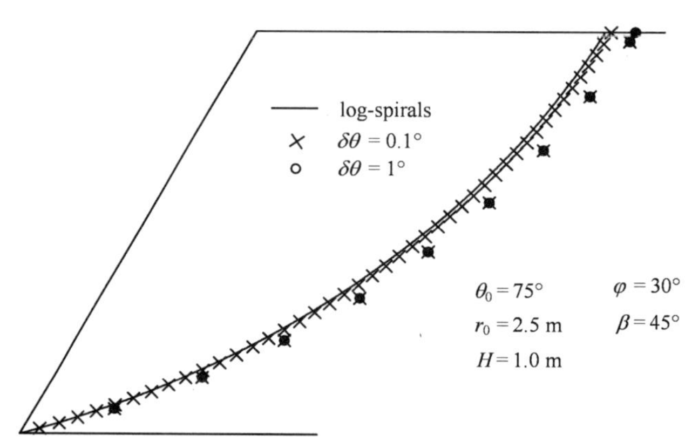

图 7-7 $\delta\theta$ 对破坏机构上一系列点的影响

若边坡组成为内摩擦角较小的软弱土体，则滑动面可能通过坡趾前方，其滑动面位置如图 7-8 所示。

此情况下，采用离散方法搜索边坡滑动面时，可令 C' 点为 P_1 点，自 C' 点开始生成速度间断面。若仍以 C 点为原点建立平面直角坐标系，则 O 点坐标仍然不变：

$$\begin{cases} x_0=r_0\cos\theta_0 \\ y_0=r_0\sin\theta_0 \end{cases} \tag{7-19}$$

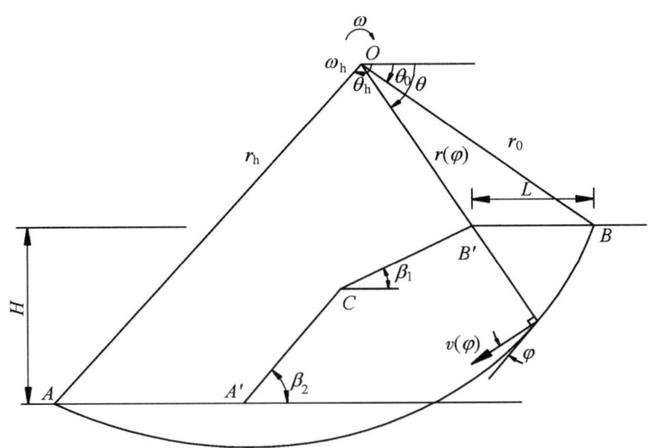

图 7-8　滑动面通过坡趾前方的边坡破坏

而 B 点坐标变为:

$$\begin{cases} x_B = H\cot\beta + D \\ y_B = H \end{cases} \tag{7-20}$$

当滑动面通过坡趾前方时，由 P_i 点生成 P_{i+1} 点的方法与通过坡趾时相似，这里不再赘述，图 7-9 为滑动面通过坡趾前方时的破坏机构图。同样，利用均质边坡，将对数螺旋线解析解与 $\delta\theta=1°$和 5°时的数值滑动面进行比较。与上一种情况相似，当 $\delta\theta=1°$时，数值滑动面与解析滑动面基本吻合，而 $\delta\theta=5°$时的滑动面偏差较大。

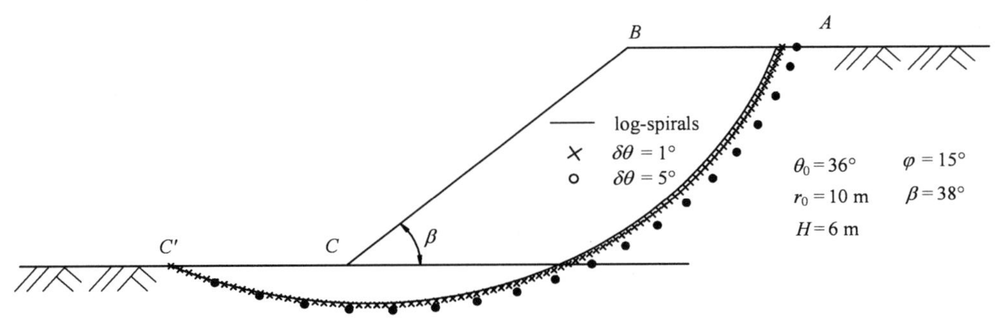

图 7-9　滑动面通过坡趾前方时的速度间断面

7.2.2　能耗计算

利用极限分析上限定理求解坡顶荷载的上限值，关键在于其功率计算。对于边坡而言，外力功率主要由三部分组成：①组成移动块体的土体重力；②坡顶荷载；③速度间断面外侧的孔隙水压力(本节没有考虑)。因为该破坏机构的移动块体作刚体运动，所以能量耗散只发生在移动刚体与下部块体的速度间断面上。因此，在本节的破坏机构中，内外功率之间的关系为：

$$W_q + W_\gamma = D \tag{7-21}$$

式中：W_γ 为土体重力做功；W_q 为坡顶荷载功率；D 为速度间断面上的能量耗散。其中：

$$W_\gamma = \iint_S \boldsymbol{q} \cdot \boldsymbol{v}_i \mathrm{d}L \tag{7-22}$$

$$W_q = \iint_L \boldsymbol{q} \cdot \boldsymbol{v}_i \mathrm{d}L \tag{7-23}$$

式(7-22)及式(7-23)为平面应变条件下边坡的稳定性，通过将边坡滑动块体的面积 S 及坡顶面 L 离散为单元面积及长度，然后将相应单元的外力功率进行相加，即可得到总的外力功率。

计算过程具体如下。边坡的破坏机构可以划分为若干类似扇形的土条，如图 7-10 所示。计算微元面积为 BP_i 与 BP_{i+1} 所夹部分 BP_iP_{i+1}。这样，若生成破坏机构时计算了 j 个点的位置，则共有 j-1 个单元块体。对于图 7-11 中的单个块体，可以计算其重力 G_i 及线速度 v_i，以及两者之间的夹角余弦值 $\cos\psi$。

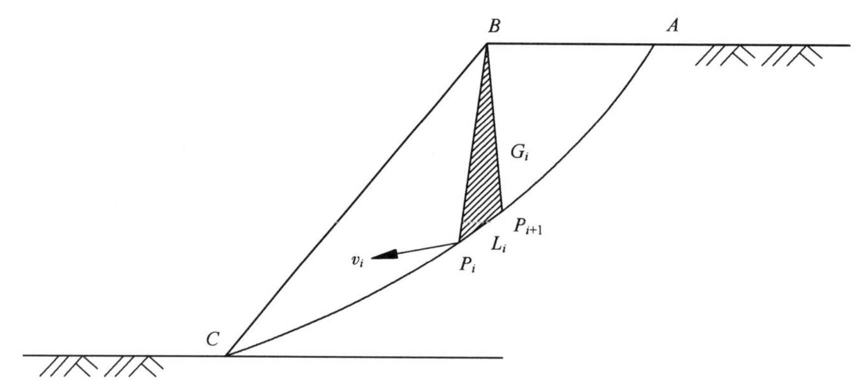

图 7-10 破坏机构的单元面积 *dS*

$$G_i = \gamma_i S_i \tag{7-24}$$

式中：S_i 为三角形 BP_iP_{i+1} 的面积。

$$S_i = \frac{1}{2}\delta\theta\sqrt{(x_i - x_B)^2 + (y_i - y_B)^2}\sqrt{(x_{i+1} - x_B)^2 + (y_{i+1} - y_B)^2} \tag{7-25}$$

式中：x_B 及 y_B 的值式(7-4)决定。

速度 v_i 可由下式表示：

$$v_i = \omega R_{Gi} \tag{7-26}$$

式中：R_{Gi} 为 ΔBP_iP_{i+1} 的重心，其坐标为

$$\begin{cases} R_{Gix} = x_B - \dfrac{2}{3}\left(x_B - \dfrac{x_{i+1} + x_i}{2}\right) \\ R_{Giy} = y_B - \dfrac{2}{3}\left(y_B - \dfrac{y_{i+1} + y_i}{2}\right) \end{cases} \tag{7-27}$$

因此旋转中心 O 到重心 R_{Gi} 的距离为：

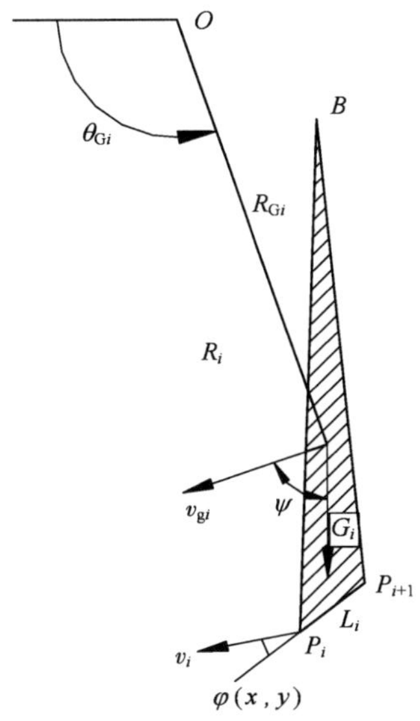

图 7-11　破坏机构的单元面积功率计算

$$R_{Gi}=\sqrt{\left[x_B-\frac{2}{3}\left(x_B-\frac{x_{i+1}+x_i}{2}\right)-x_O\right]^2-\left[y_B-\frac{2}{3}\left(y_B-\frac{y_{i+1}+y_i}{2}\right)-y_O\right]^2} \tag{7-28}$$

根据几何关系可得：

$$\cos\psi=-\cos\theta \tag{7-29}$$

分别计算每单元块体 BP_iP_{i+1} 的做功功率，然后相加得到重力功率：

$$W_\gamma=-\gamma\omega\sum_i S_iR_{Gi}\cos\theta_{Gi} \tag{7-30}$$

坡顶荷载 q 作用在坡顶范围内，其功率可利用式(7-23)求得。坡顶荷载 q 的做功功率计算表达式为：

$$W_q=\frac{1}{2}q\omega\frac{L}{r_0}\left(2\cos\theta_0-\frac{L}{r_0}\right) \tag{7-31}$$

式中：

$$L=x_A-x_B$$

$$r_0=\sqrt{(x_A-x_O)^2+(y_A-y_O)^2}$$

$$\cos\theta_0=\frac{x_A-x_O}{\sqrt{(x_A-x_O)^2+(y_A-y_O)^2}}$$

内能耗散的一般表达式为：

$$D=\int_L cv\cos\varphi\,\mathrm{d}L \tag{7-32}$$

计算该破坏机构的内能耗散时，先分别计算滑动面上每一段直线 P_iP_{i+1} 上的内能耗散，然后相加：

$$D=c\omega\sum_{i=1}L_iR_i\cos\varphi(x_i,\ y_i) \tag{7-33}$$

其中：L_i 为 P_iP_{i+1} 的长度；R_i 为点 O 到点 P_i 的距离；$\varphi(x, y)$为点 P_i 处的内摩擦角。

$$L_i=\sqrt{(x_{i+1}-x_i)^2+(y_{i+1}-y_i)^2}$$

$$R_i=\sqrt{\left(\frac{x_{i+1}-x_i}{2}-x_0\right)^2+\left(\frac{y_{i+1}-y_i}{2}-y_0\right)^2}$$

表 7-1 比较了对于相同的简单均质边坡，采用离散方法与传统解析方法计算得到的重力功率和内能耗散。计算时，参数为 $c=15$ kPa，$\beta=45°$，$\gamma=15$ kN/m^3。从结果可以看出，两种方法得到的重力功率较为接近，最大误差为 0.43%；通过这两种方法计算得出的最大内能耗散功率误差值为 0.14%。总的来说，重力功率的误差比内能耗散的误差略大，但均不超过 0.5%。可见，可用离散方法代替解析方法进行计算。

表 7-1　离散方法与解析方法的功率计算

φ /(°)	h /m	W(解析方法) /(kN·m)	W(离散方法) /(kN·m)	误差 /%	D(解析方法) /(kN·m)	D(离散方法) /(kN·m)	误差 /%
10	12	15670.88	15732.30	0.39	13783.21	13803.31	0.14
12	6	1579.34	1585.55	0.39	3009.04	3013.24	0.14
12	9	5330.26	5351.23	0.39	6770.34	6779.78	0.14
12	12	12634.69	12684.40	0.39	12036.16	12052.96	0.14
14	6	1274.59	1279.69	0.40	2645.58	2649.19	0.14
14	9	4301.76	4318.94	0.40	5952.56	5960.68	0.14
14	12	10196.75	10237.48	0.40	10582.33	10596.77	0.14
16	6	1026.42	1030.64	0.41	2339.58	2342.71	0.13
16	9	3464.18	3478.41	0.41	5264.05	5271.099	0.13
16	12	8211.39	8245.12	0.41	9358.31	9370.84	0.13
18	6	821.81	825.34	0.43	2079.23	2081.97	0.13
18	9	2773.62	2785.52	0.43	4678.27	4684.44	0.13
18	12	6574.50	6602.71	0.43	8316.93	8327.89	0.13

7.2.3　坡顶荷载上限值的求解

结合式(7-21)、(7-30)及式(7-33)即可得到坡顶荷载 q 的上限值，q 值的计算是优化问题，需要优化的变量为 θ_0、r_0。为了获得全局最优解，其优化过程可以分为两步。第一步是以一定的搜索步长，将最优解的范围确定在一个大致范围内，其变量范围及步长为 $\beta<\theta_0<150°$(步长为 3°)，$H<r_0<2H$(步长为 1 m)，当计算了所有的参数的组合后，最优化变量取值限定在一个较小的范围内。第二步的计算中，可以在该范围内采用 MATLAB 的优化工具进行优化，所得结果如表 7-2 所示。计算时，参数取值 $c=20$ kPa，$\gamma=20$ kN/m^3。从结果可以看出，两种方法得到的坡顶荷载上限值较为接近，最大误差为 0.93%，可见，

利用离散方法对坡顶荷载进行求解时，与解析方法的误差在 1%之内，具有较好的准确性。

表 7-2　解析方法与离散方法坡顶荷载上限计算

φ/(°)	h/m	β/(°)	坡顶荷载(解析方法)/kPa	坡顶荷载(离散方法)/kPa	误差/%
10	5	45			0.23
14	6	45	63.08	62.78	0.48
18	7	45	81.22	80.82	0.49
20	7	45	98.30	97.86	0.45
14	5	40	89.19	90.02	0.93
14	5	50	60.19	59.95	0.40
18	5	60	53.38	53.19	0.36
20	5	60	61.51	61.30	0.34

利用离散方法对坡顶荷载的变化规律进行了研究，结果如图 7-12 所示。图中可以看出，随着边坡内摩擦角的增大，边坡失稳的坡顶荷载值也逐渐增大，与已有文献的比较可知，离散方法下的坡顶荷载规律与解析方法相同。

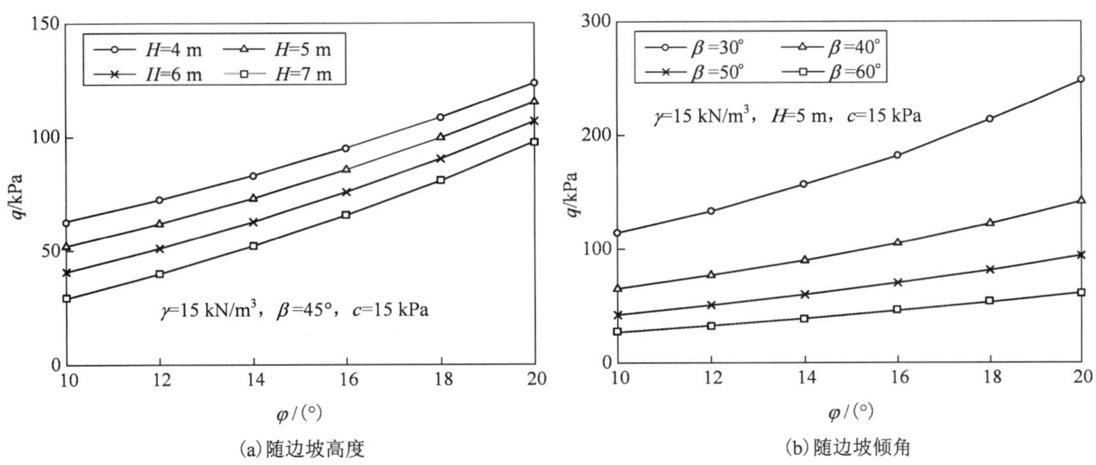

图 7-12　坡顶荷载上限值的变化规律

7.2.4　边坡临界高度求解

在利用离散方法生成边坡破坏机构的速度间断面时，边坡的临界高度值 H 已知，这给建立破坏机构及求解内外功率带来了方便。当 H 确定时，可以较为方便地求解边坡的极限荷载，而直接求解边坡临界高度则遇到了困难。本节采取二分法，利用离散方法计算边坡的临界高度 H_{cr}。极限分析上限定理表明，对于任何机动许可的速度场，若内、外功率相等，所确定的荷载值为极限荷载的上限。对于该问题，上限定理可以表述为：当边坡实际高度小于临界高度时，无法构建一个运动许可的速度场。若可以找到一个内、外功率相等的速度相容机构，则此时边坡的实际高度为临界高度的上限值。在计算时，设边坡临界高度的上、下限值为 H_1、H_2，若当边坡高度等于$(H_1+H_2)/2$时能寻找到运动许可的速度场，则$(H_1+H_2)/2$为临界高度的上限值。此时令$(H_1+H_2)/2$替换 H_2。若无法找到这样的破坏机构，则令$(H_1+H_2)/2$替换 H_1。重复以上步骤，直至 H_1 与 H_2 的差值小于预设值，此时将 H_2 作为边坡的临界高度。表 7-3 列出了当 c/γ 的值为 1 时，利用解析方法与离散方法求解的边坡临界高度值，可以看出在不同的 φ 及 β 下，两者的误差相当接近，最大值不超过 5%，表明利用离散方法求解均质边坡的临界高度也是可行的。图 7-13 列出了其稳定系数随 φ 的变化规律。

表 7-3　解析方法与离散方法的边坡临界高度计算

φ/(°)	β/(°)	临界高度(离散方法)/m	临界高度(解析方法)/m	误差/%
5	30	9.54	9.13	4.53
5	40	8.22	7.84	4.80
10	50	8.84	8.51	3.85
10	60	7.44	7.26	2.36
15	30	22.31	21.69	2.82
15	40	14.46	13.97	3.51
20	50	13.48	13.63	1.20
20	60	10.20	10.39	1.83
25	30	125.25	119.93	4.43
25	40	32.53	31.33	3.84

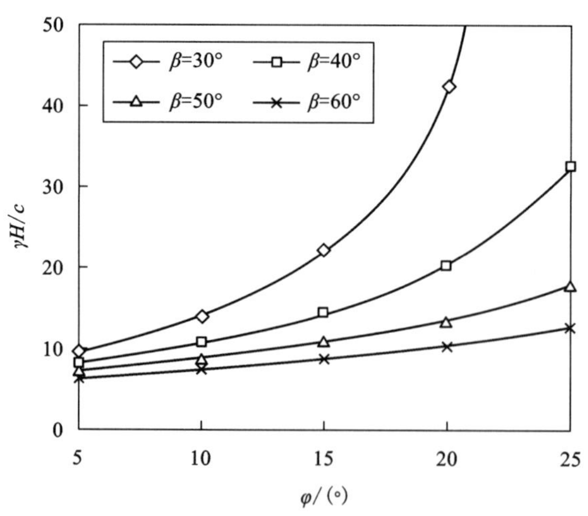

图 7-13　边坡临界高度随内摩擦角的变化规律

7.3 数值模拟及验证

7.3.1 FLAC3D

本节的数值模拟方法利用图 7-14 所示的 2D 模型，模拟工作采用 FLAC3D 软件完成，尽管本节的研究工作为二维问题。

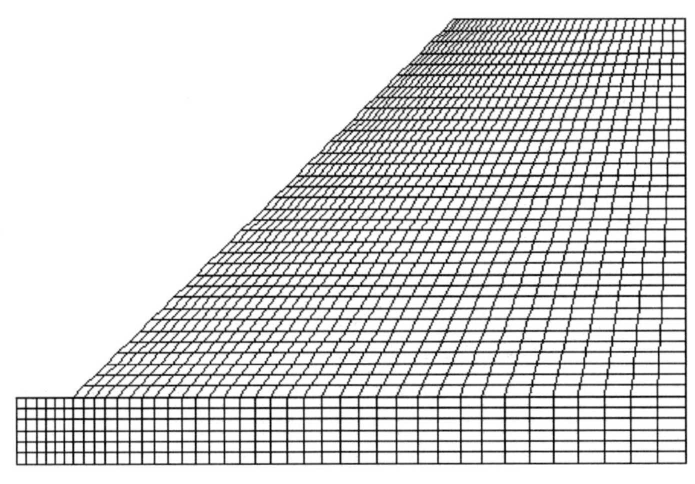

图 7-14　数值计算模型

FLAC3D 是商业化的有限差分软件，采用显式拉格朗日方程及混合离散技术。该软件包含了内置的语言(FISH)，可以有效地帮助使用者添加子程序。在 FLAC3D 的静力分析过程中，仍使用动力方程进行求解，通过给动力过程增加阻尼以逐步抵消系统的动能。软件中的一个关键参数称为不平衡力率，该参数为所有块体上平均不平衡机械力与这些块体上不平衡外力的比值。系统可以为稳定(处于静力平衡状态)或者失稳状态(处于塑形流动状态)。静力平衡状态满足下列条件之一：①对于给定的工作荷载，随着计算时步或者循环的增加，土体—结构系统的位移保持不变；②不平衡力的比率小于某一规定的误差(在 FLAC3D 中，建议值为 10^{-5})。另外，系统的失稳状态表示土体已经发生破坏。虽然此时的不平衡力率随着计算时步的增加而不断减小，但是其变化速度很慢，而保持在一个基本不变的数值，该数值通常大于预设的误差值(例如 10^{-5})。

在本节的计算模型中，边坡的底部垂直于水平方向的约束，而两侧进行了水平方向的约束。计算模型的尺寸如图 7-15 所示，该模型的尺寸能够保证坡顶荷载的大小不受边界尺寸的影响。该模型由 1396 个单元块体，2954 个节点组成。

假设土体为满足 Mohr-Coulomb 强度准则的理想弹—塑性材料，弹性模量 $E=300$ MPa，泊松比 $\mu=0.25$。这些弹性参数不会对极限坡顶荷载产生显著影响。因此，为了计算的方便，可以取较高的弹性模量以提高计算的速度。

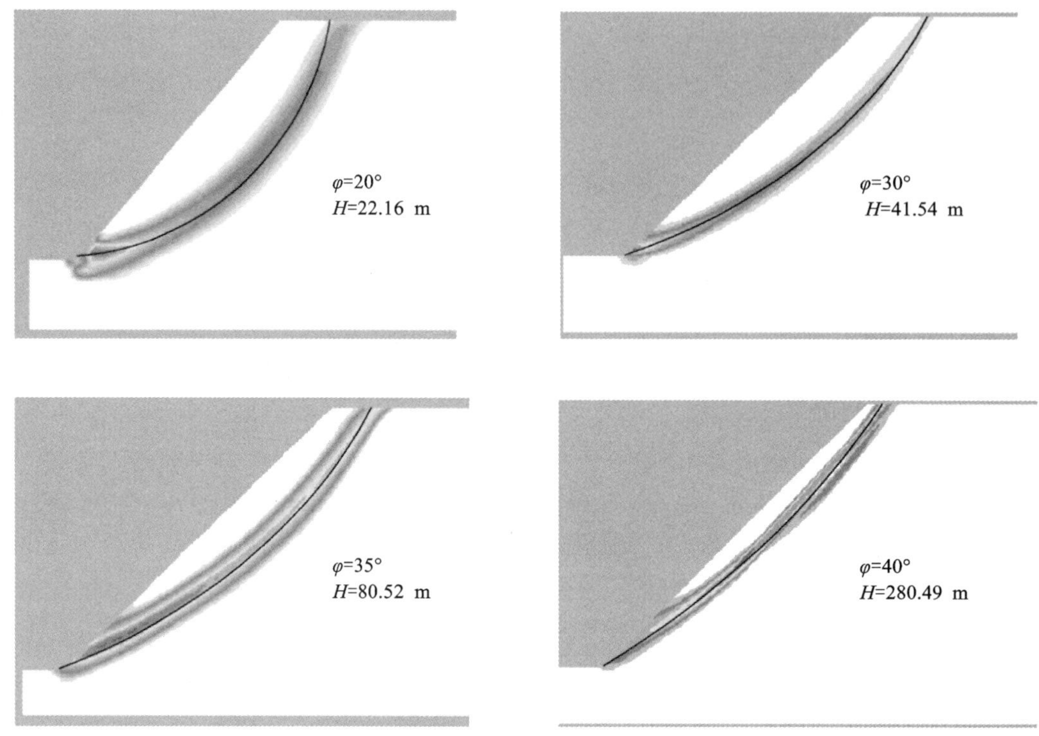

图 7-15　数值模拟边坡整体破坏

利用 FLAC3D 求解边坡极限坡顶荷载的问题，可以采用应变控制法或者应力控制法。前者认为当边坡的位移达到一个较小的速率后，边坡处于稳定状态；后者认为边坡的不平衡力率达到一个较小值后，边坡处于稳定状态。本节采用应力控制法，具体过程如下：

(1)利用一组较大的荷载值，使得边坡发生失稳，以确定坡顶荷载的上界。在状态下，边坡的位移不断增大，意味着边坡处于破坏或者流塑状态。从数值计算的角度来看，当计算时步达到一定步数后，若边坡的不平衡力率尚未达到规定的数值，则认为此时的坡顶荷载使得边坡发生破坏。选取的检验步数要足够大使得在超过该计算步数后模型仍然不会达到平衡。

(2)选取一组较小的荷载值，使得模型在该荷载下达到稳定状态，即保证边坡位移不继续增大，使不平衡力率达到一个较小值。

(3)在确定坡顶极限荷载的上、下界后，选定两个值的中间值进行计算，若在该值下边坡处于稳定状态，则将该数值作为坡顶荷载新的下界，反之作为新的上界。

(4)不断重复以上步骤，直到极限荷载的上、下界达到规定的较小值，本节取 0.1 kPa，经计算可认为坡顶荷载为临界荷载。

7.3.2　均质边坡的模拟与验证

图 7-15 中列出了当 $\varphi=20°$、30°、35°、40°时，处于临界状态的边坡最危险滑动面。在 FLAC3D 分析中，认为边坡的最大剪应变增量的连线为边坡潜在滑动面。由于采用 FLAC3D 计算的边坡临界高度略大于离散方法的计算结果，因此，进行数值计算时令边坡高度等于离散方法的计算结果，并在坡顶施加轻微荷载使得边坡处于临界状态。可以看到，采用离散方法求得边坡滑动面与数值计算的结果符合较好。

为了进一步验证离散方法在分析均质边坡稳定性时的适用性，将 FLAC3D 与离散方法的安全系数进行了比较。在使用离散方法时，若进行强度折减后的边坡临界高度等于实际高度，则此时的折减系数为安全系数。由图 7-16 可见，两种方法得到的安全系数较为接近，最大误差在 0.1 以内。

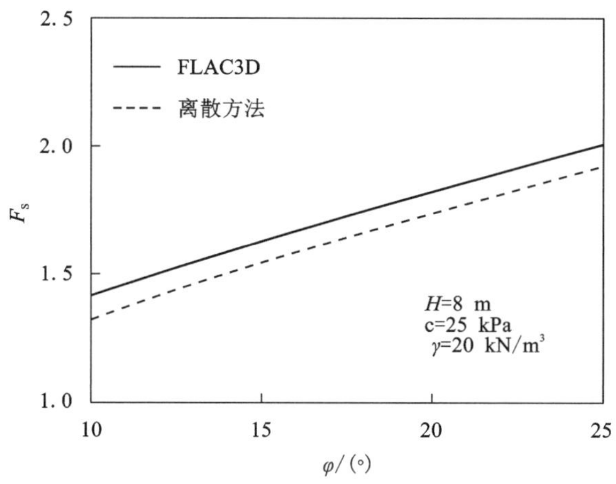

图 7-16　FLAC3D 及离散方法的安全系数

7.3.3　层状边坡的模拟与比较

为了研究该离散方法在非均质边坡稳定性分析中的应用，本节对层状边坡的稳定性进行了分析。图 7-17 中为层状边坡的 FLAC3D 模型图，边坡分为 6 层，不同土层之间的内摩擦角存在差异，其他计算参数同前文。

计算了两种不同强度参数下的边坡危险滑动面，各个土层的内摩擦角自下而上逐渐减小，相邻土层之间的内摩擦角差值相等，数值模型高度与离散方法得到的上限高度相同。图 7-18 表明，离散方法获得的滑动面与 FLAC3D 得到基本相同。而图 7-19 中安全系数的计算结果同样表明两者的安全系数相近。计算时，最上部土层的 φ 值为 8°，最下部土层的 φ 值为 20°~32°。

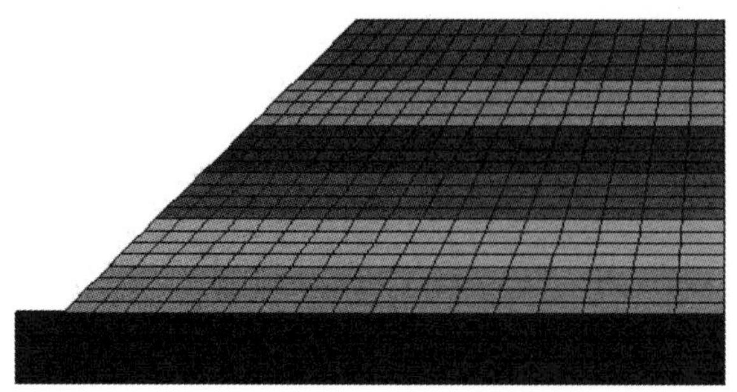

图 7-17　层状边坡的 FLAC3D 模型图

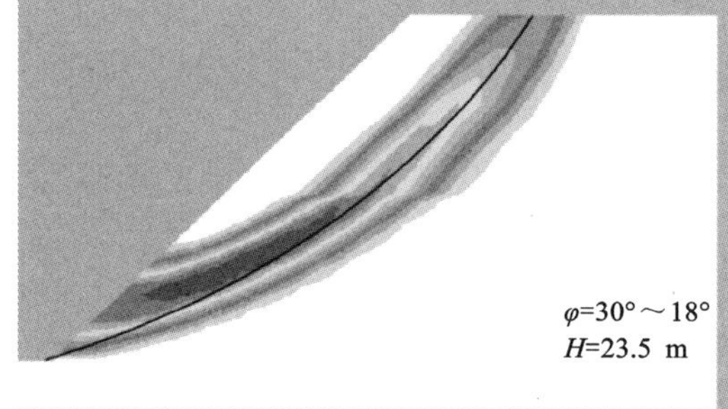

图 7-18　FLAC3D 下的层状边坡滑动面

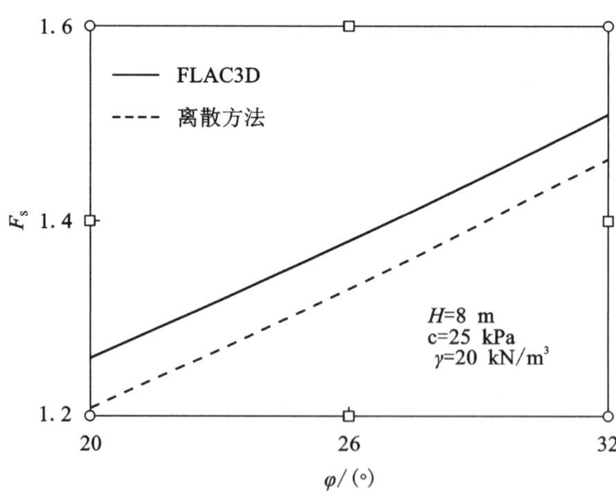

图 7-19　层状边坡的 FLAC3D 及离散法的安全系数

7.4　本章小结

(1)推导了离散方法中各土体单元的内能耗散与重力功率公式。与传统解析方法的比较表明，当破坏机构的主要参数相同时，离散方法求得的功率与解析方法求得的功率误差在 1%以内。利用离散方法计算边坡的坡顶荷载上限值及临界高度时，其误差也在 5%之内。对于均质边坡，采用离散方法得到的上限解是可信的。

(2)利用有限差分法软件 FLAC3D，计算了均质边坡的最危险滑动面，并与离散极限分析方法的计算结果进行比较，结果表明离散方法能较好地模拟出边坡的实际滑动面，而且数值模拟的结果与离散方法较为接近。分层边坡的模拟结果表明，在处理非均质边坡的稳定性问题时，离散方法的结果同样可靠。

第 8 章 三维岩质边坡稳定性分析

Mohr-Coulomb 强度准则被广泛应用于各类土质边坡的稳定性分析中，在此准则的基础上获得了良好的土质边坡稳定性评价效果。然而，不同于土体，大量研究表明岩体的破坏过程呈现较强的非线性特征。较之 Mohr-Coulomb 强度准则，非线性 Hoek-Brown 强度准则能更好地反映岩体主应力之间的关系及破坏过程。因此，在极限分析上限法的基础上，本章对广义切线技术(generalized tangent technique)和等效 Mohr-Coulomb 强度参数方法的计算精度和各自的优缺点进行了对比分析，并借助上述两种方法针对不同水位条件作用下的三维岩质边坡稳定性进行了探讨，揭示了不同的水位升降模式等因素对三维边坡稳定性的影响。最后，将部分计算结果以稳定性图解的形式给出，以方便工程查阅使用。

8.1 Hoek-Brown 强度准则

8.1.1 Hoek-Brown 强度准则的提出与发展过程

通过数百组岩石试块的三轴试验结果及大量的工程现场试验统计分析数据，并结合大量的理论与工程实践结果，Hoek 和 Brown 于 1980 年提出了目前最被广为接受和广泛应用的岩石材料强度准则——Hoek-Brown 强度准则。此后经过多位学者的不断改进与完善，Hoek-Brown 强度准则已经发展成为一个较为完善的准则体系。

对于岩质材料而言，由于室内试验所取岩芯难以代表完整岩体的性质，且针对岩体材料的原位试验操作难度大、耗费高，导致难以对岩体材料的强度进行准确判断。参数反演虽然可以在一定程度上反映岩体材料的强度性质，但仅限于已经发生破坏的岩体材料。对大型岩体工程结构如边坡等进行岩体强度的提前获取与评价，仍是一项具有较大难度与挑战性的工作。

目前为止，对大型岩块或岩体的强度进行描述时应用最为广泛的是采用 Hoek-Brown 强度准则联合岩体质量分级手段(Classfication of rock mass)的方法。Hoek-Brown 强度准则是在一系列的室内试验与理论分析的基础上建立起来的用于描述岩体材料强度的非线性强度准则。经过近 40 年的不断发展和完善，该准则已经成为目前应用最广泛的岩体材料强度准则之一，被理论和工程界广泛接受和使用。下面将对 Hoek-Brown 强度准则的建立与发展过程进行简要阐述。

8.1.1.1　Hoek-Brown 强度准则的建立

1980 年，在用大量三轴试验确定完整和破碎岩体强度的试验过程中，Hoek 和 Brown 采用试错方法(trial and error)确定出一条与格里菲斯强度理论和脆性岩石抗压破坏条件吻合最佳的抛物线，并将该抛物线视作描述岩体最大主应力 σ_1 与最小主应力 σ_3 关系的表达式，即为 Hoek-Brown 强度准则的最初形式：

$$\sigma_1=\sigma_3+\sqrt{m\sigma_3\sigma_c+s\sigma_c^2} \tag{8-1}$$

式中：m 与 s 分别为与岩体强度有关的经验参数；σ_c 为完整岩块的单轴抗压强度。岩体的单轴抗压强度 $\sigma_{c\text{-rockmass}}$ 可以通过将 $\sigma_3=0$ 代入式(8-1)中获得，即

$$\sigma_{c\text{-rockmass}}=\sigma_c\sqrt{s} \tag{8-2}$$

与此同时，岩体的单轴抗拉强度 $\sigma_{t\text{-rockmass}}$ 则可通过将 $\sigma_1=0$ 代入式(8-1)中获得，即

$$\sigma_{t\text{-rockmass}}=\frac{\sigma_c}{2}(m-\sqrt{m^2+4s}) \tag{8-3}$$

值得注意的是，Hoek-Brown 强度准则中的参数 m 和 s 与岩体强度之间并无直接关系，采用式(8-1)进行表达是因为该式所描述的岩体破坏过程与试验观察的结果较为一致。该准则采用最大、最小主应力的方式对岩体材料强度进行表达，在应用过程中具有一定困难，尤其是在进行岩质边坡的稳定性评价时，需要将该准则转化为正应力与剪应力之间的关系。

对于完整岩块，有 $s=1.0$ 和 $m=m_i$。其中 m_i 可以通过室内三轴试验或原位试验获得。Hoek 和 Brown 采用表格的方式给出了参数 m_i 的取值范围，并认为可以根据参数 m_i 的不同取值将岩石分为 5 大类。对于非完整岩块，有 $0<s<1.0$ 和 $m<m_i$。由于对大多数工程而言，采用大量的三轴试验等手段获取 m 和 s 的参数取值并不现实，因此 Hoek 和 Brown 提出以岩体质量分级技术(classfication of rock mass)为基准进行 m 和 s 量值计算的方法，即在认为岩样可以代表整体岩石性质的前提下，采用曲线拟合的方式将 m/m_i 和 s 与岩体质量分级系统联系起来。然而，Hoek 和 Brown 同时指出，由于实验数据的不足，上述方法具有一定的局限性，并使用外推法进一步拓展了该方法的适用范围。

8.1.1.2　Hoek-Brown 强度准则的改进形式

1988 年，Hoek 和 Brown 对式(8-1)所示最初形式的 Hoek-Brown 强度准则进行了修正，即将该准则以有效应力的形式进行表达：

$$\sigma_1'=\sigma_3'+\sqrt{m\sigma_3'\sigma_c+s\sigma_c^2} \tag{8-4}$$

Hoek 和 Brown 在证实有效应力原理对 Hoek-Brown 强度准则具有同样适用性的同时，亦给出了参数 m 和 s 的计算方法和等效 Mohr-Coulomb 强度参数的获取方式。Hoek 和 Brown 还对受扰动岩体(distributed rock mass)与未受扰动岩体(undistributed rock mass)进行了分类，并分别给出了受扰动岩体与未受扰动岩体的 m 和 s 的计算方法：

受扰动岩体：

$$\left.\begin{aligned} m &= m_i e^{\frac{RMR-100}{28}} \\ s &= e^{\frac{RMR-100}{9}} \end{aligned}\right\} \tag{8-5}$$

未受扰动岩体：

$$\left.\begin{aligned} m &= m_i e^{\frac{RMR-100}{14}} \\ s &= e^{\frac{RMR-100}{6}} \end{aligned}\right\} \tag{8-6}$$

式中：m_i 为完整岩体的 m 值；RMR 为岩体地质力学分类。值得注意的是，式(8-5)与式(8-6)仅在岩体满足干燥条件且不考虑岩体节理影响时使用，导致在使用式(8-5)和式(8-6)时仍具有一定的局限性。

8.1.1.3 Hoek-Brown 强度准则的修正形式

Hoek 等经过分析认为，当试件所受围压较小时，借助 Hoek-Brown 强度准则的初始形式预测的岩体强度过大，即仅适用于最小主应力 σ_3 为岩块所受压应力较大的情况。而实际上，存在节理的岩体的抗拉强度是很低的。为满足岩体低抗拉强度的力学性质，Hoek 对初始 Hoek-Brown 强度准则进行了进一步的修正：

$$\sigma'_1 = \sigma'_3 + \sigma_c \left(m_b \frac{\sigma'_3}{\sigma_c} \right)^{\alpha} \tag{8-7}$$

式中：σ'_1 和 σ'_3 分别为材料破坏时的最大和最小有效主应力；m_b 和 α 为经验参数；m_b 为完整岩体单轴抗压强度。式(8-7)中的 m_b 和式(8-1)中的参数 m 相同。在此基础上，Hoek 等根据岩体的节理特征及形状、尺寸等表面特征提出了新的 α 与 m_b/m_i 量值表格，并将岩体分为 blocky、very blocky、blocky/seamy 及 crushed 四组。

8.1.1.4 广义 Hoek-Brown 强度准则

1995 年，借助地质强度指数(geological strength index，GSI)，Hoek 等在其著作中发表了适用于质量较差岩体的广义 Hoek-Brown 强度准则：

$$\sigma'_1 = \sigma'_3 + \sigma_c \left(m_b \frac{\sigma'_3}{\sigma_c} + s \right)^{\alpha} \tag{8-8}$$

式(8-8)中各符号含义与前相同。对于质量较好和较差的岩体，分别有 $\alpha = 0.5$ 和 $s = 0$，即式(8-8)分别退化为式(8-1)和式(8-7)。

此外，Hoek 等亦给出了参数 m_b、s 和 α 的计算公式：

$$m_b = m_i e^{\frac{GSI-100}{28}} \tag{8-9}$$

当 $GSI>25$ 时，有：

$$\begin{cases} s = e^{\frac{GSI-100}{9}} \\ \alpha = 0.5 \end{cases} \tag{8-10}$$

当 $GSI<25$ 时，有：

$$\begin{cases} s = 0 \\ \alpha = 0.65 - \dfrac{GSI}{200} \end{cases} \tag{8-11}$$

式中：GSI 为地质强度指数。

8.1.1.5　2002 年版 Hoek-Brown 强度准则

2002 年，Hoek 等在前有准则的基础上提出了一个最新的 Hoek-Brown 强度准则：

$$\sigma'_1 = \sigma'_3 + \sigma'_{ci}\left(m_b \frac{\sigma'_3}{\sigma_c} + s\right)^{\alpha} \tag{8-12}$$

m_b、s 和 α 分别计算如下：

$$m_b = m_i \exp\left(\frac{GSI - 100}{28 - 14D}\right) \tag{8-13}$$

$$s = \exp\left(\frac{GSI - 100}{9 - 3D}\right) \tag{8-14}$$

$$\alpha = \frac{1}{2} + \frac{1}{6}[\exp(-GSI/15) - \exp(-20/3)] \tag{8-15}$$

式中：σ'_{ci}为完整岩体单轴抗压强度；D 为扰动系数，岩体未遭受扰动时有 $D=0$，受扰动时有 $D=1.0$。这一准则为 Hoek-Brown 强度准则的最新与最完备的形式，本章后续的研究均在式(8-12)的基础上进行。

8.1.2　Hoek-Brown 强度准则适用条件

经过诸多学者的不断改进与完善，Hoek-Brown 强度准则已经被广泛接受并得到了大量的工程应用。尽管如此，该准则同样具有一定的局限性。在借助 Hoek-Brown 强度准则进行岩质边坡稳定性分析与评价之前，有必要明确该准则的适用范围与条件。首先，使用 Hoek-Brown 强度准则的一个前提条件是认为岩体是均匀且各向同性的，也就是说，该准则仅适用于内部结构面相似、间隔较小且方向随机的，宏观上可被视为是均匀与各向同性的岩体。当岩体存在明显节理面或其力学行为与其所受荷载方向相关时，Hoek-Brown 强度准则将失去效力。其次，Hoek-Brown 强度准则的实用性与岩土工程结构尺寸同样存在直接关系。当岩体工程结构足够大(与岩体节理间距相比)且岩体工程结构受荷面包含足够多的结构面时，Hoek-Brown 强度准则是有效的。当研究对象尺寸很小，恰好存在于完整岩体内部时，Hoek-Brown 强度准则同样适用。反之，如果岩体工程结构尺寸与节理间隔为同一数量级且结构稳定性受到其中一组或若干组结构面控制时，该准则将失去效力。

因此，在采用 Hoek-Brown 强度准则进行岩质边坡稳定性分析时，需预先假定该岩质边坡完整或由强破碎岩体组成，即本书在使用 Hoek-Brown 强度准则进行岩质边坡稳定性分析时，均假定边坡岩体属于组Ⅰ或组Ⅲ之中，即完整或强风化破碎，如图 8-1 所示。

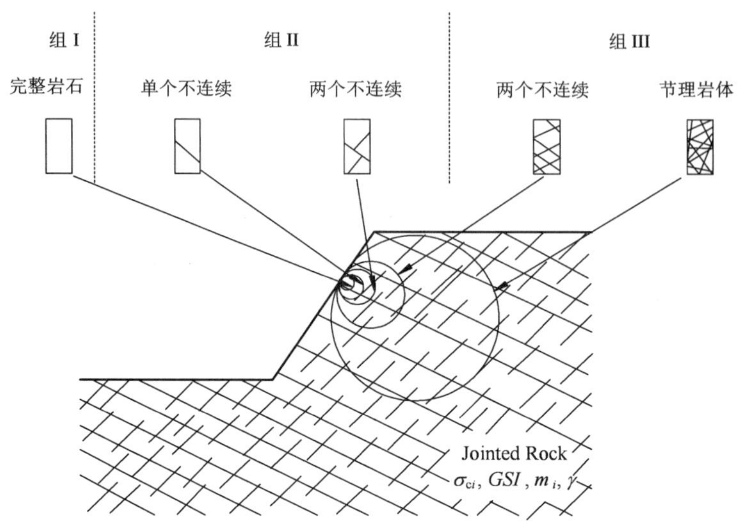

图 8-1　Hoek-Brown 强度准则在岩质边坡稳定性分析中的适用范围

8.2　Hoek-Brown 强度准则的修正方法

由于 Hoek-Brown 强度准则反映的为岩体结构发生破坏时的最大与最小主应力之间的关系，式(8-12)所示的 Hoek-Brown 强度准则不易于在岩体工程结构稳定性分析中直接使用。为解决这一难题，杨小礼、Hoek 等及 Li 等分别提出了广义切线技术(generalized tangent technique)和等效 Mohr-Coulomb 强度参数法以将 Hoek-Brown 强度准则引入岩质边坡稳定性分析中。

8.2.1　广义切线技术

为解决 Hoek-Brown 强度准则在岩体工程结构稳定性分析与评价中的应用不便性，杨小礼提出了广义切线技术(generalized tangent technique)以获得 Hoek-Brown 强度准则下岩体材料的抗剪强度。该方法的基本原理是对 Hoek-Brown 强度准则包络线做外切线，并以该条外切线的纵轴截距(黏聚力)与斜率(内摩擦角正切值)来代替岩体强度参数的方式将 Hoek-Brown 强度准则引入岩体工程结构稳定性分析中。Hoek-Brown 强度准则包络线和包络线的外切线如图 8-2 所示。

图 8-2 中的切线方程为：

$$\tau = c + \sigma_n \tan\varphi \tag{8-16}$$

进而可以获取该切线纵轴截距(即等效黏聚力)为：

$$\frac{c}{\sigma_c} = \frac{\cos\varphi}{2}\left[\frac{mn(1-\sin\varphi)}{2\sin\varphi}\right]^{\frac{\alpha}{1-\alpha}} - \frac{\tan\varphi}{m}\left(1+\frac{\sin\varphi}{\alpha}\right)\left[\frac{m\alpha(1-\sin\varphi)}{2\sin\varphi}\right]^{\frac{1}{1-\alpha}} + \frac{s}{m}\tan\varphi \tag{8-17}$$

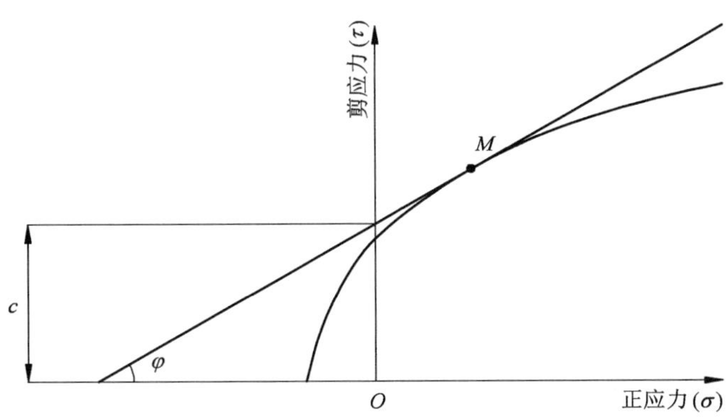

图 8-2　Hoek-Brown 强度准则与广义切线技术

借助式(8-17)，可将 Hoek-Brown 强度准则应用到极限分析上限法中进行岩质边坡稳定性上限分析。

8.2.2　等效 Mohr-Coulomb 强度参数法

除广义切线技术之外，另外一种常用的用以获取 Hoek-Brown 强度准则的抗剪强度指标的方法为等效 Mohr-Coulomb 强度参数法，即借助曲线拟合的方式将 Hoek-Brown 强度准则包络线用一条直线近似代替的方法，如图 8-3 所示。

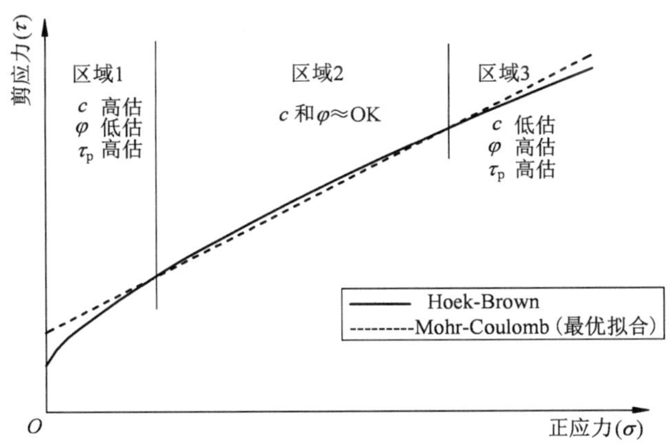

图 8-3　Hoek-Brown 强度准则与等效 Mohr-Coulomb 强度准则

从图 8-3 中可见，正应力-剪应力区间被划分为 3 个区域，即区域 1、区域 2 和区域 3。较之原始的 Hoek-Brown 强度包络线，区域 1 内将造成较大的黏聚力 c 和抗剪强度 τ_p 和较小的内摩擦角 φ，而区域 3 将导致较小的黏聚力 c 和较大的内摩擦角 φ 和抗剪强度 τ_p；当落入区域 2 时，可认为获取的等效黏聚力和内摩擦角及抗剪强度与原 Hoek-Brown 强度准则的强度近似相等。

借助等效 Mohr-Coulomb 强度参数法，可以获取 Hoek-Brown 强度准则条件下的岩体等效黏聚力 c 和内摩擦角 φ，分别为：

$$c=\frac{\sigma_c[(1+2\alpha)s+(1-\alpha)m\sigma'_{3n}](s+m\sigma'_{3n})^{\alpha-1}}{(1+\alpha)(2+\alpha)\sqrt{1+[6m\alpha(s+m\sigma'_{3n})^{n-1}]/(1+\alpha)(2+\alpha)}} \tag{8-18}$$

$$\varphi=\arcsin\left[\frac{6m\alpha(s+m\sigma'_{3\alpha})^{\alpha-1}}{2(1+\alpha)(2+\alpha)+6m\alpha(s+m\sigma'_{3\alpha})^{\alpha-1}}\right] \tag{8-19}$$

式中：$\sigma'_{3n}=\sigma'_{3\max}/\sigma_c$，$\sigma'_{3\max}$的值与具体的岩体工程性质有关。Hoek 和 Brown 给出了岩质边坡稳定性分析中 $\sigma'_{3\max}$的计算公式：

$$\frac{\sigma'_{3\max}}{\sigma'_{cm}}=0.72\left[\frac{\sigma'_{cm}}{\gamma H}\right]^{-0.91} \tag{8-20}$$

$$\sigma'_{cm}=\sigma_c\frac{[m+4s-n(m-8s)](m/4+s)^{n-1}}{2(1+n)(2+n)} \tag{8-21}$$

式中：γ 和 H 分别是边坡岩体单位重度和边坡高度；σ'_{cm}是岩块抗压强度。

然而，Li 等经过研究发现式(8-20)获取的等效 Mohr-Coulomb 强度参数并不准确，尤其对陡峭边坡($\beta\geqslant45°$)而言。因此 Li 等分别就平缓边坡和陡峭边坡提出了新的 $\sigma'_{3\max}$估算公式：

$$\frac{\sigma'_{3\max}}{\sigma'_{cm}}=0.41\left[\frac{\sigma'_{cm}}{\gamma H}\right]^{-1.23}\text{（平缓边坡，}\beta<45°\text{）} \tag{8-22}$$

$$\frac{\sigma'_{3\max}}{\sigma'_{cm}}=0.2\left[\frac{\sigma'_{cm}}{\gamma H}\right]^{-1.07}\text{（陡峭边坡，}\beta\geqslant45°\text{）} \tag{8-23}$$

式中：β 为边坡坡角。

8.2.3 关于两种方法的讨论

广义切线技术与等效 Mohr-Coulomb 强度参数法均较为广泛地应用于 Hoek-Brown 岩质边坡稳定性分析中，这里有必要针对上述两种方法进行简单讨论，以说明上述两种方法各自的计算精度和优缺点。表 8-1 和表 8-2 分别为借助广义切线技术和等效 Mohr-Coulomb 强度参数法获取的 Hoek-Brown 岩质边坡安全系数上限解。

表 8-1 借助广义切线技术获得的 Hoek-Brown 岩质边坡安全系数

			极限分析下限法		等效 Mohr-Coulomb 强度参数法			广义切线技术	
			非线性 Hoek-Brown 强度准则			式(8-22)	式(8-23)	本章解	
β /(°)	GSI	m_i	$\sigma_{ci}/\gamma H$	F_{S0}	F_{S1}	F_{S2}	F_{S3}	F_S $B/H=10$	F_S $B/H=15$
45	100	5	0.135	1.0	1	1.008	1.022	1.127	1.114
45	100	15	0.058	1.0	1.005	1.041	1.003	1.186	1.172
45	100	25	0.036	1.0	1.012	1.047	1.003	1.199	1.185
45	100	35	0.026	1.0	1.015	1.060	1.005	1.20	1.186

续表8-1

			极限分析下限法		等效 Mohr-Coulomb 强度参数法			广义切线技术	
			非线性 Hoek-Brown 强度准则			式(8-22)	式(8-23)	本章解	
β /(°)	GSI	m_i	σ_{ci} /γH	F_{S0}	F_{S1}	F_{S2}	F_{S3}	F_S $B/H=10$	F_S $B/H=15$
45	70	5	0.469	1.0	1.001	1.038	1.001	1.146	1.132
45	70	15	0.176	1.0	1.012	1.080	1.002	1.203	1.189
45	70	25	0.108	1.0	1.017	1.060	1.007	1.219	1.206
45	70	35	0.077	1.0	1.019	1.061	1.009	1.215	1.202
45	50	5	1.046	1.0	1.004	1.045	1.001	1.174	1.160
45	50	15	0.369	1.0	1.009	1.065	1.004	1.210	1.196
45	50	25	0.222	1.0	1.020	1.066	1.010	1.221	1.207
45	50	35	0.158	1.0	1.021	1.044	1.011	1.224	1.210
45	30	5	2.593	1.0	1.011	1.066	0.999	1.179	1.166
45	30	15	0.829	1.0	1.018	1.070	1.007	1.209	1.195
45	30	25	0.480	1.0	1.021	1.074	1.010	1.220	1.206
45	30	35	0.334	1.0	1.024	1.085	1.011	1.226	1.212
45	10	5	13.58	1.0	1.014	1.087	1.0	1.167	1.154
45	10	15	3.155	1.0	1.023	1.106	1.005	1.223	1.210
45	10	25	1.552	1.0	1.023	1.107	1.009	1.235	1.221
45	10	35	0.969	1.0	1.026	1.079	1.010	1.239	1.225
60	100	5	0.232	1.0	1.001	1.033	1.043	1.116	1.105
60	100	15	0.130	1.0	1.004	1.114	1.026	1.162	1.150
60	100	25	0.088	1.0	1.004	1.146	1.035	1.162	1.151
60	100	35	0.066	1.0	1.004	1.141	1.040	1.174	1.163
60	70	5	0.946	1.0	1.013	1.059	1.024	1.140	1.128
60	70	15	0.435	1.0	1.004	1.143	1.033	1.164	1.154
60	70	25	0.276	1.0	1.004	1.161	1.043	1.182	1.171
60	70	35	0.20	1.0	1.005	1.183	1.047	1.187	1.176
60	50	5	2.337	1.0	1.005	1.124	1.026	1.155	1.143
60	50	15	0.953	1.0	1.004	1.171	1.036	1.177	1.166
60	50	25	0.584	1.0	1.008	1.176	1.046	1.192	1.181
60	50	35	0.419	1.0	1.009	1.172	1.049	1.199	1.189
60	30	5	6.439	1.0	1.009	1.150	1.023	1.154	1.144

续表8-1

			极限分析下限法		等效 Mohr-Coulomb 强度参数法			广义切线技术	
			非线性 Hoek-Brown 强度准则			式(8-22)	式(8-23)	本章解	
β /(°)	GSI	m_i	σ_{ci} /γH	F_{S0}	F_{S1}	F_{S2}	F_{S3}	F_S $B/H=10$	F_S $B/H=15$
60	30	15	2.317	1.0	1.009	1.197	1.044	1.20	1.189
60	30	25	1.356	1.0	1.010	1.201	1.049	1.204	1.192
60	30	35	0.945	1.0	1.011	1.230	1.051	1.205	1.193
60	10	5	38.92	1.0	1.004	1.183	1.013	1.127	1.117
60	10	15	11.73	1.0	1.013	1.257	1.048	1.180	1.169
60	10	25	5.928	1.0	1.017	1.261	1.054	1.193	1.182
60	10	35	3.729	1.0	1.018	1.258	1.059	1.199	1.188

表 8-2 借助等效 Mohr-Coulomb 强度参数法获取的 Hoek-Brown 岩质边坡安全系数

			极限分析下限法		等效参数极限平衡			等效参数上限法		
			非线性 Hoek-Brown 强度准则			式(8-20)	式(8-22)	式(8-23)	本章解(3D)	
β /(°)	GSI	m_i	SR	FoS_0	FoS_1	FoS_2	FoS_3	FoS_4	FoS $B/H=5$	FoS $B/H=10$
30	100	5	0.070	1.0	1.014	0.988	—	1.0	1.0368	1.0110
30	100	15	0.026	1.0	1.020	0.999	—	1.024	1.0805	1.0517
30	100	25	0.016	1.0	1.023	1.003	—	1.036	1.1026	1.0722
30	100	35	0.011	1.0	1.024	1.007	—	1.044	1.0921	1.0641
30	70	5	0.218	1.0	1.018	0.985	—	1.011	1.0513	1.0250
30	70	15	0.075	1.0	1.023	0.996	—	1.028	1.0759	1.0470
30	70	25	0.045	1.0	1.024	1.004	—	1.035	1.0851	1.0554
30	70	35	0.032	1.0	1.025	1.010	—	1.040	1.0895	1.0595
30	50	5	0.461	1.0	1.020	0.993	—	1.014	1.0523	1.0269
30	50	15	0.153	1.0	1.024	1.003	—	1.026	1.0704	1.0427
30	50	25	0.091	1.0	1.025	1.024	—	1.032	1.0786	1.0499
30	50	35	0.065	1.0	1.026	1.008	—	1.036	1.0569	1.0579
30	30	5	1.057	1.0	1.022	1.001	—	1.012	1.0496	1.0261
30	30	15	0.323	1.0	1.026	1.003	—	1.026	1.0650	1.0397
30	30	25	0.185	1.0	1.026	1.005	—	1.031	1.0727	1.0460
30	30	35	0.129	1.0	1.027	1.004	—	1.035	1.0809	1.0532

续表8-2

			极限分析下限法		等效参数极限平衡			等效参数上限法		
			非线性 Hoek-Brown 强度准则			式(8-20)	式(8-22)	式(8-23)	本章解(3D)	
β /(°)	*GSI*	m_i	*SR*	FoS_0	FoS_1	FoS_2	FoS_3	FoS_4	*FoS* *B/H*=5	*FoS* *B/H*=10
30	10	5	4. 363	1. 0	1. 023	1. 002	—	1. 006	1. 0379	1. 0183
30	10	15	0. 943	1. 0	1. 025	1. 007	—	1. 023	1. 0633	1. 0400
30	10	25	0. 460	1. 0	1. 026	0. 996	—	1. 033	1. 0727	1. 0500
30	10	35	0. 286	1. 0	1. 026	1. 004	—	1. 040	1. 0794	1. 0557
45	100	5	0. 135	1. 0	1. 000	1. 008	1. 022	1. 027	1. 0153	0. 9900
45	100	15	0. 058	1. 0	1. 005	1. 041	1. 003	1. 086	1. 0145	1. 0100
45	100	25	0. 036	1. 0	1. 012	1. 047	1. 003	1. 110	1. 0162	1. 0100
45	100	35	0. 026	1. 0	1. 015	1. 060	1. 005	1. 126	1. 0172	1. 0100
45	70	5	0. 469	1. 0	1. 001	1. 038	1. 001	1. 055	1. 0100	0. 9900
45	70	15	0. 176	1. 0	1. 012	1. 080	1. 002	1. 098	1. 0178	1. 0100
45	70	25	0. 108	1. 0	1. 017	1. 060	1. 007	1. 113	1. 0234	1. 0109
45	70	35	0. 077	1. 0	1. 019	1. 061	1. 009	1. 123	1. 0225	1. 0100
45	50	5	1. 046	1. 0	1. 004	1. 045	1. 001	1. 063	1. 0113	0. 9900
45	50	15	0. 369	1. 0	1. 009	1. 065	1. 004	1. 098	1. 0212	1. 0100
45	50	25	0. 222	1. 0	1. 020	1. 066	1. 010	1. 110	1. 0246	1. 0125
45	50	35	0. 158	1. 0	1. 021	1. 044	1. 011	1. 118	1. 0257	1. 0134
45	30	5	2. 593	1. 0	1. 011	1. 066	0. 999	1. 060	1. 0128	0. 9900
45	30	15	0. 829	1. 0	1. 018	1. 070	1. 007	1. 094	1. 0218	1. 0100
45	30	25	0. 480	1. 0	1. 021	1. 074	1. 010	1. 110	1. 0257	1. 0119
45	30	35	0. 334	1. 0	1. 024	1. 085	1. 011	1. 118	1. 0277	1. 0139
45	10	5	13. 58	1. 0	1. 014	1. 087	1. 000	1. 039	1. 0100	0. 9900
45	10	15	3. 155	1. 0	1. 023	1. 106	1. 005	1. 080	1. 0159	1. 0100
45	10	25	1. 552	1. 0	1. 023	1. 107	1. 009	1. 103	1. 0188	1. 0100
45	10	35	0. 969	1. 0	1. 026	1. 079	1. 010	1. 115	1. 0200	1. 0100
60	100	5	0. 232	1. 0	1. 001	1. 033	1. 043	—	1. 0138	0. 9900
60	100	15	0. 130	1. 0	1. 004	1. 114	1. 026	—	1. 0275	1. 0134
60	100	25	0. 088	1. 0	1. 004	1. 146	1. 035	—	1. 0412	1. 0276
60	100	35	0. 066	1. 0	1. 004	1. 141	1. 040	—	1. 0496	1. 0362
60	70	5	0. 946	1. 0	1. 013	1. 059	1. 024	—	1. 0169	1. 0101

续表8-2

			极限分析下限法		等效参数极限平衡			等效参数上限法		
			非线性 Hoek-Brown 强度准则			式(8-20)	式(8-22)	式(8-23)	本章解(3D)	
β /(°)	*GSI*	m_i	*SR*	FoS_0	FoS_1	FoS_2	FoS_3	FoS_4	*FoS* *B/H*=5	*FoS* *B/H*=10
60	70	15	0.435	1.0	1.004	1.143	1.033	—	1.0401	1.0272
60	70	25	0.276	1.0	1.004	1.161	1.043	—	1.0502	1.0374
60	70	35	0.20	1.0	1.005	1.183	1.047	—	1.0535	1.0406
60	50	5	2.337	1.0	1.005	1.124	1.026	—	1.0215	1.0101
60	50	15	0.953	1.0	1.004	1.171	1.036	—	1.0451	1.0328
60	50	25	0.584	1.0	1.008	1.176	1.046	—	1.0519	1.0395
60	50	35	0.419	1.0	1.009	1.172	1.049	—	1.0554	1.0429
60	30	5	6.439	1.0	1.009	1.150	1.023	—	1.0263	1.0145
60	30	15	2.317	1.0	1.009	1.197	1.044	—	1.0499	1.0370
60	30	25	1.356	1.0	1.010	1.201	1.049	—	1.0554	1.0427
60	30	35	0.945	1.0	1.011	1.230	1.051	—	1.0577	1.0454
60	10	5	38.92	1.0	1.004	1.183	1.013	—	1.0147	1.0101
60	10	15	11.73	1.0	1.013	1.257	1.048	—	1.0529	1.0430
60	10	25	5.928	1.0	1.017	1.261	1.054	—	1.0607	1.0507
60	10	35	3.729	1.0	1.018	1.258	1.059	—	1.0645	1.0542

从表 8-1 和表 8-2 中可以看出，借助广义切线技术获取的边坡安全系数大于采用等效 Mohr-Coulomb 强度参数法获得的边坡安全系数。这是合理的，因为，采用广义切线技术获得的 Hoek-Brown 边坡等效强度参数大于采用等效 Mohr-Coulomb 强度参数法获得的等效强度参数，而广义切线技术的优点在于可以保证所获取的安全系数解为严格上限解，且不需要根据边坡坡角的大小对公式参数进行调整[式(8-22)和式(8-23)]。综合分析，上述两种方法均是有效的。

8.3 孔隙水压力作用下三维岩质边坡稳定性分析

8.3.1 三维 Hoek-Brown 边坡目标函数解

进行孔隙水压力作用下三维岩质边坡稳定性分析时，所采用的破坏模式与图 3-10 所示的土质边坡三维旋转破坏模式相同。需要说明的是，本章在借助图 3-10 所示的边坡三维旋转破坏机构和 Hoek-Brown 强度准则进行岩质边坡稳定性分析时，均假设岩体材料完整或强风化，即岩体材料是均匀和各向同性的。

对描述三维岩质边坡稳定性的目标函数进行求解时，可令权力功率与内能耗散功率相等，进而求得三维边坡临界高度解析式：

$$H = \frac{c\cot\varphi}{\gamma}\left[\sin\theta_{\mathrm{h}} e^{(\theta_{\mathrm{h}}-\theta_0)\tan\varphi} - \sin\theta_0\right]\frac{g_3 + g_4}{g_1 + g_2 + r_{\mathrm{u}}(g_7 + g_8)} \tag{8-24}$$

式(8-24)中，θ_{h}、θ_0 如图 4-1 所示，g_1、g_2、g_3、g_4、g_7、g_8 具体表达式可参考文献[168]。应当注意的是，在对三维岩质边坡临界高度进行优化求解时，式(8-24)中的内摩擦角 φ 不再是一个常量，而是一个优化自变量。也就是说，对式(8-24)进行优化求解时所需要遵守的约束条件为：

$$\begin{cases} 0 < \theta_0 < \theta_B < \theta_{\mathrm{h}} < \pi \\ 0 < r'_0/r_0 < 1 \\ 0 < (b + B'_{\max})/H < B/H \\ 0 < \varphi < \pi/2 \end{cases} \tag{8-25}$$

8.3.2　孔隙水作用下的岩质边坡稳定性分析

为验证本部分采用方法的有效性，将本章获得计算结果分别与 Yang 和 Zou 的稳定性系数 $N_{\mathrm{s}}=\gamma H_{\mathrm{c}}/(s^{0.5}\sigma_{\mathrm{c}})$ 计算结果和 Saada 等的计算结果进行对比，分别见表 8-3、表 8-4 和图 8-4。

表 8-3　Hoek-Brown 岩质边坡稳定性系数 N_{s} 对比：$B/H=10.0$，$GSI=30$，$r_{\mathrm{u}}=0.1$

m_i	7		10		15		17		25	
β/(°)	本章	文献[115]	本章	文献[115]	本章	文献[115]	本章	文献[115]	本章	文献[115]
65	3.93	3.71	4.51	4.39	5.92	5.75	6.57	6.35	9.39	8.95
70	2.50	2.43	2.58	2.58	2.91	2.91	3.12	3.19	4.13	4.10
75	1.74	1.64	1.62	1.56	1.47	1.56	1.47	1.59	1.65	1.75
80	1.19	1.13	1.05	0.98	0.92	0.85	0.95	0.83	0.82	0.76
85	0.87	0.79	0.70	0.62	0.52	0.48	0.49	0.44	0.38	0.35

表 8-4　Hoek-Brown 岩质边坡稳定性系数 N_{s} 对比：$B/H=10.0$，$GSI=70$，$r_{\mathrm{u}}=0.2$

m_i	7		10		15		17		25	
β/(°)	本章	文献[115]	本章	文献[115]	本章	文献[115]	本章	文献[115]	本章	文献[115]
65	2.49	2.37	2.53	2.42	2.63	2.65	2.73	2.85	3.33	3.34
70	1.88	1.79	1.71	1.69	1.63	1.66	1.60	1.68	1.69	1.81
75	1.47	1.37	1.23	1.20	1.06	1.07	1.04	1.04	0.90	1.0
80	1.14	1.05	0.92	0.87	0.74	0.70	0.72	0.66	0.63	0.56
85	0.88	0.80	0.65	0.61	0.51	0.46	0.44	0.42	0.35	0.32

从表 8-3 和表 8-4 中可知，当参数 $B/H=10.0$ 时，本章获得的三维边坡稳定性系数解与二维条件下的边坡稳定性系数解较为接近，可见本章所采用的方法是有效的。

此外，从图 8-4 中可见，采用本章方法获得的边坡稳定性系数解答与 Saada 等采用极限分析方法和有限元法获得的边坡稳定性系数解答亦较为接近，进一步说明了本章所采用方法的有效性。

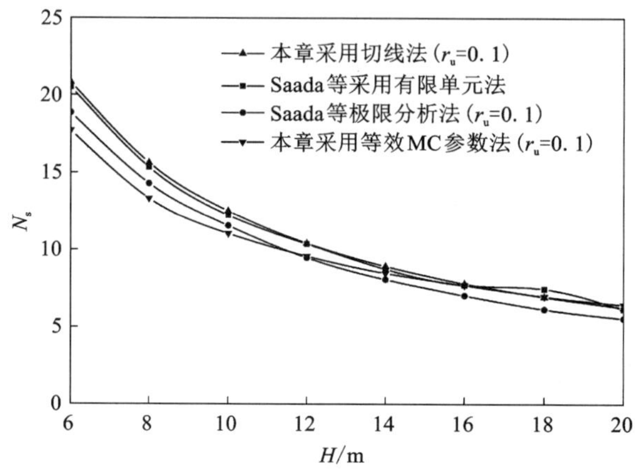

图 8-4　采用不同方法获得的边坡稳定性系数解答

8.4　不同水位升降条件下的岩质边坡稳定性

大坝及临河、临江等岩质边坡由于经常遭受水位升降与降水的影响，导致坡体内外水位线的改变，从而对边坡稳定性构成显著的影响。Viratjandr 和 Michalowski 及 Gao 等分别在二维和三维层面对 Mohr-Coulomb 强度准则下的土质边坡在不同水位升降条件下的稳定性进行了研究，并给出了一系列的稳定性图表以方便工程应用。然而，针对水位升降条件下的岩质边坡稳定性的研究较少。因此，本部分将针对如图 8-5 所示的三种不同水位升降条件下的三维岩质边坡稳定性进行分析，并给出一系列稳定性图解以为临河岩质边坡工程的初步设计提供参考。

8.4.1　水位升降模式

本部分选取三种不同的坡体内外水位升降工况来探讨坡体内外不同水位条件对三维岩质边坡稳定性的影响，如图 8-5 所示。其中，图 8-5(a)为水位快速下降工况；图 8-5(b)为外部水位被快速抽干后的坡体内部水位下降的工况；图 8-5(c)为坡体内外部水位同时下降的工况。

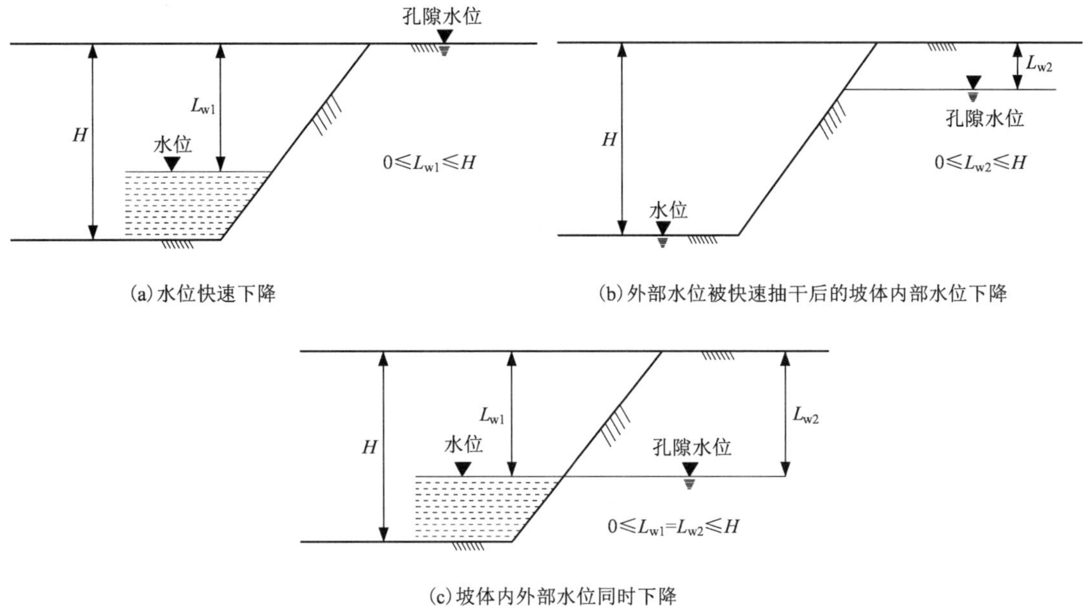

图 8-5　不同的水位升降模式

8.4.2　不同水位升降条件下的功率计算

考虑水位升降的岩质边坡破坏模式如图 8-6 所示，坡体外部和内部水位线距离坡顶所在水平面的竖直距离分别为 L_{w1} 和 L_{w2}。下面将对该破坏模式下的坡体内外部的(孔隙水)水压力所做功率进行计算，并将其引入边坡稳定临界状态的功能方程中，以获得不同水位升降条件下的三维岩质边坡安全系数。

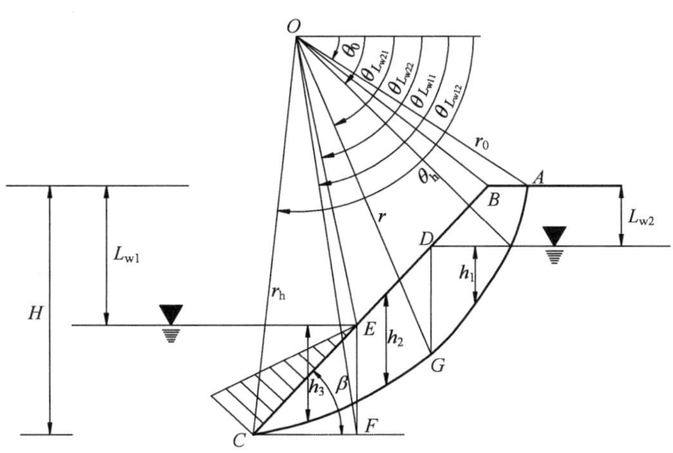

图 8-6　水位升降条件下的边坡破坏模式

图 8-6 所示的三维旋转块体内部的孔隙水压力功率可表示如下：

当 $\theta_{L_{w21}}<\theta_B$，则：

$$W_{u-3D}=2r_u\gamma\omega\tan\varphi\left[\int_{\theta_{L_{w21}}}^{\theta_B}\int_0^{\alpha_1^*}h_1(r_m+R\cos\alpha)^2\mathrm{d}\theta\mathrm{d}xR\mathrm{d}\alpha+\int_{\theta_B}^{\theta_{L_{w22}}}\int_0^{\alpha_2^*}h_1(r_m+R\cos\alpha)^2\mathrm{d}\theta\mathrm{d}xR\mathrm{d}\alpha+\int_{\theta_{L_{w22}}}^{\theta_{L_{w12}}}\int_0^{\alpha_2^*}h_2(r_m+R\cos\alpha)^2\mathrm{d}\theta\mathrm{d}xR\mathrm{d}\alpha+\int_{\theta_{L_{w12}}}^{\theta_h}\int_0^{\alpha_2^*}h_3(r_m+R\cos\alpha)^2\mathrm{d}\theta\mathrm{d}xR\mathrm{d}\alpha\right]\tag{8-26}$$

否则，若 $\theta_{L_{w21}}\geqslant\theta_B$，则：

$$W_{u-3D}=2r_u\gamma\omega\tan\varphi\left[\int_{\theta_{L_{w21}}}^{\theta_{L_{w22}}}\int_0^{\alpha_2^*}h_1(r_m+R\cos\alpha)^2\mathrm{d}\theta\mathrm{d}xR\mathrm{d}\alpha+\int_{\theta_{L_{w22}}}^{\theta_{L_{w12}}}\int_0^{\alpha_2^*}h_2(r_m+R\cos\alpha)^2\mathrm{d}\theta\mathrm{d}xR\mathrm{d}\alpha+\int_{\theta_{L_{w12}}}^{\theta_h}\int_0^{\alpha_2^*}h_3(r_m+R\cos\alpha)^2\mathrm{d}\theta\mathrm{d}xR\mathrm{d}\alpha\right]\tag{8-27}$$

对于插入块体，坡体内部的孔隙水压力功率可表示为：

$$W_{u-insert}=\gamma\omega r_u r_0^4 A\tag{8-28}$$

式中：$A=\frac{b}{H}\tan\varphi\left\{\int_{\theta_{L_{w21}}}^{\theta_{L_{w22}}}\frac{h_1}{r_0}\exp[2(\theta-\theta_0)\tan\varphi]\mathrm{d}\theta+\int_{\theta_{L_{w22}}}^{\theta_{L_{w12}}}\frac{h_2}{r_0}\exp[2(\theta-\theta_0)\tan\varphi]\mathrm{d}\theta+\int_{\theta_{L_{w12}}}^{\theta_h}\frac{h_3}{r_0}\exp[2(\theta-\theta_0)\tan\varphi]\mathrm{d}\theta\right\}\times\{\sin\theta_h\exp[(\theta_h-\theta_0)\tan\varphi]-\sin\theta_0\}$。

坡体外部的水压力功率 W''_u 为：

$$W''_{u-3D}=-\int_{EC}pn_iv_i\mathrm{d}S=2\omega\gamma_w r_0{}^3\int_{\theta_1}^{\theta_2}B\sqrt{R^2-d_2{}^2}\,\mathrm{d}\theta\tag{8-29}$$

$$W''_{u-insert}=-b\int_{EC}pn_iv_i\mathrm{d}S=b\omega\gamma_w r_0{}^3\int_{\theta_1}^{\theta_2}A\mathrm{d}\theta\tag{8-30}$$

式中：W''_{u-3D} 为三维旋转块体部分的外部水压力功率；$W''_{u-insert}$ 为插入块体外部的水压力功率；$B=\frac{\sin^2(\theta_h+\beta)\cos(\theta+\beta)}{\sin^3(\theta+\beta)}\mathrm{e}^{2(\theta_h-\theta_0)\tan\varphi}\times\left[\mathrm{e}^{(\theta_h-\theta_0)\tan\varphi}\frac{\sin(\theta_h+\beta)\sin\theta}{\sin(\theta+\beta)}-\frac{L_{w1}}{r_0}-\sin\theta_0\right]$。

借助上述推导过程，可以建立不同水位升降条件下的三维 Hoek-Brown 岩质边坡安全系数解答：

$$F_s=\frac{D_{int}}{W_\gamma+W_u}\tag{8-31}$$

式中：D_{int} 为总的内能耗散功率；W_γ 和 W_u 分别为岩体重力功率和水压力功率。

8.4.3　不同水位升降条件下的边坡稳定性图表

为给岩质边坡工程的初步设计提供参考，本部分提供对应于图 8-5 所示的三种不同水位升降模式下的三维 Hoek-Brown 岩质边坡稳定性图解，如图 8-7～图 8-18 所示。其中，边坡坡角 β 分别取为 45°和 60°；B/H 分别取为 2.0 和 7.0，即分别对应三维和二维两种情况；GSI 取为 30、70 和 100；m_i 则取为 5～35。此外，图 8-7～图 8-10 中，L_{w1}/H 从 0 增大到 1.0，表示坡体外部水位快速从坡顶降至坡底（水位快速下降）；图 8-11～图 8-14 中，L_{w2}/H 从 0 增大到 1.0，表示坡体外部水位快速抽干后，坡体内部水位快速从坡顶降至坡底；图 8-15～图 8-18 中，L_{w1}/H 和 L_{w2}/H 同时从 0 增大到 1.0，表示坡体内、外水位同时从坡顶降至坡底（水位缓慢下降）。

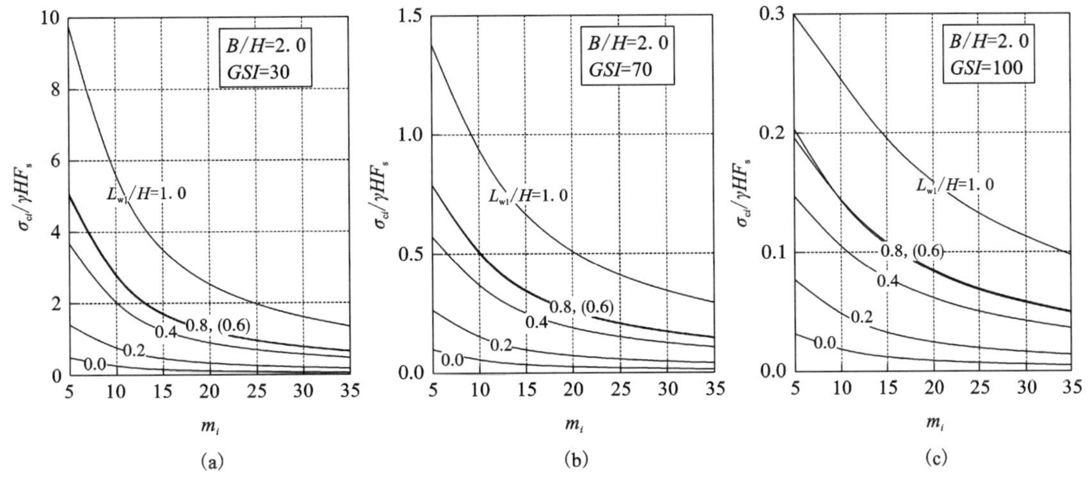

图 8-7　工况 1：水位快速下降（$L_{w2}=0$，$\beta=45°$，$B/H=2.0$）

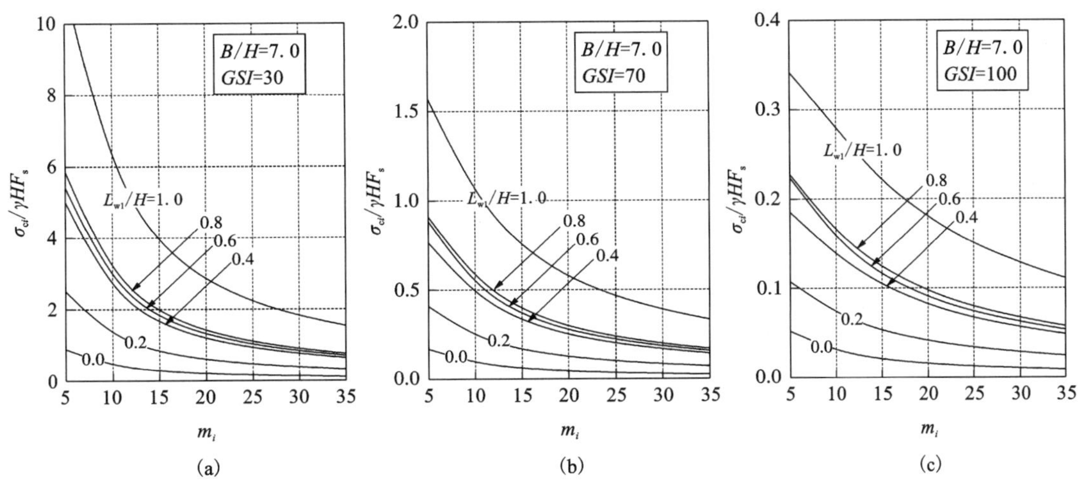

图 8-8　工况 1：水位快速下降（$L_{w2}=0$，$\beta=45°$，$B/H=7.0$）

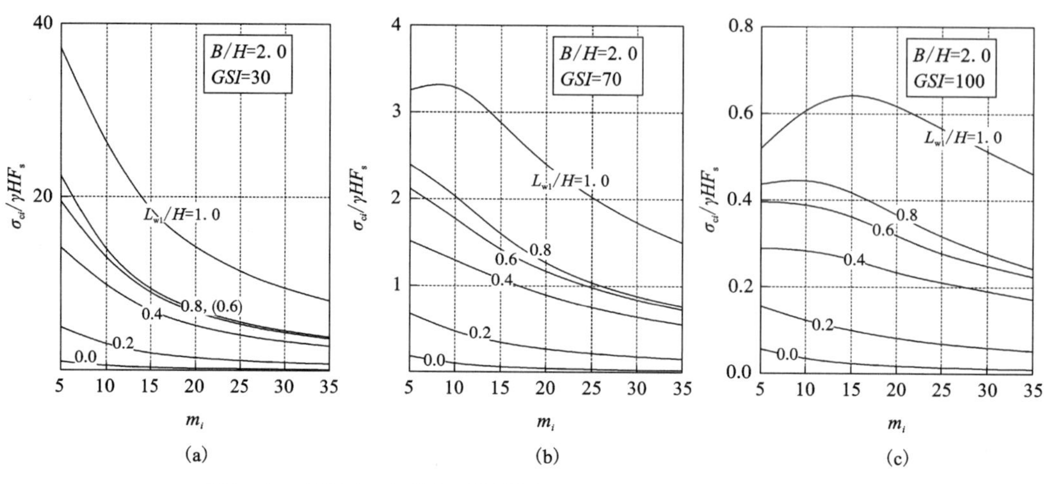

图 8-9　工况 1：水位快速下降（$L_{w2}=0$，$\beta=60°$，$B/H=2.0$）

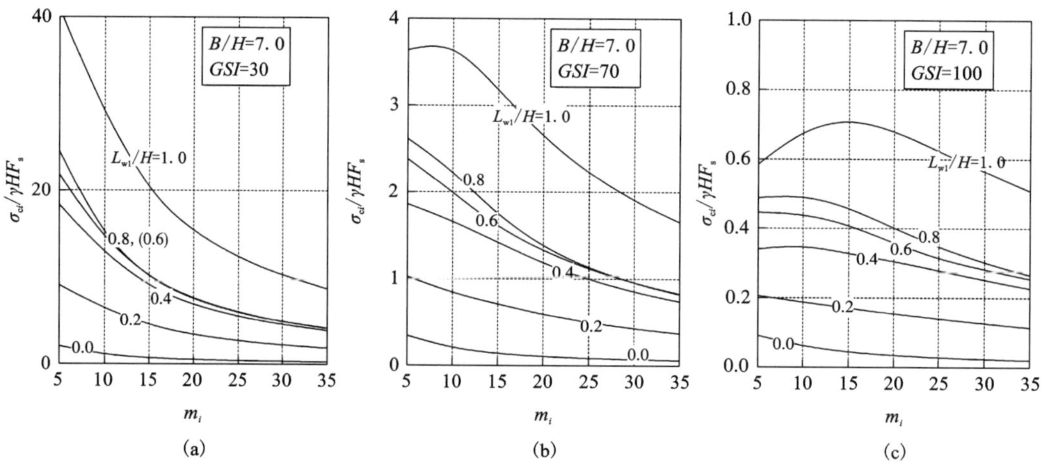

图 8-10　工况 1：水位快速下降（$L_{w2}=0$，$\beta=60°$，$B/H=7.0$）

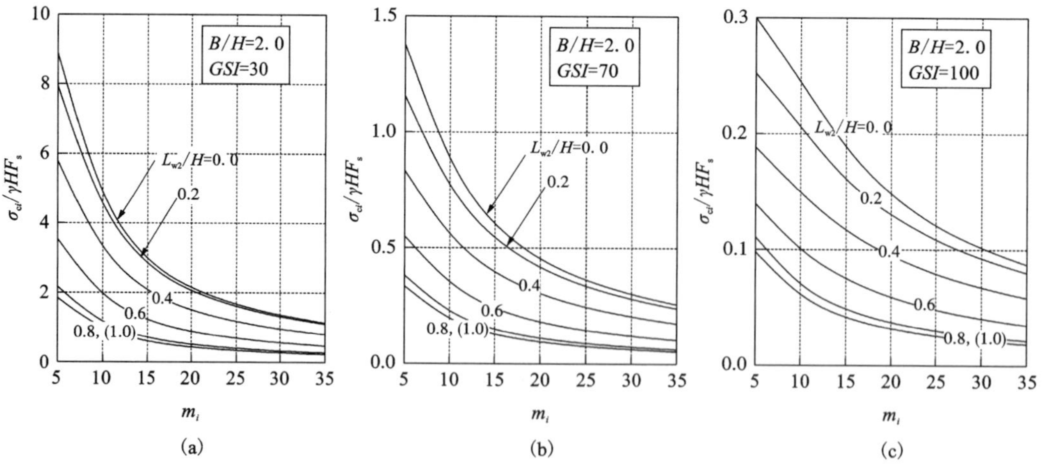

图 8-11　工况 2：坡体外部水位快速抽干后坡体内部水位下降（$L_{w1}=H$，$\beta=45°$，$B/H=2.0$）

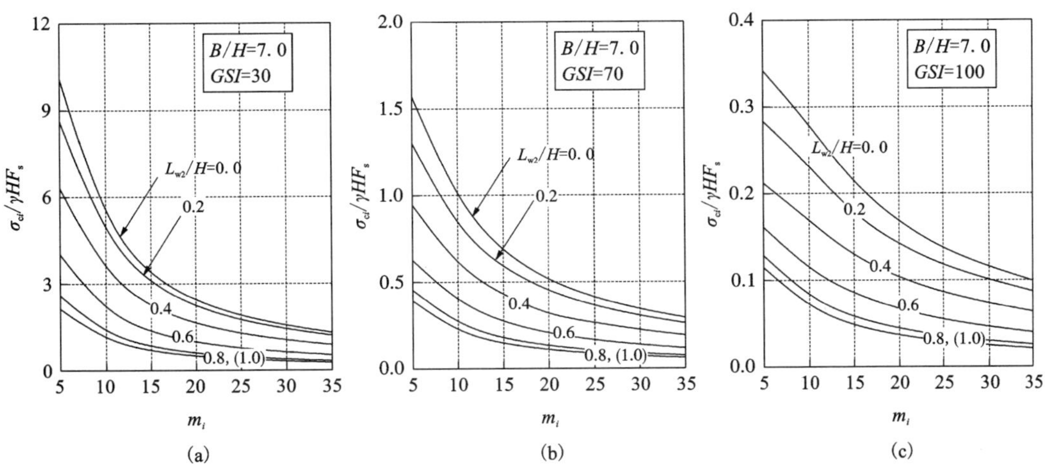

图 8-12　工况 2：坡体外部水位快速抽干后坡体内部水位下降（$L_{w1}=H$，$\beta=45°$，$B/H=7.0$）

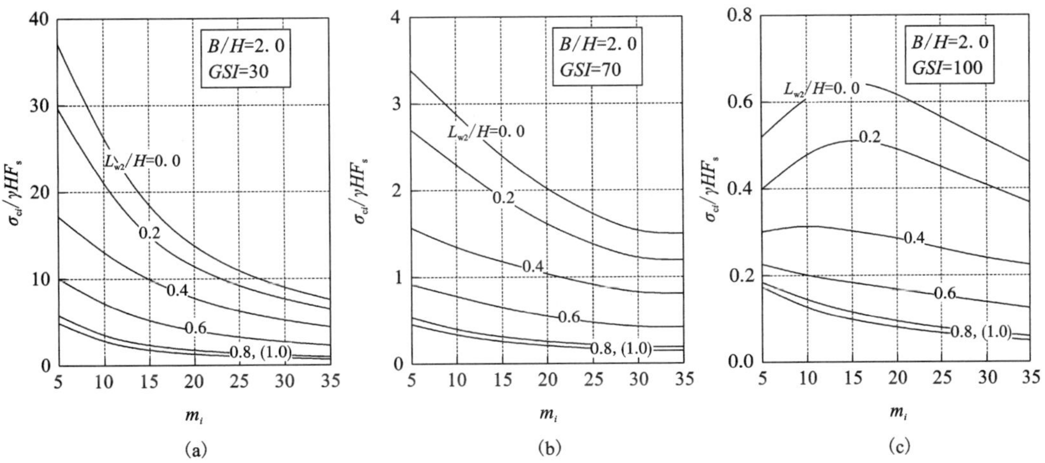

图 8-13　工况 2：坡体外部水位快速抽干后坡体内部水位下降（$L_{w1}=H$，$\beta=60°$，$B/H=2.0$）

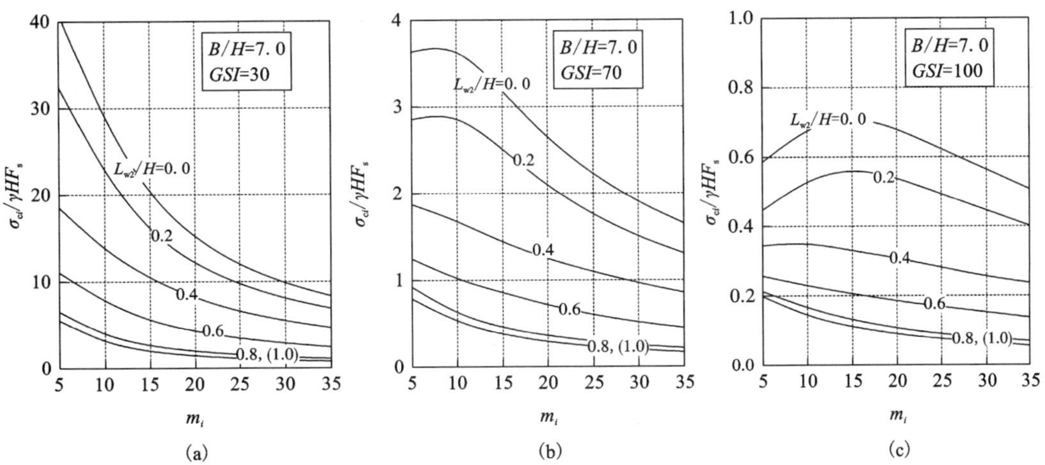

图 8-14　工况 2：坡体外部水位快速抽干后坡体内部水位下降（$L_{w1}=H$，$\beta=60°$，$B/H=7.0$）

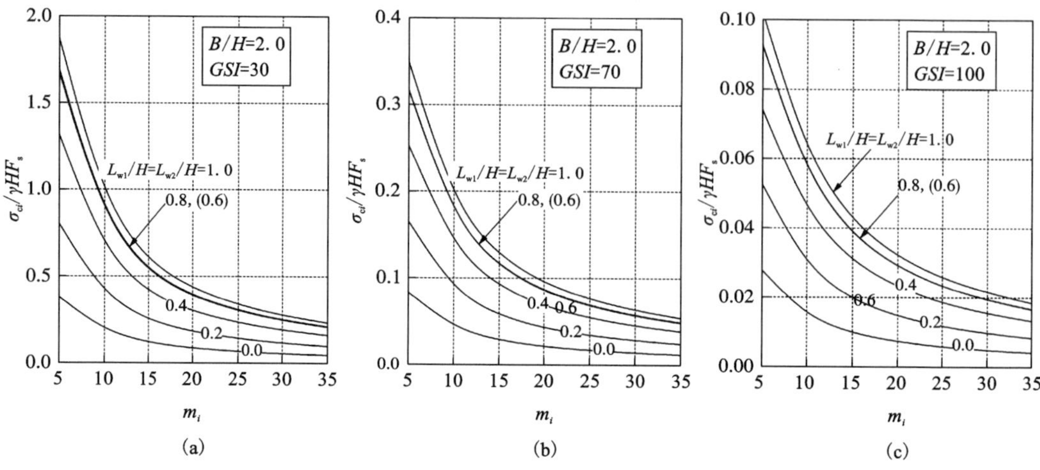

(a) (b) (c)

图 8-15 工况 3：水位缓慢下降（$L_{w1}=L_{w2}$，$\beta=45°$，$B/H=2.0$）

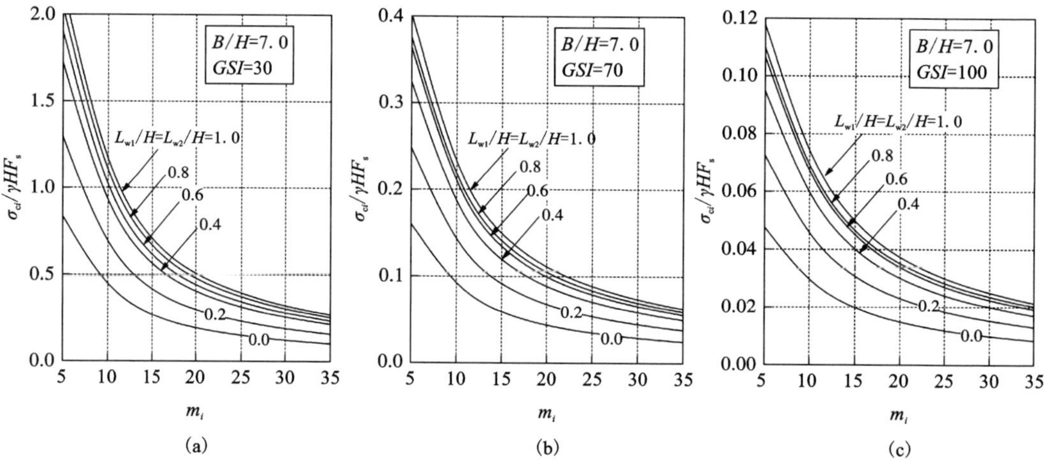

(a) (b) (c)

图 8-16 工况 3：水位缓慢下降（$L_{w1}=L_{w2}$，$\beta=45°$，$B/H=7.0$）

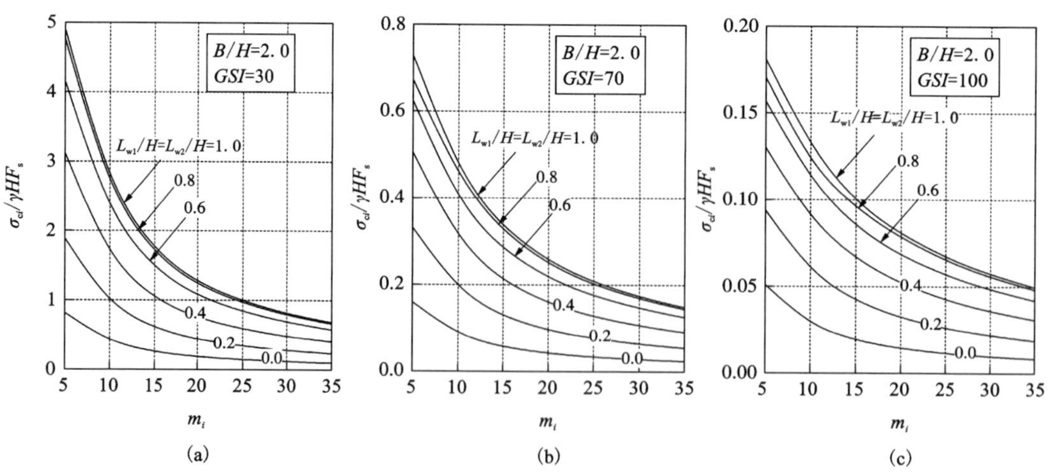

(a) (b) (c)

图 8-17 工况 3：水位缓慢下降（$L_{w1}=L_{w2}$，$\beta=60°$，$B/H=2.0$）

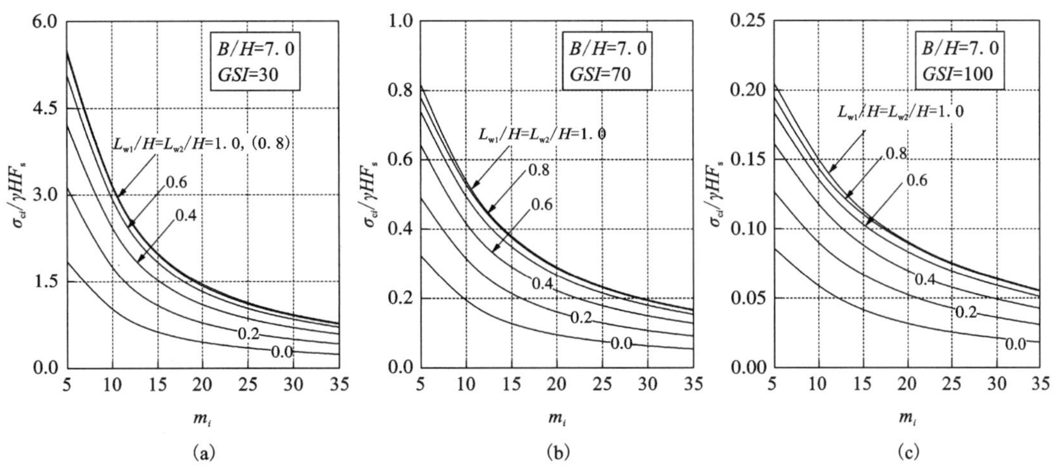

图 8-18　工况 3：水位缓慢下降($L_{w1}=L_{w2}$，$\beta=60°$，$B/H=7.0$)

从图 8-7～图 8-10 中可以看出，在工况 1 条件下，岩质边坡安全系数随着 L_{w1}/H 和参数 m_i 的增大而分别减小和增大。然而，当边坡坡角 β 从 45°增大到 60°后，部分条件下的目标函数随着 m_i 的增大而改变的规律出现先增大进而减小的趋势。且边坡坡角 β 和 GSI 越大，这种规律越发明显，说明在工况 1 条件下，边坡安全系数随参数 m_i 的改变而变化的规律与坡角 β 和 GSI 的取值有关。

从图 8-11～图 8-14 中可以看出，在工况 2 条件下，边坡安全系数随着坡体内部水位 L_{w2}/H 和参数 m_i 的增大而增大，且当边坡坡角 β 从 45°增大到 60°时，边坡安全系数随参数 m_i 的增大而改变的规律亦出现变化。即在一些情况下，如 $L_{w2}/H=0$ 和 0.2，$GSI=70$ 且 $B/H=2.0$ 等参数条件下，边坡安全系数不再单一地随着参数 m_i 的增大而增大，而是先减小后增大，即有峰值出现。

从图 8-15～图 8-18 中可以看出，在工况 3 条件下，边坡安全系数随着坡体内外部水位的上升和参数 m_i 的增大而增大，且水位越低，边坡安全系数随着参数 m_i 的增大而变化的规律越为显著。

8.3.4　算例分析

图 8-7～图 8-18 所示的稳定性图表使用方便。举例说明，对于一个具有下列参数的水位快速下降的岩质边坡：$L_{w1}/H=0.2$，边坡高度 $H=25$ m，宽度 $B=50$ m，坡角 $\beta=60°$，岩体单位重度 $\gamma=20$ kN/m^3，单轴抗拉强度 $\sigma_{ci}=20$ MPa，$GSI=30$ 及 $m_i=5.0$。该边坡的安全系数可采用如下方式获得：首先，可以根据已有参数计算 $\sigma_{ci}/\gamma H=20000/(20\times25)=40.0$，然后通过图 8-9 可快速获得该边坡的安全系数 $F_s=40/9.0\approx4.44$。

8.4 本章小结

借助广义切线技术与等效 Mohr-Coulomb 强度准则参数方法，本章分别对不同水位条件和地震荷载作用下的三维 Hoek-Brown 岩质边坡稳定性进行了分析。探讨了不同强度参数、三维边坡几何特性及不同水位条件和地震荷载作用对三维岩质边坡稳定性的影响，并绘制了相应的稳定性图解以方便工程初步设计。本章的主要工作与结论为：

(1)比较分析了广义切线技术与等效 Mohr-Coulomb 强度准则参数方法在处理 Hoek-Brown 强度准则时各自的优缺点。其中广义切线技术在保证计算结果为严格上限解的基础上，可以对不同的描述边坡稳定性的目标函数进行解答，但是由于一组新的自变量的出现，导致计算较为费时；而等效 Mohr-Coulomb 强度准则参数方法虽然较为省时，但是借助该方法获得的目标函数解答无法保证为严格的上限解，且该方法更多情况下仅用于边坡安全系数的计算。

(2)借助广义切线技术进行了坡体内部水位快速下降、外部水位被快速抽干后的坡体内部水位下降、坡体内外部水位同时下降三种不同条件下的三维岩质边坡稳定性分析，绘制了一系列的稳定性图表以方便工程初步设计应用，同时以算例分析的形式说明了稳定性图解的使用方法。

第 9 章
三维台阶型边坡安全系数

9.1　台阶型边坡稳定性研究现状

边坡稳定性评估是岩土工程中一个经典且长期存在的主题。人们已经开发了许多方法来研究边坡稳定性问题，可用的工作主要集中在二维平面应变机制上。然而，所有的边坡破坏在本质上都是三维的，尤其是有宽度限制的边坡；因此，三维分析可以提供更逼真的结果。Michalowski 和 Drescher（2009）指出，三维边坡的安全系数不小于相应二维边坡的安全系数。因此，在工程中进行三维稳定性分析非常有吸引力。现有的三维边坡稳定性评估方法主要分为以下三类：①传统极限平衡法；②数值方法；③极限分析。基于极限平衡法的三维边坡稳定性最常见的解决方案通常是各种二维切片方法的直接扩展。几乎所有这些都基于与内力分布相关的不同假设，这些假设并不容易被证明是合理的。包括有限元法和离散元法在内的数值方法也经常用于估计三维边坡稳定性。然而，当地质条件复杂时，数值模拟往往耗时且难以实施。最近，使用运动学极限分析方法的三维边坡稳定性分析受到了广泛关注。运动学极限分析的主要优点是它不需要对破坏面上的应力进行任何假设，并且可以自动确定临界破坏面。此外，它可以很容易地计算出仅涉及一个未知数（即安全系数）的功能平衡方程所确定的解。

采用运动学极限分析方法研究三维边坡稳定性时，主要难点是建立运动学容许破坏机制。过去，几种三维失效机制包括单块和多块机制、圆柱和球形机制，已被提议用于边坡稳定性分析。其中，三维牛角机制已被研究人员广泛地应用于研究影响边坡稳定性的不同因素。例如，Gao 等（2013）将牛角机制从坡底失效扩展到面失效和底座失效，并采用有效的优化方法来寻找关键失效机制。He 等（2015）采用三维牛角破坏机制来评估地震荷载作用下用一排桩加固的边坡的临界状态和随后的位移响应。Pan 等（2017）使用三维牛角机制研究了受渗流力影响的斜坡的稳定性。

在边坡和开挖工程中，台阶型边坡可以在一定程度上提高边坡的稳定性。本章旨在开发一种新方法，通过使用上限定理和力增加技术来估计三维台阶型边坡的安全系数。根据运动学极限分析，通过将内部能量耗散率等同于临界增加的外部功率来推导出关于安全系数的上限表达式。通过优化三维机制的变量获得可能的最低上限解。计算不同参数的数值结果并以图表和表格的形式列出，可作为实际应用中的有用工具。为了估计本方法的有效性，对 Michalowski 和 Drescher（2009）单级斜坡所获得的结果进行了反向计算。对比结果表明，他们所提出的方法是一种有效估计三维条件下台阶型斜坡的安全系数的方法。该研究以敏感性分析和说明性示例结束。

9.2 容重增加法

边坡坍塌是抗力和诱导力综合作用的结果。边坡安全分析主要有两种方法。一种是减少抗力，直至斜坡坍塌；另一种则是增加诱导力。强度折减法已被广泛用于计算安全系数。它将安全系数定义为临界折减系数，通过该系数划分土体的剪切强度以使边坡达到破坏状态。

除了强度折减法外，力增加技术对确定安全系数也是有效的。在力增加技术中，安全系数是通过逐渐增加外力直到首先产生边坡失稳来确定的，同时保持土体的强度不变。安全系数定义为失效时增加的外力与初始外力的比值，即

$$FS = \frac{\gamma_{cr}}{\gamma} = \frac{q_{cr}}{q} \tag{9-1}$$

式中：γ 和 q 是土体和附加物的初始单位重量；γ_{cr} 和 q_{cr} 是相应的破坏时增加的外力。众所周知，外功率是外力的线性组合。因此，安全系数等于临界外力所做的功率与实际外功率的比值。据此，由临界增加的外力所做的功的速率采取形式为：

$$W_{cr} = W \cdot FS \tag{9-2}$$

式中：W 是实际的外部的工作速度；W_{cr} 是重要的增加外功率。基于所述上限定理，等同临界外力(W_{cr})到内部能量耗散(D)的比率的工作速率并结合等式(9-2)，可得到：

$$FS = D/W \tag{9-3}$$

从式(9-3)可以看出，通过使用上限定理和力增加技术，安全系数定义为内部能量耗散率与外部功率之比。当采用三维牛角破坏机制来估计边坡稳定性时，力增加技术比强度折减法具有一些优势。力增加法可以提供安全系数的明确表达，而强度折减法只能提供关于安全系数的方程。在三维条件下，由于由内部能量耗散率和外部工作率导出的积分方程的复杂性，该方程求解非常耗时。

9.3 三维台阶型边坡安全系数的运动学解

极限分析的上限定理是边坡稳定性分析的有力工具。它指出，对于任何运动学允许的速度场，从工作能量平衡方程获得的结果大于或等于实际解。需要注意的是，上述允许项要求速度场应符合兼容性、速度边界条件和塑性流动规则。根据与莫尔-库仑屈服准则相关的流动规则，主应变率之间必须满足以下关系：

$$\dot{\varepsilon}_1+\dot{\varepsilon}_2+\dot{\varepsilon}_3+(\dot{\varepsilon}_1-\dot{\varepsilon}_2-\dot{\varepsilon}_3)\sin\varphi=0 \tag{9-4}$$

式中：φ 为土的内摩擦角。破坏块被速度不连续面隔开。当式(9-4)应用于速度不连续面时，会导致以下条件：

$$v_n = v_t \tan\varphi \tag{9-5}$$

式中：v_n 和 v_t 是沿不连续面速度的法向和切向分量。对于已被证明是二维机构中最关键的失效模式的旋转机构(Chen, 1975)，该条件通过采用对数螺旋曲线来满足。基于此，本章采用 Michalowski 和 Drescher (2009) 提出的三维牛角破坏机制，通常涉及两个对数螺旋。因此，以下推导和一些方程与 Michalowski 和 Drescher (2009) 提出的相同。由于在本分析中考虑了台阶型斜坡和地震作用，因此在其他方面得到了改进。方便起见，这些表达式在附录 A 中提供了详细参考，本章涉及的所有符号及其意义均在附录 B 中详细给出。

9.3.1　台阶型边坡破坏机理

在这项研究中考虑带台阶的斜面时，如图 9-1 所示，阶梯坡面由水平地面 AB、倾斜角为 β_1 的面 BC、宽度为 a 的水平台阶 CD 和倾斜角为 β_2 的面 DE 组成。所述带台阶的斜面的高度为 H，分为上部 $\alpha_1 H$ 和下部 $\alpha_2 H$，其中 α_1 和 α_2 是深度系数。所以有：

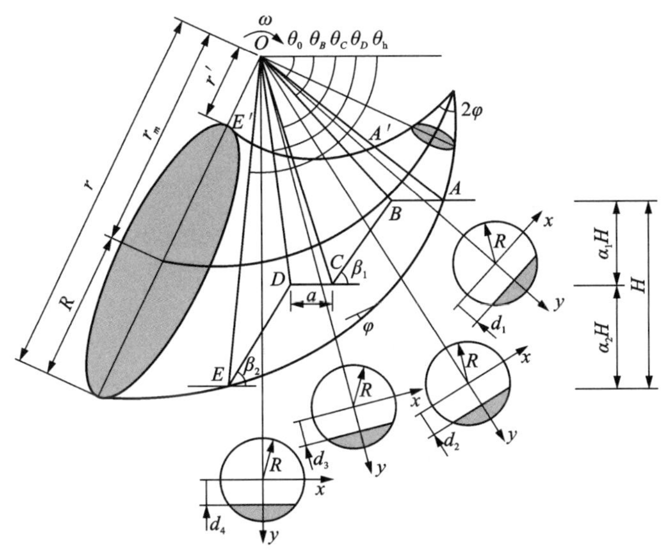

图 9-1　台阶型边坡三维牛角失效机理

$$\alpha_1 + \alpha_2 = 1 \tag{9-6}$$

所述三维牛角失效机理穿过顶部和带台阶的斜面的趾部。它有一个对称平面，可以完全由对称平面上的两个对数螺旋确定，其中 AE 为：

$$r = r_0 e^{(\theta-\theta_0)\tan\varphi} \tag{9-7}$$

而 $A'E'$ 为

$$r' = r_0' e^{-(\theta-\theta_0)\tan\varphi} \tag{9-8}$$

式中：$r_0 = OA$；$r_0' = OA'$；θ_0 如图 9-1 所示。三维牛角机制是通过围绕旋转中心 O 旋转一个直径逐渐增加的圆来产生的。因此，失效机制的形状为带顶角 2φ 的曲线锥体，所有横截面都是圆形。使用两个对数螺旋 r 和 r' 并在式(9-7)和式(9-8)中给出，旋转中心到圆心的距离 r_m 和圆的半径 R 有如下关系

$$r_m=(r+r')/2=r_0f_1 \tag{9-9}$$

$$R=(r-r')/2=r_0f_2 \tag{9-10}$$

式中：f_1 和 f_2 是附录 A 中给出的两个无量纲函数。

参考 Michalowski 和 Drescher（2009），将宽度为 b 的平面应变块插入机构中，如图 9-2 所示。这是为了确保在边坡宽度接近无穷大的情况下，三维机制趋于二维机制。在三维条件下，插入的宽度 b 可以由式(9-11)确定

$$b=B-B'_{max} \tag{9-11}$$

式中：B 为台阶型边坡的宽度；B'_{max} 为三维部分的最大宽度，如图 9-2 所示。当台阶型边坡和土壤的参数给定时，三维破坏机制可以完全由三个变量定义：角度 θ_0、角度 θ_h 和比率 r'_0/r_0。

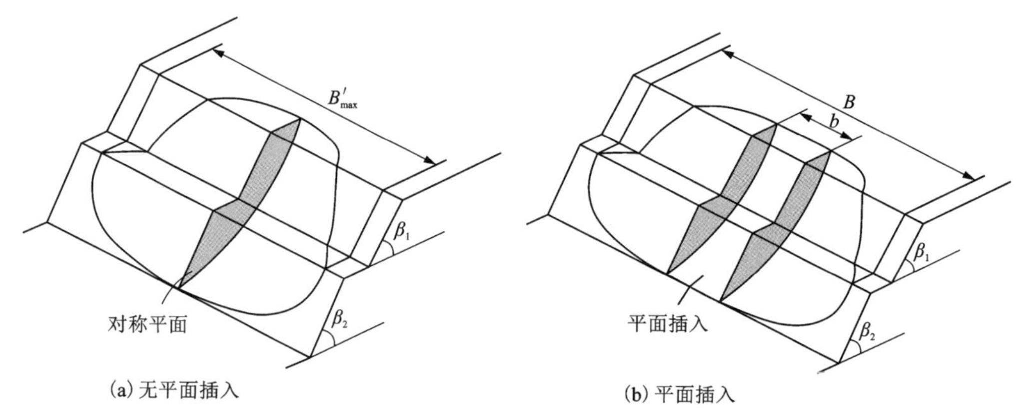

图 9-2 三维失效机理示意图

通过上限分析确定安全系数需要计算机构内部的能量耗散率(内能耗散率)D 和外力所做的功率(外功率)W。失效机制由两部分组成，即三维部分和平面插入部分。为了计算三维部分的内能耗散率和外功率，在任意截面建立局部坐标系，如图 9-1 所示。利用坐标系，可以表示机构中的速度为：

$$v=(r_m+y)\omega \tag{9-12}$$

式中：ω 是绕通过 O 点的旋转轴的旋转角速度。

9.3.2 内部能量耗散率的计算

内能耗散率 D 是沿速度不连续面和变形体积内的耗散率之和。沿速度不连续面耗散的内能率可以通过式(9-13)计算：

$$D_t=\iint_{S_t} cv\cos\varphi \mathrm{d}S_t \tag{9-13}$$

式中：c 是土壤的内聚力；S_t 是速度不连续面。而变形体积内的内能耗散率可以表示为：

$$D_V=\iiint_V c\cos\varphi(\dot{\varepsilon}_1-\dot{\varepsilon}_2-\dot{\varepsilon}_3)\mathrm{d}V \tag{9-14}$$

式中：V 是变形体积。在三维情况下，很难直接计算式(9-13)和式(9-14)中给出的积

分。Michalowski 和 Drescher（2009）建议的方法可用于解决这个问题。总内能耗散率 D 可以计算如下：

$$D = D_{\mathrm{t}} + D_{V} = c\cot\varphi \iint_{S_r} v \cdot n \mathrm{d}S_{\mathrm{r}} \tag{9-15}$$

式中：S_{r} 是台阶型坡面；v 是速度矢量；n 是垂直于坡面 S_{r} 的单位向外矢量。使用式(9-15)计算内部能量耗散率变得更加简单。应该注意的是，式(9-15)不能用于 $\varphi=0$ 的情况。

如图 9-1 所示，坡面 S_{r} 被分为四个部分：轨迹 AB、BC、CD 和 DE。D_{AB}、D_{BC}、D_{CD} 和 D_{DE} 被定义为分别表示沿轨迹 AB、BC、CD 和 DE 的内能量耗散率。对于三维部分，使用式(9-15)，内能量耗散率可以计算如下

$$D_{AB-3\mathrm{D}} = -2\omega c\cot\varphi \int_{\theta_0}^{\theta_B}\int_0^{x_1^*} r_0^2\sin^2\theta_0 \frac{\cos\theta}{\sin^3\theta}\mathrm{d}x\mathrm{d}\theta \tag{9-16}$$

$$D_{BC-3\mathrm{D}} = -2\omega c\cot\varphi \int_{\theta_B}^{\theta_C}\int_0^{x_2^*} r_0^2\sin^2(\theta_B+\beta_1) \frac{\sin^2\theta_0}{\sin^2\theta_B}\frac{\cos(\theta+\beta_1)}{\sin^3(\theta+\beta_1)}\mathrm{d}x\mathrm{d}\theta \tag{9-17}$$

$$D_{CD-3\mathrm{D}} = -2\omega c\cot\varphi \int_{\theta_C}^{\theta_D}\int_0^{x_3^*} (r_0\sin\theta_0 + \alpha_1 H)^2 \frac{\cos\theta}{\sin^3\theta}\mathrm{d}x\mathrm{d}\theta \tag{9-18}$$

$$D_{DE-3\mathrm{D}} = -2\omega c\cot\varphi \int_{\theta_D}^{\theta_{\mathrm{h}}}\int_0^{x_4^*} r_0^2 \mathrm{e}^{2(\theta_{\mathrm{h}}-\theta_0)\tan\varphi_f}\sin^2(\theta_{\mathrm{h}}+\beta_2) \frac{\cos(\theta+\beta_2)}{\sin^3(\theta+\beta_2)}\mathrm{d}x\mathrm{d}\theta \tag{9-19}$$

积分上限为 x_i^*，而 $x_i^* = \sqrt{R^2-d_i^2}\,(i=1,2,3,4)$，$x_i^*$ 和 d_i 的关系可以从图 9-1 中找到，可以通过下式计算：

$$d_1 = r_0\frac{\sin\theta_0}{\sin\theta} - r_{\mathrm{m}} = r_0 f_3 \tag{9-20}$$

$$d_2 = r_0\frac{\sin\theta_0\sin(\theta_B+\beta_1)}{\sin\theta_B\sin(\theta+\beta_1)} - r_{\mathrm{m}} = r_0 f_4 \tag{9-21}$$

$$d_3 = \frac{r_0\sin\theta_0 + \alpha_1 H}{\sin\theta} - r_{\mathrm{m}} = r_0 f_5 \tag{9-22}$$

$$d_4 = r_0\mathrm{e}^{(\theta_{\mathrm{h}}-\theta_0)\tan\varphi}\frac{\sin(\theta_{\mathrm{h}}+\beta_2)}{\sin(\theta+\beta_2)} - r_{\mathrm{m}} = r_0 f_6 \tag{9-23}$$

式中：f_3，f_4，f_5 和 f_6 是附录 A 中列出的无量纲函数。角度 θ_B，θ_C 和 θ_D 可由图 9-1 中的几何关系计算，可表示为：

$$\theta_B = \arccos\frac{\cos\theta_0 - \kappa_2}{\sqrt{\sin^2\theta_0 + (\cos\theta_0 - \kappa_2)^2}} \tag{9-24}$$

$$\theta_C = \arccos\frac{\cos\theta_0 - \kappa_2 - \alpha_1\cot\beta_1\kappa_1}{\sqrt{(\sin\theta_0 + \alpha_1\kappa_1)^2 + (\cos\theta_0 - \kappa_2 - \alpha_1\cot\beta_1\kappa_1)^2}} \tag{9-25}$$

$$\theta_D = \arccos\frac{\mathrm{e}^{(\theta_{\mathrm{h}}-\theta_0)\tan\varphi}\cos\theta_{\mathrm{h}} + \alpha_2\cot\beta_2\kappa_1}{\sqrt{(\mathrm{e}^{(\theta_{\mathrm{h}}-\theta_0)\tan\varphi}\sin\theta_{\mathrm{h}} - \alpha_2\kappa_1)^2 + (\mathrm{e}^{(\theta_{\mathrm{h}}-\theta_0)\tan\varphi}\cos\theta_{\mathrm{h}} + \alpha_2\cot\beta_2\kappa_1)^2}} \tag{9-26}$$

式中：$\kappa_1=H/r_0$ 和 $\kappa_2=L/r_0$ 是附录 A 中给出的两个无量纲函数，L 是对称平面上线段 AB 的长度，如图 9-1 所示。

式(9-16)、式(9-17)可以解析计算 x 上的积分，并采用数值方法计算对 θ 的积分。方便起见，三维部分的总内能耗散率为：

$$D_{3D}=D_{AB-3D}+D_{BC-3D}+D_{CD-3D}+D_{DE-3D}=\omega c\cot\varphi r_0^3 g_1 \tag{9-27}$$

式中：g_1 是附录 A 中给出的无量纲函数。对于平面插入部分，内能耗散率可表示为

$$D_{AB-\text{insert}}=-2\omega c\cot\varphi\int_{\theta_0}^{\theta_B}\int_0^{b/2}r_0^2\sin^2\theta_0\frac{\cos\theta}{\sin^3\theta}\mathrm{d}x\mathrm{d}\theta \tag{9-28}$$

$$D_{BC-\text{insert}}=-2\omega c\cot\varphi\int_{\theta_B}^{\theta_C}\int_0^{b/2}r_0^2\sin^2(\theta_B+\beta_1)\frac{\sin^2\theta_0}{\sin^2\theta_B}\frac{\cos(\theta+\beta_1)}{\sin^3(\theta+\beta_1)}\mathrm{d}x\mathrm{d}\theta \tag{9-29}$$

$$D_{CD-\text{insert}}=-2\omega c\cot\varphi\int_{\theta_C}^{\theta_D}\int_0^{b/2}(r_0\sin\theta_0+\alpha_1 H)^2\frac{\cos\theta}{\sin^3\theta}\mathrm{d}x\mathrm{d}\theta \tag{9-30}$$

$$D_{DE-\text{insert}}=-2\omega c\cot\varphi\int_{\theta_D}^{\theta_h}\int_0^{b/2}r_0^2 e^{2(\theta_h-\theta_0)\tan\varphi}\sin^2(\theta_h+\beta_2)\frac{\cos(\theta+\beta_2)}{\sin^3(\theta+\beta_2)}\mathrm{d}x\mathrm{d}\theta \tag{9-31}$$

因此，平面插入部分的总内能耗散率为：

$$D_{\text{insert}}=D_{AB-\text{insert}}+D_{BC-\text{insert}}+D_{CD-\text{insert}}+D_{DE-\text{insert}}=\omega c\cot\varphi r_0^3 g_2 \tag{9-32}$$

式中：g_2 是附录 A 中列出的无量纲函数。总内能耗散率为 D_{3D} 和 D_{insert} 之和，可表示为：

$$D=D_{3D}+D_{\text{insert}} \tag{9-33}$$

9.3.3 外功率的计算

台阶型边坡受土重、附加荷载和地震的作用。著名的 Mononobe-Okabe 模型(Mononobe 和 Matsuo，1929；Okabe，1924)及地震效应被准静态惯性力取代，其大小可以通过引入水平地震系数 k_h 来估计。在主动失效的情况下，k_h 的极限值为 0.2(Okamoto，1956)。通常，对外部功有贡献的力包括土壤自重 G、附加载荷 q 和水平地震载荷 k_hG 和 k_hq。台阶型边坡受力图如图 9-3 所示。外功率可以通过外力的点积与单元速度的和来计算，因此需要二重或三重积分。

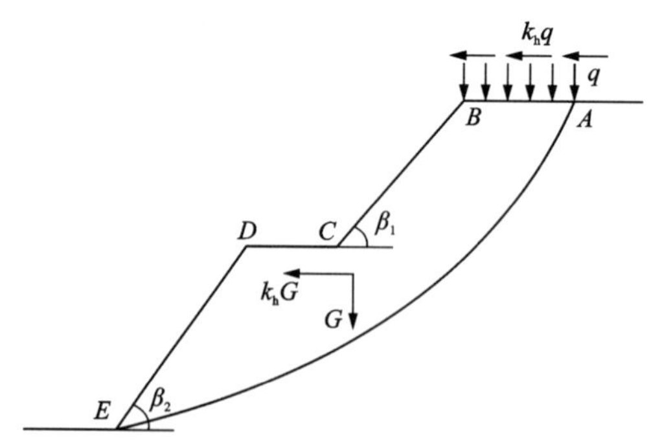

图 9-3 台阶型边坡受力图

对于三维部分，土壤重量所做的工可以计算为：

$$W_{\gamma-3D}=2\omega\gamma\left[\int_{\theta_0}^{\theta_B}\int_{d_1}^{R}\int_{0}^{x^*}(r_m+y)^2\cos\theta\mathrm{d}x\mathrm{d}y\mathrm{d}\theta+\int_{\theta_B}^{\theta_C}\int_{d_2}^{R}\int_{0}^{x^*}(r_m+y)^2\cos\theta\mathrm{d}x\mathrm{d}y\mathrm{d}\theta+\int_{\theta_C}^{\theta_D}\int_{d_3}^{R}\int_{0}^{x^*}(r_m+y)^2\cos\theta\mathrm{d}x\mathrm{d}y\mathrm{d}\theta+\int_{\theta_D}^{\theta_h}\int_{d_4}^{R}\int_{0}^{x^*}(r_m+y)^2\cos\theta\mathrm{d}x\mathrm{d}y\mathrm{d}\theta\right] \tag{9-34}$$

式中：上限 x^* 是关于 y 的函数，$x^*=\sqrt{R^2-y^2}$。积分可以对 x 和 y 进行分析，而对 θ 积分只能以数值方式估计。为方便起见，式(9-34)可以改写为：

$$W_{\gamma-3D}=\omega\gamma r_0^4g_3 \tag{9-35}$$

式中：g_3 是附录 A 中给出的无量纲函数。由三维部分的附加值引起的工作率可以计算为：

$$W_{q-3D}=2\omega q\int_{\theta_0}^{\theta_B}\int_{0}^{x_1^*}r_0^2\sin^2\theta_0\frac{\cos\theta}{\sin^3\theta}\mathrm{d}x\mathrm{d}\theta \tag{9-36}$$

类似地，可以简化为：

$$W_{q-3D}=\omega qr_0^3g_4 \tag{9-37}$$

式中：g_4 是附录 A 中给出的无量纲函数。对于三维部分，地震荷载的工作率可以表示为

$$W_{k_h-3D}=2\omega\gamma k_h\left[\int_{\theta_0}^{\theta_B}\int_{d_1}^{R}\int_{0}^{x^*}(r_m+y)^2\sin\theta\mathrm{d}x\mathrm{d}y\mathrm{d}\theta+\int_{\theta_B}^{\theta_C}\int_{d_2}^{R}\int_{0}^{x^*}(r_m+y)^2\sin\theta\mathrm{d}x\mathrm{d}y\mathrm{d}\theta+\int_{\theta_C}^{\theta_D}\int_{d_3}^{R}\int_{0}^{x^*}(r_m+y)^2\sin\theta\mathrm{d}x\mathrm{d}y\mathrm{d}\theta+\int_{\theta_D}^{\theta_h}\int_{d_4}^{R}\int_{0}^{x^*}(r_m+y)^2\sin\theta\mathrm{d}x\mathrm{d}y\mathrm{d}\theta\right]+2\omega qk_h\int_{\theta_0}^{\theta_B}\int_{0}^{x_1^*}r_0^2\frac{\sin^2\theta_0}{\sin^2\theta}\mathrm{d}x\mathrm{d}\theta \tag{9-38}$$

如上所述，对 θ 积分只能通过数值计算。因此，式(9-38)可以改写为：

$$W_{k_h-3D}=\omega\gamma k_hr_0^4g_5+\omega qk_hr_0^3g_6 \tag{9-39}$$

式中：g_5 和 g_6 是附录 A 中给出的无量纲函数。因此，三维部分的总外功率为：

$$W_{3D}=W_{\gamma-3D}+W_{q-3D}+W_{k_h-3D} \tag{9-40}$$

对于平面插入部分，外功率可以通过插入宽度 b 和二维平面应变结果的乘积来计算。由土重、附加荷载和地震荷载引起的平面插入部分的外功率可分别由以下关系计算：

$$W_{\gamma-\text{insert}}=\omega\gamma r_0^4g_7 \tag{9-41}$$

$$W_{q-\text{insert}}=\omega qr_0^3g_8 \tag{9-42}$$

$$W_{k_h-\text{insert}}=\omega\gamma k_hr_0^4g_9+\omega qk_hr_0^3g_{10} \tag{9-43}$$

式中：g_7，g_8，g_9 和 g_{10} 是附录 A 中给出的无量纲函数。因此，平面插入部分的总工作率可以写为：

$$W_{\text{insert}}=W_{\gamma-\text{insert}}+W_{q-\text{insert}}+W_{k_h-\text{insert}} \tag{9-44}$$

总外部工作率 W 是 W_{3D} 和 W_{insert} 的总和，即

$$W=W_{3D}+W_{\text{insert}} \tag{9-45}$$

9.3.4 安全系数的推导

对于无量纲运算，引入三个无量纲参数，即内聚系数 λ_c、超载系数 λ_q 和步宽系数 λ_a 分别表示内聚力 c、超载 q 和步长 a，分别由以下表达式定义：

$$\lambda_c = c/(\gamma H) \tag{9-46}$$

$$\lambda_q = q/(\gamma H) \tag{9-47}$$

$$\lambda_a = a/H \tag{9-48}$$

结合式(9-3)和前几节给出的内能耗散率和外功率的方程，关于安全系数的目标函数可以表示为：

$$FS = \frac{\lambda_c \cot\varphi(g_1 + g_2)\kappa_1}{g_3 + g_7 + \lambda_q \kappa_1(g_4 + g_8) + k_h(g_5 + g_9) + k_h \lambda_q \kappa_1(g_6 + g_{10})} \tag{9-49}$$

根据极限分析的上限定理，如果失效机制有效，则由式(9-49)计算的结果大于或等于实际解。为了使机构运动学可接受，必须满足以下约束条件：

$$\begin{cases} 0 < \theta_0 < \theta_B < \theta_C \leqslant \theta_D < \theta_h < \pi \\ 0 < r_0'/r_0 < 1 \\ 0 < \alpha_1 < 1 \\ b \geqslant 0 \end{cases} \tag{9-50}$$

当给定阶梯坡度和土壤参数时，通过最小化方程式(9-49)中关于三个变量 θ_0，θ_h 和 r_0'/r_0 的目标函数，可以从优化方案中寻找所有可能结果中的最低上界解。

9.4 结果和讨论

9.4.1 结果对比

很明显，在 $\lambda_a = 0$ 和 $\beta_1 = \beta_2$ 的情况下，图 9-1 所示的台阶型边坡将减少为单级边坡。Michalowski 和 Drescher (2009) 在没有考虑地面超载和地震效应的情况下研究了这种特殊情况，在论文中，我们计算了三维单级边坡的临界高度 H_{cr}，并将结果以稳定因子 N_n 的形式列出，$N_n = \gamma H_{cr}/c$。

众所周知，具有临界高度的边坡处于破坏极限状态，其中安全系数等于 1.0。为了验证本方法的有效性，将内聚系数的值 λ_c 计算为从 Michalowski 和 Drescher (2009) ($\lambda_c = 1/N_n$) 获得的稳定性因子 N_n 的倒数，并将计算结果引入式(9-49)用所提出的方法估计具有临界高度的单级边坡的安全系数，对应于 $\lambda_a = 0.0$、$\lambda_q = 0.0$、$k_h = 0.0$ 和 $\varphi = 30°$，分析结果见表 9-1，可以看出，得到的结果非常接近 1.0。上述结果表明，本方法是估计三维台阶型边坡的安全系数的有效技术。

表 9-1　本解决方案与 Michalowski 和 Drescher（2009）结果之间的比较，对应于 $\lambda_a=0.0$、$\lambda_q=0.0$、$k_h=0.0$ 和 $\varphi=30°$

宽高比	结果	倾斜角 $\beta_1=\beta_2$			
		45°	60°	75°	90°
1.0	参考的影响因子	54.850	23.835	14.701	11.028
	本章的安全系数	0.9683	0.9911	1.0194	0.9561
1.5	参考的影响因子	46.845	20.773	12.976	8.935
	本章的安全系数	0.9658	0.9829	0.9928	1.0080
2.0	参考的影响因子	42.732	19.103	12.109	8.604
	本章的安全系数	0.9902	1.0015	0.9938	0.9698
3.0	参考的影响因子	39.956	17.873	11.184	7.974
	本章的安全系数	0.9972	1.0065	1.0062	0.9699
5.0	参考的影响因子	37.994	17.063	10.628	7.266
	本章的安全系数	1.0019	1.0060	1.0066	1.0029
10.0	参考的影响因子	36.703	16.527	10.265	6.944
	本章的安全系数	1.0039	1.0035	1.0051	1.0050

9.4.2　参数效应的讨论

为了分析参数对三维台阶型边坡的安全系数的影响，计算了不同参数的结果并以图形的形式呈现。图 9-4 说明了对应于黏聚系数 $\lambda_c=0.1$ 的情况下，台阶宽度系数 λ_a、内摩擦角 φ、深度系数 α_1、地震系数 k_h、超载系数 λ_q、倾斜角 β_1 和倾斜角 β_2 的影响。

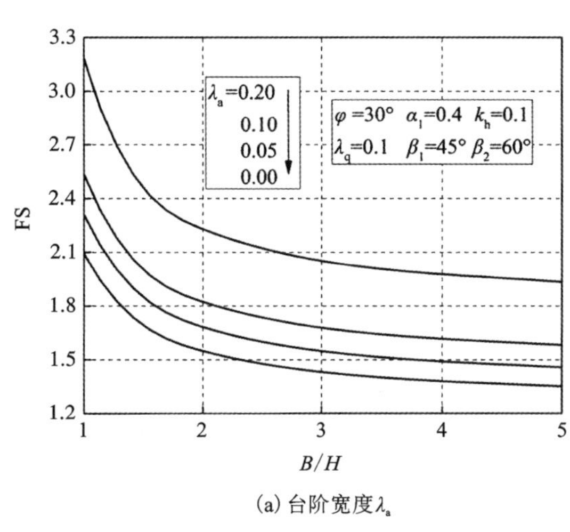

(a) 台阶宽度 λ_a

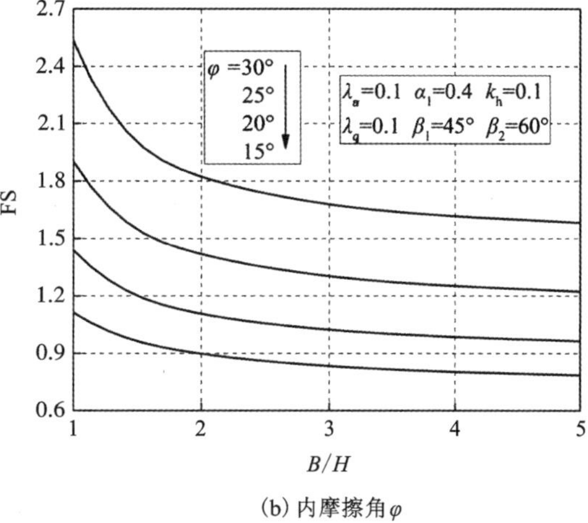

(b) 内摩擦角 φ

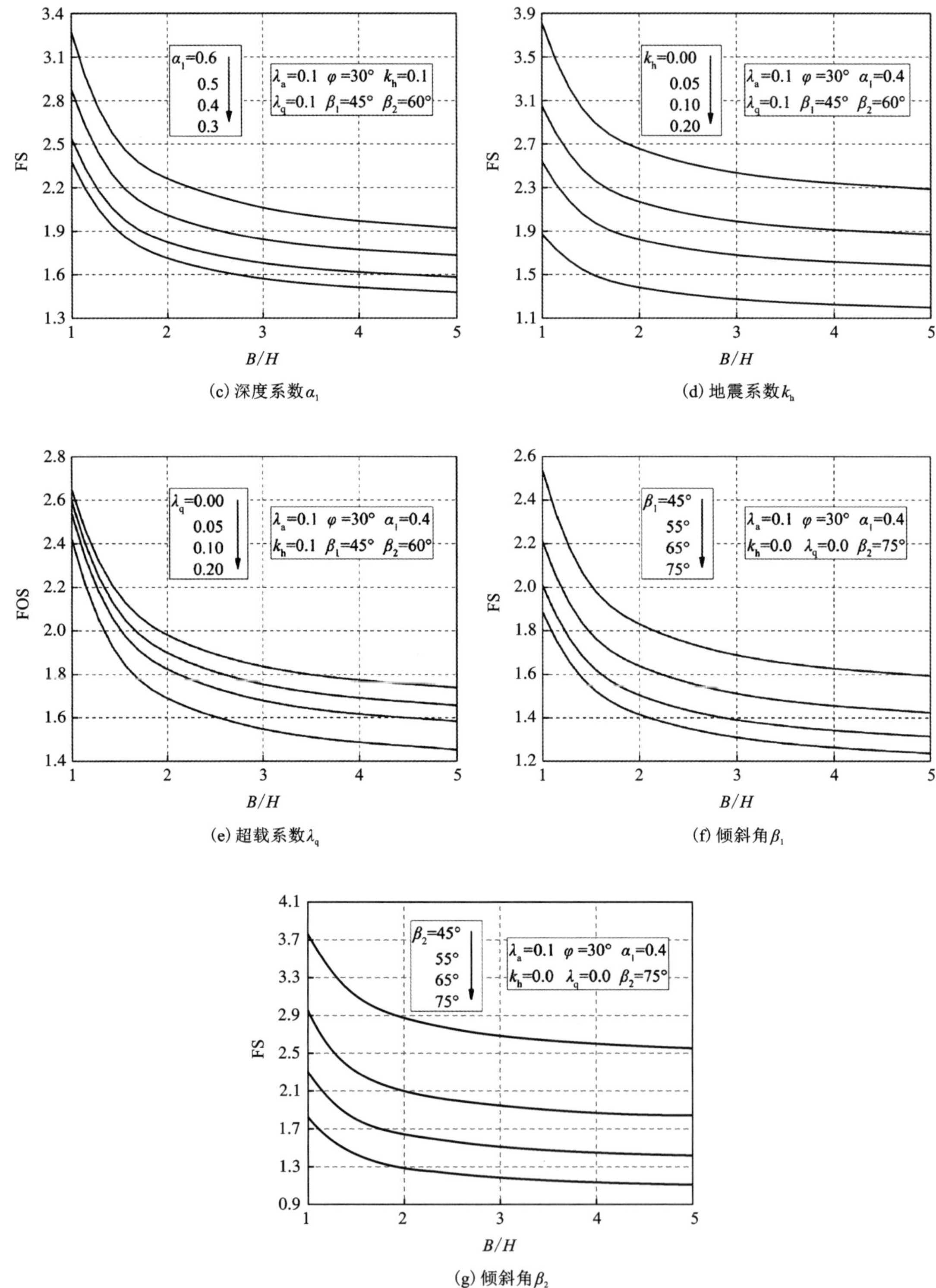

(c) 深度系数α_1

(d) 地震系数k_h

(e) 超载系数λ_q

(f) 倾斜角β_1

(g) 倾斜角β_2

图 9-4 不同参数对三维台阶型边坡稳定性的影响(λ_c=0.1)

从图 9-4 可以看出，当 B/H 比值小时，安全系数值变化明显。安全系数的值随着 B/H 比率的增加而减小，并趋向于二维解。结果表明，台阶宽度 λ_a、内摩擦角 φ、深度系数 α_1 的增加对边坡稳定性有良好的影响，而地震系数 k_h、超载系数 λ_q、倾斜角 β_1 和倾斜角 β_2 的增加有相反的效果。

特别是，从图 9-4(a)可以发现，边坡台阶的存在可以大大提高斜坡的安全系数。例如，没有台阶的边坡的安全系数是 1.5493($\lambda_a=0.0$)，而带有台阶的边坡的安全系数是 2.2295($\lambda_a=0.2$)，对应于 $\varphi=30°$、$\alpha_1=0.4$、$k_h=0.1$、$\lambda_q=0.1$、$\beta_1=45°$和 $\beta_2=60°$。

台阶型边坡在边坡和开挖工程中得到了广泛的应用，有利于提高边坡稳定性。本章在三维牛角破坏机制的基础上，提出了一种估计三维台阶型边坡安全系数的新方法。结合力增加技术和上限定理，安全系数被确定为内能耗散率与外功率的比率。通过引入水平地震系数，将地震效应包括在分析中。根据外功率和内能耗散率的计算，推导出三维台阶型边坡安全系数的显式表达式，对岩土工程师的应用有很大的帮助。最低上限解是从寻求安全系数最小值的优化规划中获得的。对当前结果与先前发布的解决方案进行比较，以评估所提出方法的有效性。进行敏感性分析以讨论不同参数对三维台阶型边坡的安全系数的影响。举例说明在坡底与坡顶的相对位置固定的情况下，如何获得合适的台阶型边坡形状。最后，为了在台阶边坡开挖中实际使用的简单性，给出了一些具有不同参数的斜坡的安全系数的表格。

9.4.3　算例分析

下面的算例说明了当坡顶(B 点)和坡底(E 点)的相对位置固定时，如何寻找合适的斜坡形状。这种情况在开挖边坡受相邻结构限制时很常见。方便起见，引入一个新的参数 β 为直线 BE 与水平地面的夹角，如图 9-5 所示。此时，步宽系数 λ_a 可由式(9-15)计算：

$$\lambda_a=\cot\beta-\alpha_1\cot\beta_1-\alpha_2\cot\beta_2 \tag{9-51}$$

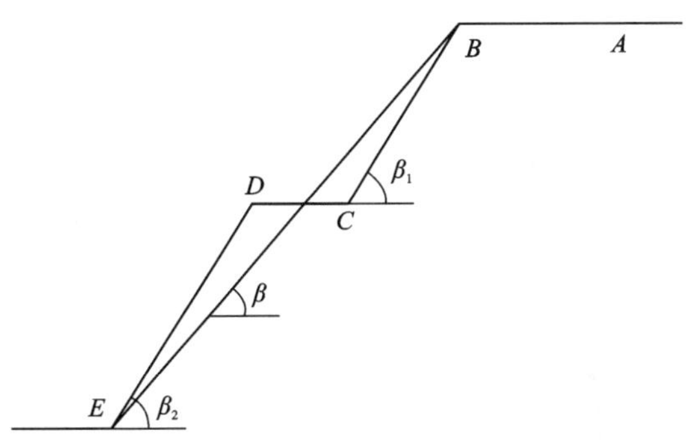

图 9-5　算例图

使用参数 $\lambda_c=0.1$、$\lambda_q=0.0$、$k_h=0.0$、$\varphi=20°$、$\beta=45°$和倾斜角 $\beta_1=\beta_2$ 来计划开挖。计算了不同倾斜角 $\beta_1(\beta_2)$ 和深度系数 α_1 的安全系数值并列于表 9-2 中。请注意，当 $\beta_1=\beta_2=\beta$ 时，边坡是单级的，并且在这种情况下，α_1 对安全系数没有影响。从表 9-2 中可以看出，安全系数随 $\beta_1(\beta_2)$ 的增加而增加。这主要是因为 $\beta_1(\beta_2)$ 的增加对 λ_a 的增加有有利的影响，即有利于提高边坡的稳定性。此外，当 α_1 较小时，安全系数随 α_1 的增加而增加，而当

α_1>0.6 时，安全系数略有下降。因此，建议在一定条件下，步长越大，安全系数越大，而深度系数 α_1 在 0.6~0.7 范围内较为合适。

表 9-2 边坡的安全系数在给定坡底和坡顶的位置，对应于 $\lambda_c=0.1$、$\lambda_q=0.0$、$k_h=0.0$、$\varphi=20°$和 $\beta=45°$

宽高比	深度系数 α_1	倾斜角 $\beta_1=\beta_2$			
		45°	50°	55°	60°
2	0.3	1.9556	2.0246	2.0513	2.0632
	0.4		2.0606	2.1827	2.2702
	0.5		2.1081	2.2869	2.4872
	0.6		2.1281	2.3296	2.6007
	0.7		2.1120	2.3148	2.6129
5	0.3	1.7405	1.7590	1.7655	1.7684
	0.4		1.8062	1.8967	1.9615
	0.5		1.8484	1.9706	2.1160
	0.6		1.8681	2.0170	2.2005
	0.7		1.8639	2.0108	2.1958
10	0.3	1.6771	1.6849	1.6881	1.6888
	0.4		1.7344	1.8125	1.8791
	0.5		1.7735	1.8849	2.0202
	0.6		1.7946	1.9276	2.0999
	0.7		1.7908	1.9253	2.0913
2D	0.3	1.6177	1.6181	1.6183	1.6159
	0.4		1.6685	1.7370	1.8052
	0.5		1.7057	1.8076	1.9354
	0.6		1.7257	1.8478	2.0118
	0.7		1.7233	1.8485	2.0001

9.4.4 设计图表

三维条件下台阶型边坡安全系数的值对应于 $\lambda_c=0.1$、$\lambda_q=0.0$、$\alpha_1=0.4$、$\beta_1=45°$、$\beta_2=60°$、φ 为 15°~30°、k_h 为 0.0~0.2 及 λ_a 为 0.0~0.2，用本方法计算得到安全系数并列于表 9-3~表 9-5 中。这些表格给出了实际参数范围内的安全系数，可作为台阶型边坡安全分析的实用工具。

表 9-3　$\lambda_c=0.1$、$\lambda_q=0.0$、$\alpha_1=0.4$、$\beta_1=45°$、$\beta_2=60°$和 $\lambda_a=0.0$ 条件下的安全系数

地震系数	宽高比	内摩擦角			
		15°	20°	25°	30°
0.0	1.0	1.3847	1.7528	2.276	3.0063
	1.5	1.2103	1.4953	1.9008	2.4890
	2.0	1.1308	1.3925	1.7602	2.3020
	3.0	1.0597	1.3030	1.6416	2.1472
	5.0	1.0061	1.2377	1.5594	2.0381
	10.0	0.9685	1.1916	1.5034	1.9639
	2D	0.9333	1.1486	1.4495	1.8973
0.1	1.0	1.1267	1.3865	1.754	2.1901
	1.5	0.9963	1.1971	1.4745	1.8362
	2.0	0.9339	1.1179	1.3665	1.6951
	3.0	0.8760	1.0469	1.2721	1.5774
	5.0	0.8318	0.9931	1.2048	1.4964
	10.0	0.7984	0.9542	1.1587	1.4419
	2D	0.7664	0.9181	1.1162	1.3925
0.2	1.0	0.9385	1.1352	1.3836	1.6964
	1.5	0.8320	0.9825	1.1731	1.4202
	2.0	0.7821	0.9167	1.0893	1.3136
	3.0	0.7342	0.8568	1.0164	1.2238
	5.0	0.6969	0.8125	0.9644	1.1616
	10.0	0.6697	0.7812	0.9287	1.1196
	2D	0.6436	0.7518	0.8957	1.0814

表 9-4 $\lambda_c=0.1$、$\lambda_q=0.0$、$\alpha_1=0.4$、$\beta_1=45°$、$\beta_2=60°$和 $\lambda_a=0.1$ 的条件下的安全系数

地震系数	宽高比	内摩擦角			
		15°	20°	25°	30°
0.0	1.0	1.5592	2.0561	2.8016	3.9810
	1.5	1.3437	1.7199	2.2752	3.1625
	2.0	1.2493	1.5908	2.0895	2.8915
	3.0	1.1649	1.4781	1.9371	2.6726
	5.0	1.1035	1.3982	1.8309	2.5228
	10.0	1.0607	1.3428	1.758	2.4244
	2D	1.0207	1.2926	1.6923	2.3366
0.1	1.0	1.2405	1.5847	2.0336	2.6463
	1.5	1.0808	1.3383	1.6757	2.1562
	2.0	1.0104	1.2383	1.5447	1.9797
	3.0	0.9431	1.1502	1.4354	1.8358
	5.0	0.8919	1.0868	1.3582	1.7385
	10.0	0.8550	1.0429	1.3060	1.6739
	2D	0.8199	1.0022	1.2582	1.6158
0.2	1.0	1.0300	1.2577	1.576	1.9481
	1.5	0.8962	1.0696	1.3085	1.6033
	2.0	0.8348	0.9925	1.209	1.4807
	3.0	0.7774	0.9236	1.1207	1.3797
	5.0	0.7340	0.8723	1.0590	1.3051
	10.0	0.7029	0.8366	1.0155	1.2554
	2D	0.6732	0.8032	0.9761	1.2109

表 9-5　$\lambda_c=0.1$、$\lambda_q=0.0$、$\alpha_1=0.4$、$\beta_1=45°$、$\beta_2=60°$和 $\lambda_a=0.2$ 的条件下的安全系数

地震系数	宽高比	内摩擦角			
		15°	20°	25°	30°
0.0	1.0	1.7670	2.4522	3.5250	5.4731
	1.5	1.5045	1.9966	2.7766	4.2087
	2.0	1.3948	1.8305	2.5262	3.8065
	3.0	1.2965	1.6919	2.3254	3.4977
	5.0	1.2227	1.5966	2.1914	3.2979
	10.0	1.1715	1.5325	2.1032	3.1689
	2D	1.1245	1.4734	2.0245	3.0557
0.1	1.0	1.3739	1.8001	2.4004	3.2478
	1.5	1.1790	1.4897	1.9428	2.5919
	2.0	1.0967	1.3722	1.7749	2.3714
	3.0	1.0180	1.2719	1.6388	2.1972
	5.0	0.9599	1.2013	1.5471	2.0820
	10.0	0.9192	1.1533	1.4864	2.0067
	2D	0.8811	1.1094	1.4321	1.9399
0.2	1.0	1.1103	1.4127	1.7984	2.2696
	1.5	0.9593	1.1809	1.4615	1.8411
	2.0	0.8892	1.0884	1.3432	1.6963
	3.0	0.8251	1.0062	1.2462	1.569
	5.0	0.7777	0.9487	1.1802	1.4823
	10.0	0.7441	0.9078	1.1314	1.4257
	2D	0.7124	0.8700	1.0843	1.3755

从表中发现，当 B/H 值从 1.0 增加到 10.0 时，安全系数出现急剧下降，B/H 值达到 10.0 后，安全系数几乎不会随着 B/H 值的增加而变化。例如，在表 9-4 中，在 $\varphi=25°$ 和 $k_h=0.1$ 时，通过将 B/H 值从 1.0 增加到 10.0，安全系数从 2.0336 降至 1.3060，降低了 35.7%。然而，随着 B/H 值从 10.0 上升到无穷大(二维)，安全系数仅下降 3.7%。这表明对于 B/H 值低于 10.0 的斜坡，需要考虑三维效应，而 B/H 值超过 10.0 三维斜坡的稳定性估计可以被视为传统的二维问题。

9.5 本章小结

本章开发了一种基于三维牛角机制来估计台阶型边坡安全系数的新方法。根据上限定理和力增加技术，得到了安全系数的显式表达式，这对岩土工程的应用很有帮助。优化方案寻求所有可能结果中的最低解决方案。为了估计所提方法的有效性，将 Michalowski 和 Drescher（2009）得到的单级边坡结果用本方法进行反算，并进行对比分析。结果表明所提出的方法是有效的。本章将 Michalowski 和 Drescher（2009）之前的工作扩展到三维台阶型斜坡的安全系数估计，并考虑了超载和地震载荷作用。

安全系数的估计在边坡和开挖工程中很重要。安全系数的值取决于土壤特性和三维台阶型斜坡的几何形状。进行敏感性分析以讨论不同参数对安全系数的影响。计算结果表明，安全系数随着台阶宽度系数 λ_a、内摩擦角 φ 和深度系数 α_1 的增加而增加，而随着地震系数 k_h、超载系数 λ_q、倾斜角 β_1 和倾斜角 β_2 的增加而减小。计算结果还表明，当 B/H 值小于 10.0 时，应考虑三维效应，大于 10.0 时此效应可以忽略。

第 10 章 三维二级边坡稳定性分析

较之单级边坡，由于坡角被削减，二级边坡更具稳定性。因此，进行单级与二级边坡的稳定性对比和二级边坡的稳定性评价是具有现实意义的问题。本部分将对强度非均质条件下的三维二级边坡稳定性问题进行探讨，以揭示削减坡角这一手段在边坡稳定性提高中的作用。

10.1 三维二级边坡破坏模式

三维二级非均质边坡的旋转破坏模式如图 10-1 所示，其中 β_1 和 β_2 分别为上、下坡角，α_1 和 α_2 分别为与二级边坡上、下台阶相对应的深度系数，$\alpha_1+\alpha_2=1.0$。

根据图 10-1 所示破坏模式的几何关系，有：

$$\frac{H}{r_0}=\mathrm{e}^{(\theta_h-\theta_0)\tan\varphi}\sin\theta_h-\sin\theta_0 \tag{10-1}$$

$$\frac{L}{r_0}=\cos\theta_0-\cos\theta_h\mathrm{e}^{(\theta_h-\theta_0)\tan\varphi}-(\alpha_1\cot\beta_1+\alpha_2\cot\beta_2)\left[\mathrm{e}^{(\theta_h-\theta_0)\tan\varphi}\sin\theta_h-\sin\theta_0\right] \tag{10-2}$$

与单级边坡的处理方式类似，为解决曲线圆锥破坏模式宽度有限这一问题，在图 10-1 中破坏模式的对称面上插入一宽度为 b 的二维平面应变块体，使边坡的总宽度为 B，如图 10-2 所示。当 $b\to\infty$ 时，三维边坡稳定性解答与二维平面应变条件下的解一致。

10.2 能耗计算

为建立三维二级边坡的能量平衡方程，首先需要对各项外功率和内能耗散率进行计算。图 10-1 所示破坏模式中的外功率为土体重力功率，而内能耗散率则发生在边坡的潜在滑裂面上。

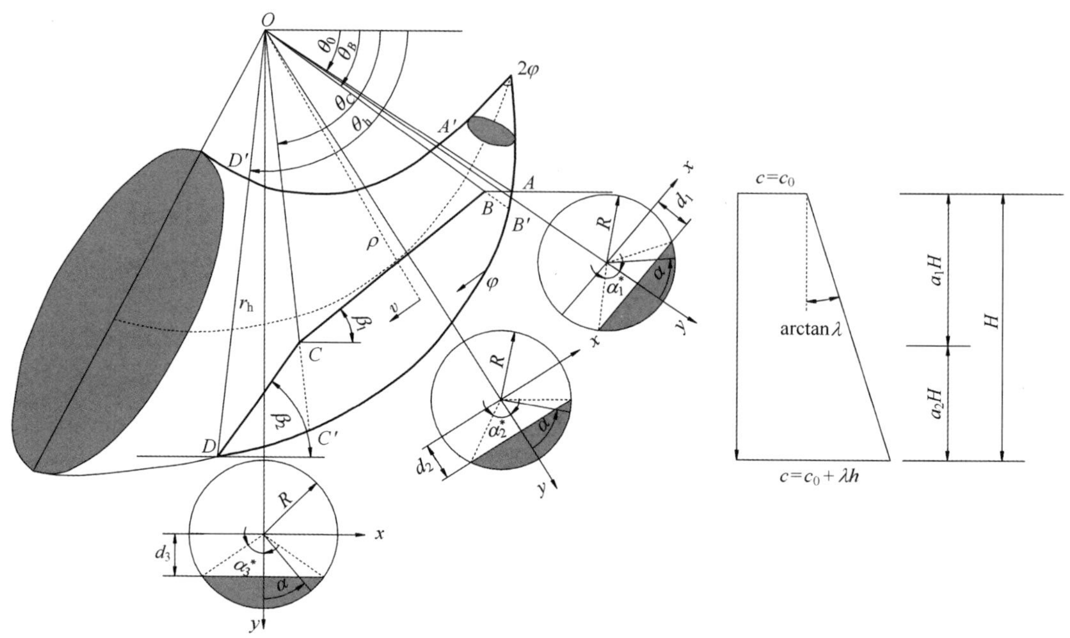

图 10-1　三维二级非均质边坡的旋转破坏模式

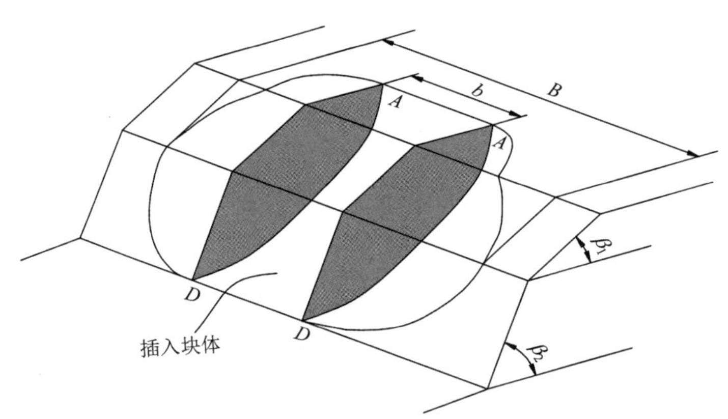

图 10-2　含插入块体的三维二级非均质边坡破坏模式

10.2.1　内能耗散功率

图 10-1 所示的破坏模式的内能耗散率可表示为：

$\theta_0-\theta_B$ 段：

$$D_{AB-3D} = 2\omega\int_{\theta_0}^{\theta_B}\int_{0}^{\alpha_1^*}(c_0 + \lambda h)R(r_m + R\cos\alpha)^2\mathrm{d}\alpha\mathrm{d}\theta = \omega c_0 r_0^3 g_{11} + \omega\lambda r_0^4 g_{12} \quad (10-3)$$

$\theta_B-\theta_C$ 段：

$$D_{BC-3D} = 2\omega\int_{\theta_B}^{\theta_C}\int_0^{\alpha_2^*}(c_0 + \lambda h)R(r_m + R\cos\alpha)^2\mathrm{d}\alpha\mathrm{d}\theta = \omega c_0 r_0^3 g_{13} + \omega\lambda r_0^4(g_{14} + g_{15}) \tag{10-4}$$

θ_C-θ_h 段：

$$D_{CD-3D} = 2\omega\int_{\theta_C}^{\theta_D}\int_0^{\alpha_3^*}(c_0 + \lambda h)R(r_m + R\cos\alpha)^2\mathrm{d}\alpha\mathrm{d}\theta = \omega c_0 r_0^3 g_{16} + \omega\lambda r_0^4(g_{17} + g_{18}) \tag{10-5}$$

宽度为 b 的插入块体的内能耗散率可表示为：

$$D_{\text{insert}} = b\int_{S_t} c\cos\varphi[v]\mathrm{d}S_t = \omega c_0 r_0{}^3 g_{19} + \omega\lambda r_0^4 g_{20} \tag{10-6}$$

综上，图 10-9 所示的三维二级边坡旋转破坏机构的内能耗散功率可表示为：

$$D = \omega c_0 r_0{}^3(g_{11} + g_{13} + g_{16} + g_{19}) + \omega\lambda r_0^4(g_{12} + g_{14} + g_{15} + g_{17} + g_{18} + g_{20}) \tag{10-7}$$

式中：g_{ij}，f_{ij} 为无量纲表达式，见附录 C。

10.2.2　土体重力功率

图 10-1 所示三维二级边坡曲线圆锥破坏机构的土体重力功率可表示为：

$$W_{\gamma-3D} = 2\omega\gamma\left[\int_{\theta_0}^{\theta_B}\int_0^{x_1^*}\int_{d_1}^{y^*}(r_m + y)^2\cos\theta\mathrm{d}x\mathrm{d}y\mathrm{d}\theta + \int_{\theta_B}^{\theta_C}\int_0^{x_2^*}\int_{d_2}^{y^*}(r_m + y)^2\cos\theta\mathrm{d}x\mathrm{d}y\mathrm{d}\theta + \int_{\theta_C}^{\theta_h}\int_0^{x_3^*}\int_{d_3}^{y^*}(r_m + y)^2\cos\theta\mathrm{d}x\mathrm{d}y\mathrm{d}\theta\right] \tag{10-8}$$

经过积分计算，式(10-7)可简化表示为：

$$W_{\gamma-3D} = \gamma\omega r_0^4 g_{21} \tag{10-9}$$

宽度为 b 的插入块体的土体重力功率为：

$$W_{\gamma-\text{insert}} = \gamma\omega r_0^4 g_{22} \tag{10-10}$$

结合式(10-8)和式(10-9)，可以获得三维二级边坡土体总的重力功率：

$$W_{\gamma-\text{insert}} = W_{\gamma-3D} + W_{\gamma-\text{insert}} = \gamma\omega r_0^4(g_{21} + g_{22}) \tag{10-11}$$

10.2.3　地震荷载功率

地震荷载在图 10-1 所示的三维二级边坡曲线圆锥破坏模式上所做功率为：

$$W_{k_h-3D} = 2k_h\omega\gamma\left[\int_{\theta_0}^{\theta_B}\int_0^{x_1^*}\int_{d_1}^{y^*}(r_m + y)^2\sin\theta\mathrm{d}x\mathrm{d}y\mathrm{d}\theta + \int_{\theta_B}^{\theta_C}\int_0^{x_2^*}\int_{d_2}^{y^*}(r_m + y)^2\sin\theta\mathrm{d}x\mathrm{d}y\mathrm{d}\theta + \int_{\theta_C}^{\theta_h}\int_0^{x_3^*}\int_{d_3}^{y^*}(r_m + y)^2\sin\theta\mathrm{d}x\mathrm{d}y\mathrm{d}\theta\right] \tag{10-12}$$

经过积分计算，上式可简化为：

$$W_{k_h-3D} = k_h\gamma\omega r_0^4 g_{23} \tag{10-13}$$

地震荷载在宽度为 b 的插入块体上所做功率可表示为：

$$W_{k_h-\text{insert}} = k_h\gamma\omega r_0^4 g_{24} \tag{10-14}$$

结合式(10-12)和式(10-13)，可以获得总的地震荷载功率：

$$W_{k_h} = W_{k_h-3D} + W_{k_h-\text{insert}} \tag{10-15}$$

10.2.4 目标函数求解

将内能耗散功率以及土体重力功率和地震荷载功率引入二级边坡的能量平衡方程中，得到：

$$W_\gamma + W_{k_h} = D_{int} \tag{10-16}$$

通过对式(10-16)的求解，可以获得二级边坡临界高度解析式：

$$H = \frac{c_0}{\gamma}\left[e^{(\theta_h-\theta_0)\tan\varphi}\sin\theta_h - \sin\theta_0\right]\frac{g_1+g_3+g_6+g_9}{g_{11}+g_{12}+k_h(g_{13}+g_{14})-\frac{\lambda}{\gamma}(g_2+g_4+g_5+g_7+g_8+g_{10})} \tag{10-17}$$

根据图 10-1 和图 10-2 所示几何关系，对二级边坡临界高度进行最优化求解时，须遵守的约束条件为：

$$\begin{cases} 0 < \theta_0 < \theta_B < \theta_C < \theta_h < \pi \\ \alpha_1 + \alpha_2 = 1 \\ 0 < r_0'/r_0 < 1 \\ 0 < \varphi < \pi/2 \\ 0 < (b + B'_{max})/H < B/H \end{cases} \tag{10-18}$$

10.3 对比验证

为验证本部分计算方法的有效性，令边坡坡角 $\beta_1=\beta_2$，非均质系数 $\lambda=0$，将二级边坡退化为单级边坡。在此条件下将本部分的计算结果与 Michalowski 和 Drescher 的计算结果进行比较，如图 10-3 所示。

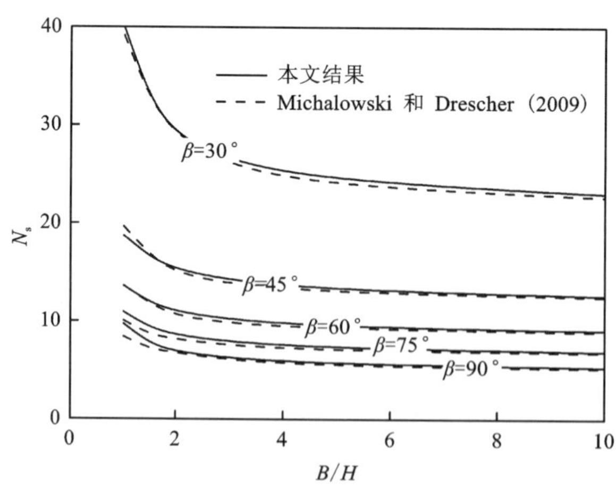

图 10-3 与 Michalowski 和 Drescher 计算结果的对比分析

从图 10-3 中可见，本章的计算结果与 Michalowski 和 Drescher 所获取的结果吻合良好，证实了本部分采用方法的有效性。

10.4　参数分析

图 10-4 和图 10-5 为三维二级边坡非均质系数和二级边坡上坡角两因素对三维二级非均质边坡稳定性的影响分析。具体的参数取值为：土体重度 $\gamma=20\ \text{kN/m}^3$、土体坡顶黏聚力 $c_0=20\ \text{kPa}$、内摩擦角 $\varphi=15°$。此外，图 10-4 中上、下边坡坡角为 $\beta_1=\beta_2=60°$，横向地震荷载系数 $k_h=0$，土体非均质系数 $\lambda=0\sim0.4$；图 10-5 中横向地震荷载系数 $k_h=0.2$，土体非均质系数 $\lambda=0.2$，深度系数 $\alpha_1=0.4$，下台阶坡角 $\beta_2=80°$，上台阶坡角 $\beta_1=40°\sim80°$。

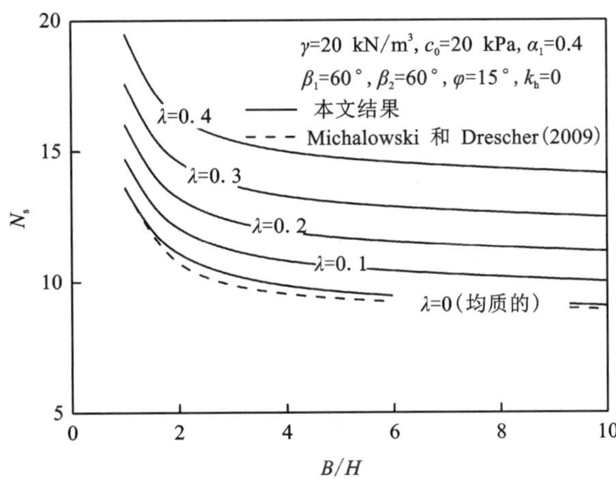

图 10-4　不同 λ 条件下边坡稳定性系数随 *B/H* 的变化规律分析

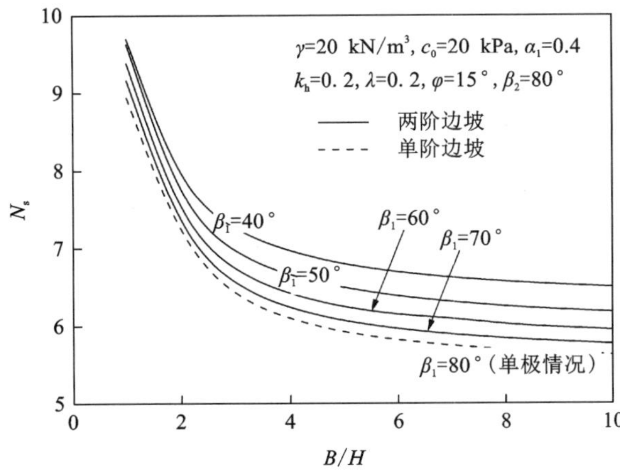

图 10-5　不同 β_1 条件下边坡稳定性系数随 *B/H* 的变化规律分析

从图 10-4 中可见，土体强度非均质系数对边坡稳定性影响显著，当边坡非均质系数 λ 从 0 增大到 0.4 时，边坡稳定性系数将增加 50%以上。此外，从图 10-5 中可以看出，二级边坡上台阶坡角的大小不仅对三维边坡稳定性有显著影响，对三维边坡宽高比 B/H 对边坡稳定性系数的作用规律同样有影响。随着上台阶坡角 β_1 的持续增大，边坡稳定性系数随着 B/H 的增大而显著下降的区域亦持续向后移动，说明边坡稳定性的三维性对陡峭边坡更为显著。

图 10-6 为不同边坡宽高比 B/H 条件下边坡稳定性系数随着土体强度非均质系数 λ 的增大而变化的规律分析。参数取值为：土体重度 $\gamma = 20\ \text{kN/m}^3$、土体坡顶黏聚力 $c_0 = 20\ \text{kPa}$、内摩擦角 $\varphi = 15°$，三维边坡宽高比 $B/H = 1.0 \sim 10.0$，土体非均质系数 $\lambda = 0 \sim 0.5$。此外，图 10-6 中上、下边坡坡角为 $\beta_1 = \beta_2 = 45°$，横向地震荷载系数 $k_h = 0.1$；图 10-7 中上台阶坡角为 $\beta_1 = 45°$，下台阶坡角为 $\beta_2 = 60°$。

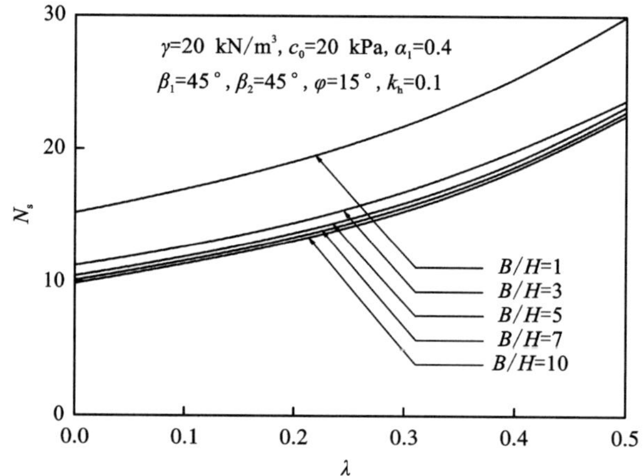

图 10-6　不同 B/H 下边坡稳定性系数随 λ 的变化规律分析

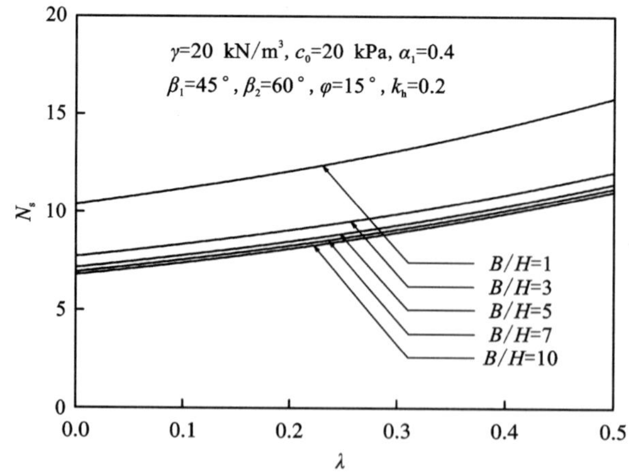

图 10-7　不同 B/H 下边坡稳定性系数随 λ 的变化规律分析

从图 10-6 和 10-7 中可知，土体强度非均质系数 λ 对三维边坡稳定性具有积极作用，且三维边坡宽高比 B/H 对非均质系数 λ 对三维边坡稳定性系数的作用规律无明显影响。此外还可以看出，边坡稳定性系数随着 B/H 的持续增大而不断减小的趋势逐渐减弱，这也与图 10-4 和图 10-5 的分析结果相互对应。

10.5　二级边坡与单级边坡稳定性的讨论

较之单级边坡，由于上台阶坡角被削减，坡角二级化对边坡稳定性更为有利。为探讨削减坡角对边坡稳定性的提高作用，本章进行同等条件下的单级和二级边坡稳定性的对比分析。边坡坡角设置如图 10-8 所示：边坡下台阶坡角 $\beta_2=45°$，上台阶坡角 β_2 分别为 20°、30°、40°和 45°。

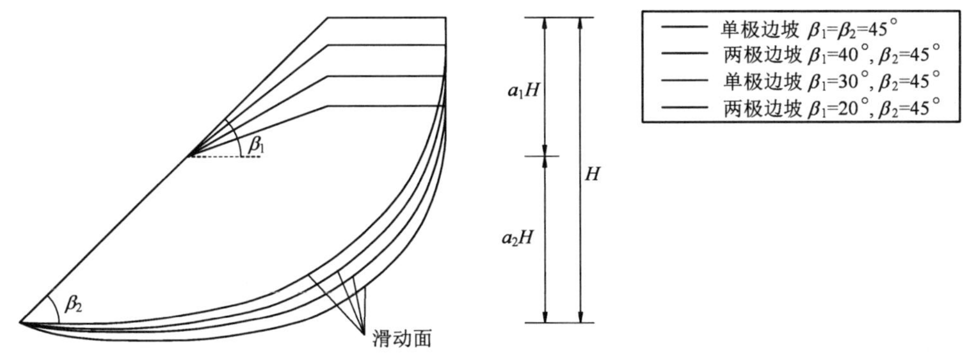

图 10-8　不同 B/H 下边坡稳定性系数随 λ 的变化规律分析

相同强度参数下的边坡稳定性系数计算结果如图 10-9 所示。从图 10-9 中可见，边坡

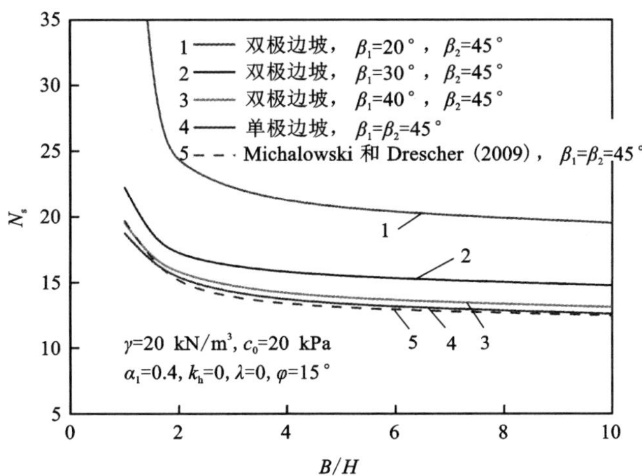

图 10-9　二级与单级边坡稳定性的比较分析

稳定性系数随着边坡上坡角的降低而不断增大，也就是说，对边坡坡角进行一定削减即量级边坡的设计方法对提高边坡稳定性具有显著效果。

10.6 本章小结

在边坡的三维曲线圆锥破坏模式的基础上，本章对强度非均质与各向异性的三维边坡的内能耗散率进行了计算，将其引入到三维边坡处在稳定临界状态的能量平衡方程中，获得了边坡临界高度表达式，并采用参数分析的方式探讨了强度非均质性及各向异性等因素对三维边坡稳定性的影响。本章获得的主要结论有：

(1) 土体强度非均质性对三维边坡稳定性影响显著。当给定边坡宽高比时，边坡稳定性系数 N_s 随土体非均质系数 n_0 与各向异性系数 κ 的增大而改变的规律均为线性。

(2) 边坡稳定性系数 N_s 在不同地震荷载系数下随边坡宽高比 B/H 的增大而减小的规律均类似，然而边坡稳定性系数在不同的地震荷载系数下随边坡坡角的改变而变化的规律则出现较大不同。说明地震荷载的增大不仅会降低边坡稳定性，还会影响边坡坡角对边坡稳定性的影响。此外，孔隙水压力对边坡稳定性亦有不利影响。

(3) 通过对不同上坡角条件下的二级边坡稳定性系数的优化计算与对比分析，发现削减坡角对边坡稳定性的提高具有积极作用，工程施工中可以采用将单级边坡削减为二级边坡的方式提高边坡稳定性。

第 11 章

三维裂缝边坡稳定性分析

如图 11-1 所示，天然土质边坡在顶部张拉应力区常常出现竖向裂缝，在降雨或地震作用下，裂缝边坡容易受到扰动而发生滑坡。Gao 等总结了裂缝在边坡中出现的几种情况，除了因抗拉强度不足出现的张拉裂缝外，更多的是受环境因素的影响发生表面侵蚀继而出现裂缝，如风化作用、干旱及干湿循环作用等。

图 11-1　坡顶裂缝在土质边坡中很常见

裂缝对边坡稳定性的影响也得到了许多研究人员的关注。Baker 最早于 1981 年利用变分极限平衡法研究了裂缝的深度及其对边坡稳定性的影响，结果表明裂缝最大深度可接近边坡总高度的 25%，对应地，边坡稳定数会增大 20%左右。Chowdhury 和 Zhang 基于 Janbu 广义条分法优化得到了裂缝边坡的最危险滑动面和临界裂缝位置与深度。Kaniraj 和 Abdullah 假设路堤中存在贯穿全高的张拉干裂缝，研究了护堤和裂缝对路堤稳定性的影响。在应用极限分析方法方面，Utili 考察了二维裂缝边坡的稳定性，其中分别考虑了裂缝深度和位置已知或未知的三种破坏模式；其后，采用同样的研究思路，Utili 和 Abd 及 Zhao 等利用拟静力方法研究了地震效应对裂缝边坡稳定性的影响，各自的结果都表明地震荷载作用下裂缝边坡的安全系数会受到较大削弱。Michalowski 考虑了裂缝形成于边坡失稳前和失稳瞬时两种情况，将张拉裂缝形成过程的内能耗散纳入上限法能量平衡方程。Gao 等比较了极限平衡和极限分析上限法在裂缝边坡稳定性分析中的应用，对比结果显示两种方法的计算结果较为接近，并且指出，忽略裂缝形成的能量耗散会导致边坡的稳定性计算结果较为保守。Abd 和 Utili 指出，考虑张拉裂缝与否取决于当地的气候环境因素，而对于完整边坡，考虑裂缝形成的能量耗散更接近实际情况。基于黄土高原区垂直节理明显发育的特点，刘永涛通过有限差分岩土分析程序 FLAC3D 研究了降雨条件下雨水入渗对黄土边坡裂缝的形成及边坡稳定性的影响，并对比了在雨水入渗过程中有无防渗措施两种情况对黄土窑洞的安全性的影响。

现有文献主要集中于二维裂缝边坡稳定性的研究，而对三维情形下裂缝的深度及其对边坡稳定性的影响考察较少。本章利用极限分析上限法，建立了三维裂缝边坡的旋转破坏机构，推导了裂缝最大深度与边坡安全系数的隐性表达式，并通过优化算法得到了三维裂缝边坡安全系数的上限解。

11.1　三维裂缝边坡旋转破坏机构

如前所述，极限分析上限法需要建立机动容许的速度场，即破坏机构。Michalowski 和 Drescher 在 Chen 提出的二维对数螺旋滑动面的基础上，推广提出了边坡的三维旋转破坏机构，其形式与 Leshchinsky 通过变分法得到的三维边坡破坏机构相似，然后 Zhang 等比较了两者的计算结果，通过数学推导严格证明了变分法所得三维破坏机构的机动容许性，也就证明了变分法极限平衡实际上等同于上限极限分析。

三维裂缝边坡旋转破坏机构如图 11-2 所示，其通过在经典的三维旋转破坏机构顶部引入一条竖直的速度间断面改造得来。旋转破坏机构为一曲线圆锥，直观上呈“牛角”状，其顶角为 2φ，它由半径为 R 的圆形截面绕通过 O 点的轴旋转得到。在图 11-2 所示的极坐

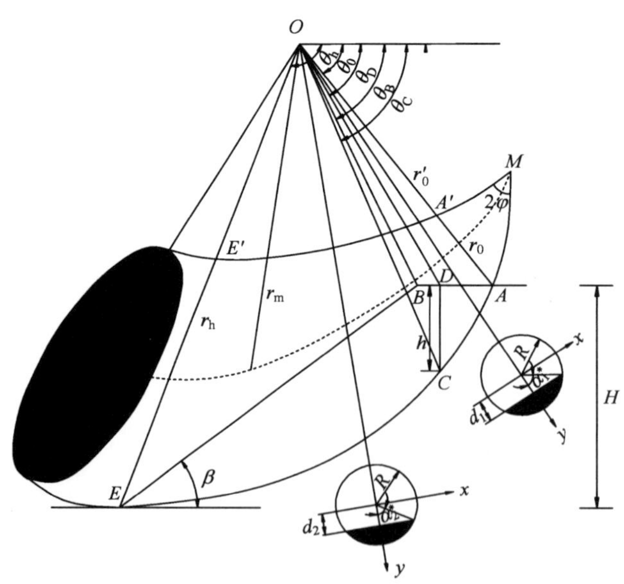

图 11-2　三维裂缝边坡旋转破坏机构

标系中，破坏机构的初始角坐标和终止角坐标分别为 θ_0 和 θ_h，相对应的极径分别为 r_0 和 r_h。曲线圆锥存在对称面，其对称面的上、下轮廓线是两条对数螺旋线 AE 和 $A'E'$，可分别在极坐标系下表示为：

AE：

$$r=r_0 e^{(\theta-\theta_0)\tan\varphi} \tag{11-1}$$

$A'E'$：

$$r'=r_0' e^{-(\theta-\theta_0)\tan\varphi} \tag{11-2}$$

式中：r_0、r_0'分别为初始旋转角度的上、下轮廓半径。曲线圆锥破坏机构截面为圆形，圆心的连线即为曲线圆锥的中心轴线，定义旋转中心 O 到此轴线距离为 r_m。由几何关系可知：

$$r_m=(r+r')/2=r_0 f_1(\theta) \tag{11-3}$$

$$R=(r-r')/2=r_0 f_2(\theta) \tag{11-4}$$

式中：$f_1(\theta)=\dfrac{1}{2}\left[e^{(\theta-\theta_0)\tan\varphi}+\dfrac{r_0'}{r_0}e^{-(\theta-\theta_0)\tan\varphi}\right]$，$f_2(\theta)=\dfrac{1}{2}\left[e^{(\theta-\theta_0)\tan\varphi}-\dfrac{r_0'}{r_0}e^{-(\theta-\theta_0)\tan\varphi}\right]$。

在图 11-2 中，DC 表示预先存在的一条竖直裂缝，其深度为 h，裂缝与滑动面交点角坐标为 θ_C。在失稳临界状态下，块体 $DBEC$ 绕通过 O 点的旋转轴以角速度 w 发生旋转破坏，而块体 ADC 同边坡整体保持静止状态。滑动体上各点的线速度的方向垂直于极径 ρ，其大小可由式(11-5)计算：

$$v=\omega\rho \tag{11-5}$$

定义边坡基本参数如下：高度=H，宽度=B，坡脚=β，坡顶宽度为 $AB=L_1$，$AD=L_2$，土体黏聚力和内摩擦角为 c 和 φ。由以上分析推导可知，曲线圆锥旋转破坏机构可以由四个独立的变量(即 r_0'/r_0、θ_0、θ_h、θ_C)决定。根据几何关系推导可得：

$$H/r_0=\sin\theta_h e^{(\theta_h-\theta_0)\tan\varphi}-\sin\theta_0 \tag{11-6}$$

$$h/r_0=\sin\theta_C e^{(\theta_C-\theta_0)\tan\varphi}-\sin\theta_0 \tag{11-7}$$

$$L_1/r_0=\frac{\sin(\theta_0+\beta)}{\sin\beta}-e^{(\theta_h-\theta_0)\tan\varphi}\frac{\sin(\theta_h+\beta)}{\sin\beta} \tag{11-8}$$

$$L_2/r_0=\cos\theta_0-e^{(\theta_C-\theta_0)\tan\varphi}\cos\theta_C \tag{11-9}$$

大量研究表明，三维边坡的“端部效应”，即三维边坡宽高比 B/H 对其稳定性指标存在较大的影响，因此有必要对前述的曲线圆锥破坏机构加以改进。通过在对称面处插入宽度为 b 的平面应变块体，如图 11-3 所示，即可避免曲线圆锥破坏机构宽度有限的弊端；而且，当 b 逐渐增大以至趋于无穷大时，此破坏模式将转变为二维平面破坏机构。插入体宽度 b 可通过式(11-10)求得：

$$b=B-B'_{max} \tag{11-10}$$

式中：B'_{max}为三维部分边坡最大宽度。

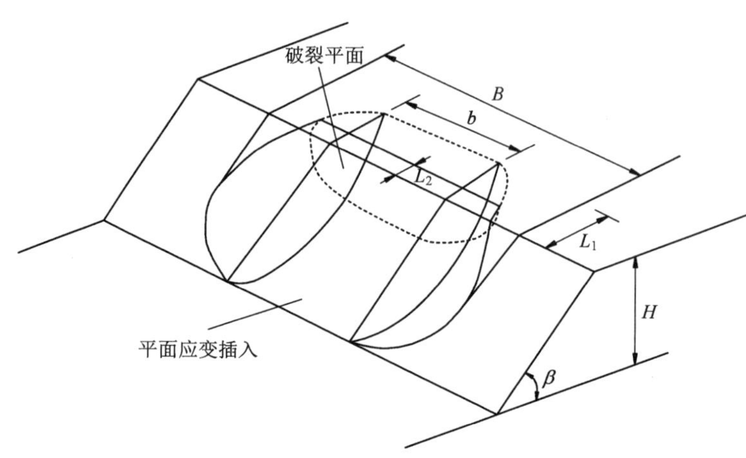

图 11-3 平面应变插入块体示意图

11.2 竖直裂缝最大深度

由于土体抗拉强度边界条件的限制，同时也为了保证破坏机构合理性，在通过优化程序搜索最不利滑动面时需要对裂缝的最大深度加以限制。通常，这一问题可以通过考察一竖直开挖槽的临界高度来解决，如图 11-4 所示，竖直开挖的临界高度即为自然裂缝的最大深度，超过这一高度的裂缝无法稳定存在。

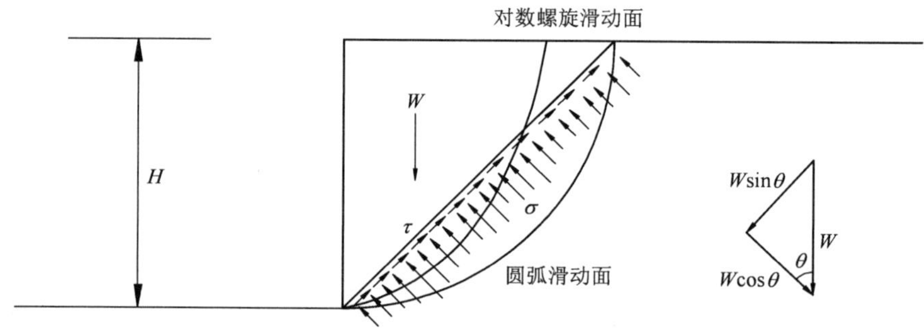

图 11-4 竖直开挖槽的临界高度

以往文献中，已有不少学者对此进行了研究。Terzaghi 采用平面滑动机构，通过静力平衡法计算得出竖直开挖槽的临界高度为：

$$h_{cr}=\frac{4c}{\gamma}\tan\left(\frac{\pi}{4}+\frac{\varphi}{2}\right) \tag{11-11}$$

Fellenius 采用了更接近真实破坏机构的圆弧形滑动面，通过静力平衡得到竖直开挖槽临界高度的计算结果为：

$$h_{cr}=\frac{3.85c}{\gamma}\tan\left(\frac{\pi}{4}+\frac{\varphi}{2}\right) \tag{11-12}$$

Chen 假设滑动面形状为对数螺旋线，通过极限分析上限法将 Fellenius 的临界高度计算结果进一步优化得到：

$$h_{cr}=\frac{3.83c}{\gamma}\tan\left(\frac{\pi}{4}+\frac{\varphi}{2}\right) \tag{11-13}$$

值得注意的是，Fellenius 通过极限平衡法计算，平衡条件只在滑动面上满足，而其他区域是否满足未知，因此式(11-12)并非上限或下限，只是众多满足平衡条件的其中一个解，而 Chen 基于塑性理论计算的结果同时满足静力平衡、边界条件和应力-应变关系，所以式(11-13)是一个严格的上限解。

另外，Chen 利用极限分析上限法证明了当忽略土体抗拉强度时，竖直开挖槽临界高度的上限解为：

$$h_{cr}=\frac{2c}{\gamma}\tan\left(\frac{\pi}{4}+\frac{\varphi}{2}\right) \tag{11-14}$$

同时 Chen 针对这一问题建立了静力容许应力场，得出了竖直开挖槽临界高度的下限解也等于上式。当上限解与下限解相等时，在不考虑土体抗拉强度的情况下，竖直开挖槽临界高度的精确解即如式(11-14)所示。

在本章中，基于极限分析上限法，建立起图 11-2 中旋转破坏机构中块体 *ADC* 能量平衡方程为：

$$W'_{\gamma}=D' \tag{11-15}$$

式中：W' 和 D' 分别是土体自重和内摩擦力对块体 *ADC* 所做的功，其计算公式见下一节。将式(11-15)整理后可得裂缝临界高度的目标函数为：

$$h_{cr}(\theta_0,\ \theta_C,\ r'_0/r_0)=\frac{c}{\gamma}\frac{D'/\omega c r_0^3}{W'_{\gamma}/\omega\gamma r_0^4}\left[\sin\theta_C e^{(\theta_C-\theta_0)\tan\varphi}-\sin\theta_0\right] \tag{11-16}$$

式(11-16)与竖直边坡临界高度公式形式相同，因为式(11-16)计算结果为上限解，所以通过迭代程序改变优化参数寻找到目标函数的最小值即为三维边坡竖直裂缝最大深度。表 11-1 中列出了本研究和 Chen、Michalowski 等对裂缝最大深度的计算结果，可以看出在二维情况下，本研究计算结果与已有结果吻合良好，而且裂缝最大深度随着边坡宽高比 *B/H* 的减小而增大。

表 11-1　裂缝最大深度无量纲化计算结果对比分析

$\gamma h_{cr}/c$	$\varphi=10°$	$\varphi=20°$	$\varphi=30°$	$\varphi=40°$
Chen	4.56	5.47	6.63	8.21
Michalowski	4.58	5.50	6.69	8.29
本研究(2D)	4.58	5.52	6.69	8.31
本研究(*B/H*=5)	4.64	5.58	6.81	8.48
本研究(*B/H*=2)	4.73	5.73	7.02	8.75
本研究(*B/H*=0.8)	5.03	6.11	7.60	9.71

11.3 三维裂缝边坡稳定性上限解

正如第 2 章中所介绍的，应用上限法需要求解破坏机构的外功率和内能耗散率。由于本章仅考虑干裂缝的情形，不存在水压力作用，外功率仅由重力提供，而滑动体假设为刚体，内能耗散只发生在滑动面上。

11.3.1 土体自重功率计算

根据前述破坏机构的组成，重力功率 W_γ 可分为三维部分 $W_{\gamma\text{-3D}}$ 和二维部分 $W_{\gamma\text{-insert}}$ 分别计算，即

$$W_\gamma = W_{\gamma\text{-3D}} + W_{\gamma\text{-insert}} \tag{11-17}$$

由于块体 ADC 保持静止，从无裂缝边坡滑坡体 ABE 中减去静止块体 ADC 的重力功率即为裂缝边坡的重力功率：

$$W_{\gamma\text{-3D}} = W_{ABE} - W_{ADC} \tag{11-18}$$

各项重力功率可以统一用式(11-19)进行计算：

$$W_\gamma = \int_V \gamma[v]\cos\theta \mathrm{d}V \tag{11-19}$$

式中：γ 是土体重度；$[v]$是滑坡体内任意一点的速度大小；积分域 V 是滑坡体区块。为了方便积分，引入如图 11-2 所示的局部坐标系 $x-y$，则有 $v=\omega(r_m+y)$，$\mathrm{d}V=\mathrm{d}x\mathrm{d}y(r_m+y)\mathrm{d}\theta$，将其代入式(11-19)并整理成多重积分形式可得：

$$W_{ABE} = 2\omega\gamma\left[\int_{\theta_0}^{\theta_B}\int_0^{x_1^*}\int_a^{y^*}(r_m+y)^2\cos\theta\mathrm{d}y\mathrm{d}x\mathrm{d}\theta + \int_{\theta_B}^{\theta_h}\int_0^{x_2^*}\int_{d_1}^{y^*}(r_m+y)^2\cos\theta\mathrm{d}y\mathrm{d}x\mathrm{d}\theta\right] \tag{11-20}$$

$$W_{ADC} = 2\omega\gamma\left[\int_{\theta_0}^{\theta_D}\int_0^{x_1^*}\int_a^{y^*}(r_m+y)^2\cos\theta\mathrm{d}y\mathrm{d}x\mathrm{d}\theta + \int_{\theta_B}^{\theta_C}\int_0^{x_2^*}\int_{d_2}^{y^*}(r_m+y)^2\cos\theta\mathrm{d}y\mathrm{d}x\mathrm{d}\theta\right] \tag{11-21}$$

由几何关系可知，积分上、下限分别可表示为 $x_1^*=\sqrt{R^2-a^2}$，$x_2^*=\sqrt{R^2-d_i^2}\,(i=1, 2)$，$y^*=\sqrt{R^2-x^2}$，式(11-20)、式(11-21)中参数 a、$d_i(i=1, 2)$的具体表达式如下所列：

$$\begin{cases} a=\dfrac{\sin\theta_0}{\sin\theta}r_0-r_m=r_0f_3(\theta) \\ f_3(\theta)=\dfrac{\sin\theta_0}{\sin\theta}-\dfrac{1}{2}\left[\mathrm{e}^{(\theta-\theta_0)\tan\varphi}+\dfrac{r_0'}{r_0}\mathrm{e}^{-(\theta-\theta_0)\tan\varphi}\right] \end{cases} \tag{11-22}$$

$$\begin{cases} d_1=\dfrac{\sin(\beta+\theta_h)}{\sin(\beta+\theta)}r_0\mathrm{e}^{(\theta_h-\theta_0)\tan\varphi}-r_m=r_0f_4(\theta) \\ f_4(\theta)=\dfrac{\sin(\beta+\theta_h)}{\sin(\beta+\theta)}\mathrm{e}^{(\theta_h-\theta_0)\tan\varphi}-\dfrac{1}{2}\left[\mathrm{e}^{(\theta-\theta_0)\tan\varphi}+\dfrac{r_0'}{r_0}\mathrm{e}^{-(\theta-\theta_0)\tan\varphi}\right] \end{cases} \tag{11-23}$$

$$
\begin{cases}
d_2 = \dfrac{\sin \theta_C}{\sin \theta} r_0 e^{(\theta_C - \theta_0)\tan\varphi} - r_m = r_0 f_5(\theta) \\
f_5(\theta) = \dfrac{\sin \theta_C}{\sin \theta} e^{(\theta_C - \theta_0)\tan\varphi} - \dfrac{1}{2}\left[e^{(\theta - \theta_0)\tan\varphi} + \dfrac{r'_0}{r_0} e^{-(\theta - \theta_0)\tan\varphi} \right]
\end{cases} \tag{11-24}
$$

θ_B、θ_D 的表达式根据几何关系推导可得：

$$
\theta_B = \arccos \frac{\cos \theta_0 - L_1 / r_0}{\sqrt{(\cos \theta_0 - L_1 / r_0)^2 + \sin^2 \theta_0}} \tag{11-25}
$$

$$
\theta_D = \arccos \frac{\cos \theta_C e^{(\theta_C - \theta_0)\tan\varphi}}{\sqrt{\cos^2 \theta_C e^{2(\theta_C - \theta_0)\tan\varphi} + \sin^2 \theta_0}} \tag{11-26}
$$

将以上各式代入式(11-20)和式(11-21)，依次对 y、x 积分并整理后可得：

$$
W_{ABE} = \omega\gamma r_0^4 g_1(\theta_0,\ \theta_h,\ r'_0/r_0) \tag{11-27}
$$

$$
W_{ADC} = \omega\gamma r_0^4 g_2(\theta_0,\ \theta_C,\ r'_0/r_0) \tag{11-28}
$$

式中：g_1 和 g_2 是只由破坏机构几何参数(θ_0，θ_h，θ_C，r'_0/r_0)决定的函数。g_1 和 g_2 具体表达式为：

$$
\begin{aligned}
g_1(\theta_0,\ \theta_h,\ r'_0/r_0) = {} & 2\int_{\theta_0}^{\theta_B} (f_2^2 f_3/8 - f_3^3/4 - 2f_1 f_3^2/3 - f_1^2 f_3/2 + 2f_1 f_2^2/3)\sqrt{(f_2^2 - f_3^2)} + \\
& (f_2^4/8 + f_1^2 f_2^2/2)\arccos(f_3/f_2)\cos\theta \mathrm{d}\theta + \\
& 2\int_{\theta_B}^{\theta_h} (f_2^2 f_4/8 - f_4^3/4 - 2f_1 f_4^2/3 - f_1^2 f_4/2 + 2f_1 f_2^2/3)\sqrt{(f_2^2 - f_4^2)} + \\
& (f_2^4/8 + f_1^2 f_2^2/2)\arccos(f_4/f_2)\cos\theta \mathrm{d}\theta
\end{aligned} \tag{11-29}
$$

$$
\begin{aligned}
g_2(\theta_0,\ \theta_C,\ r'_0/r_0) = {} & 2\int_{\theta_0}^{\theta_D} (f_2^2 f_3/8 - f_3^3/4 - 2f_1 f_3^2/3 - f_1^2 f_3/2 + 2f_1 f_2^2/3)\sqrt{(f_2^2 - f_3^2)} + \\
& (f_2^4/8 + f_1^2 f_2^2/2)\arccos(f_3/f_2)\cos\theta \mathrm{d}\theta + \\
& 2\int_{\theta_D}^{\theta_C} (f_2^2 f_5/8 - f_5^3/4 - 2f_1 f_5^2/3 - f_1^2 f_5/2 + 2f_1 f_2^2/3)\sqrt{(f_2^2 - f_5^2)} + \\
& (f_2^4/8 + f_1^2 f_2^2/2)\arccos(f_5/f_2)\cos\theta \mathrm{d}\theta
\end{aligned} \tag{11-30}
$$

因此三维部分重力功率为：

$$
W_{\gamma\text{-3D}} = W_{ABE} - W_{ADC} = \omega\gamma r_0^4 (g_1 - g_2) \tag{11-31}
$$

同理，二维部分重力功率也可以写成如下形式：

$$
W_{\gamma\text{-insert}} = W'_{ABE} - W'_{ADC} = \gamma\omega r_0^4 (g_3 - g_4) \tag{11-32}
$$

式中：W'_{ABE} 和 W'_{ADC} 是平面应变插入块体 ABE 和 ADC 的重力功率，分别等于对应的二维边坡稳定性分析的功率乘以插入块体的宽度 b。g_3 和 g_4 同样是只由破坏机构几何参数(θ_0，θ_h，θ_C，r'_0/r_0)决定的函数，其具体表达式为：

$$\begin{cases} g_3(\theta_0,\ \theta_h,\ r_0'/r_0)=\dfrac{b}{H}(f_6-f_7-f_8)\left[\sin\theta_h e^{(\theta_h-\theta_0)\tan\varphi}-\sin\theta_0\right] \\ f_6(\theta_0,\ \theta_h)=\dfrac{1}{3(1+9\tan^2\varphi)}\left[(3\tan\varphi\cos\theta_h+\sin\theta_h)e^{3(\theta_h-\theta_0)\tan\varphi}-(3\tan\varphi\cos\theta_0+\sin\theta_0)\right] \\ f_7(\theta_0,\ \theta_h)=\dfrac{1}{6}\dfrac{L_1}{r_0}\sin\theta_0\left(2\cos\theta_0-\dfrac{L_1}{r_0}\right) \\ f_8(\theta_0,\ \theta_h)=\dfrac{1}{6}e^{(\theta_h-\theta_0)\tan\varphi}\left[\sin(\theta_h-\theta_0)-\dfrac{L_1}{r_0}\sin\theta_h\right]\left[\cos\theta_0-\dfrac{L_1}{r_0}+\cos\theta_h e^{(\theta_h-\theta_0)\tan\varphi}\right] \end{cases} \tag{11-33}$$

$$\begin{cases} g_4(\theta_0,\ \theta_C,\ r_0'/r_0)=\dfrac{b}{H}(f_9-f_{10}-f_{11})\left[\sin\theta_C e^{(\theta_C-\theta_0)\tan\varphi}-\sin\theta_0\right] \\ f_9(\theta_0,\ \theta_C)=\dfrac{1}{3(1+9\tan^2\varphi)}\left[(3\tan\varphi\cos\theta_C+\sin\theta_C)e^{3(\theta_C-\theta_0)\tan\varphi}-(3\tan\varphi\cos\theta_0+\sin\theta_0)\right] \\ f_{10}(\theta_0,\ \theta_C)=\dfrac{1}{6}\dfrac{L_2}{r_0}\sin\theta_0\left(2\cos\theta_0-\dfrac{L_2}{r_0}\right) \\ f_{11}(\theta_0,\ \theta_C)=\dfrac{1}{3}\dfrac{h}{r_0}\cos^2\theta_C e^{2(\theta_C-\theta_0)\tan\varphi} \end{cases} \tag{11-34}$$

综上分析，三维裂缝边坡的总重力功率为：

$$W_\gamma=W_{\gamma\text{-3D}}+W_{\gamma\text{-insert}}=\omega\gamma r_0^4(g_1-g_2+g_3-g_4) \tag{11-35}$$

11.3.2 内能耗散功率计算

将块体 *DBEC* 视为刚性，即忽略其体积应变，且假设裂缝存在于破坏发生之前，即裂缝形成过程所耗散的能量不纳入功能平衡方程中，因此内能耗散只发生在滑移面 *CE* 上。三维部分和二维部分能量耗散分别计算：

$$D_{\text{int}}=D_{3\text{D}}+D_{\text{insert}} \tag{11-36}$$

各项内能耗散功率可由下式计算：

$$D=\int_S c[v]\cos\varphi\,\mathrm{d}S \tag{11-37}$$

式中：c 为内黏聚力，面积微分 $\mathrm{d}S=R\arccos(y/R)\,\mathrm{d}\theta$。

借鉴计算重力功率同样的差补法，三维部分能量耗散率可表示为：

$$D_{3\text{D}}=D_{S_{ACE}}-D_{S_{AC}}=cwr_0^3(g_5-g_6) \tag{11-38}$$

式中：S_{ACE} 和 S_{AC} 分别为曲线圆锥滑动面 *ACE* 段和 *AC* 段。积分并整理后可得：

$$\begin{aligned} g_5=&\int_{\theta_0}^{\theta_D} f_2(4f_1+f_3)\sqrt{f_2^2-f_3^2}+f_2(2f_1^2+f_2^2)\arccos(f_3/f_2)\,\mathrm{d}\theta+ \\ &\int_{\theta_D}^{\theta_h} f_2(4f_1+f_4)\sqrt{f_2^2-f_4^2}+f_2(2f_1^2+f_2^2)\arccos(f_4/f_2)\,\mathrm{d}\theta \end{aligned} \tag{11-39}$$

$$\begin{aligned} g_6=&\int_{\theta_0}^{\theta_B} f_2(4f_1+f_3)\sqrt{f_2^2-f_3^2}+f_2(2f_1^2+f_2^2)\arccos(f_3/f_2)\,\mathrm{d}\theta+ \\ &\int_{\theta_B}^{\theta_C} f_2(4f_1+f_5)\sqrt{f_2^2-f_5^2}+f_2(2f_1^2+f_2^2)\arccos(f_5/f_2)\,\mathrm{d}\theta \end{aligned} \tag{11-40}$$

二维部分内能耗散功率可由下式计算：

$$D_{\text{insert}} = b\int_{\Gamma} cv\cos\varphi \frac{r\mathrm{d}\theta}{\cos\varphi} = bcw\int_{\Gamma} r^2\mathrm{d}\theta \tag{11-41}$$

将式(11-41)分为裂缝前、后两部分分别计算：

$$D_{\text{insert}} = D_{\Gamma_{ACE}} - D_{\Gamma_{AC}} \tag{11-42}$$

式中：Γ_{ACE} 和 Γ_{AC} 分别是圆柱曲面滑动面的 ACE 段和 AC 段。将 Γ_{ACE} 和 Γ_{AC} 代入式(11-41)中的积分域，则可得到这两部分滑动面的内能耗散率为：

$$D_{\Gamma_{ACE}} = bcwr_0^2 \frac{\mathrm{e}^{2(\theta_{\mathrm{h}}-\theta_0)\tan\varphi}-1}{2\tan\varphi} \tag{11-43}$$

$$D_{\Gamma_{AC}} = bcwr_0^2 \frac{\mathrm{e}^{2(\theta_C-\theta_0)\tan\varphi}-1}{2\tan\varphi} \tag{11-44}$$

因此，二维部分内能耗散功率为：

$$D_{\text{insert}} = bcwr_0^2 \frac{\mathrm{e}^{2(\theta_{\mathrm{h}}-\theta_0)\tan\varphi}-\mathrm{e}^{2(\theta_C-\theta_0)\tan\varphi}}{2\tan\varphi} \tag{11-45}$$

11.3.3 目标函数优化

临界状态下对数螺旋旋转破坏机构的功能平衡方程为：

$$W_{\gamma} = D_{\text{int}} \tag{11-46}$$

将式(11-35)、式(11-36)代入上式中可得安全系数的隐式解为：

$$FS = \min f(\theta_0,\ \theta_{\mathrm{h}},\ \theta_C,\ r_0'/r_0 \mid c,\ \varphi,\ \gamma,\ H,\ B,\ \beta) \tag{11-47}$$

可以看出，FS 是由四个优化变量（θ_0，θ_{h}，θ_C，r_0'/r_0）控制的目标函数。由于极限分析上限法求得的安全系数是相应破坏机构的稳定性上限解，因此需要通过嵌套循环结构对控制变量的优化计算进行搜索，取所有滑动面中安全系数最小的那一个，即为最不利滑动面，同时为了保证破坏机构的合理性，在对式(11-47)进行优化求解的过程中，优化变量需要满足以下约束条件：

$$\begin{cases} 0<\theta_0<\theta_B<\theta_C<\theta_{\mathrm{h}}<\pi \\ 0<r_0'/r_0<1 \\ 0<(b+B'_{\max})/H<B/H \\ h<h_{\max} \end{cases} \tag{11-48}$$

式中：$B'_{\max}$是破坏机构三维部分的最大宽度；$h_{\max}$ 是对式(11-16)进行优化得到的最大裂缝深度。这样一来，对边坡安全系数上限的求解就转化为多约束条件下含有多个优化变量的目标函数的非线性规划问题。

11.3.4 结果对比与分析

如 11.1 节中所述，当增大边坡的宽高比 B/H 增至一较大的数值时，三维边坡的破坏机构近似处于平面应变状态，计算结果也可视为二维分析结果。为了验证本研究计算方法的有效性，将本研究计算结果与 Michalowski 的计算结果进行了比较，列于表 11-2 中。可以看出，在二维情况下，无论是完整边坡还是裂缝边坡，本研究的稳定性系数计算结果与已有结果都非常接近，从而验证了本研究提出的分析方法的合理性和可靠性。

表 11-2 二维情况下裂缝边坡稳定性系数 $\gamma H/c$ 计算结果对比分析

$\gamma H/c$		无裂缝			存在裂缝		
		$\varphi=10°$	$\varphi=20°$	$\varphi=30°$	$\varphi=10°$	$\varphi=20°$	$\varphi=30°$
$\beta=30°$	Michalowski	13.499	41.215	—	12.969	40.566	—
	本研究	13.502	41.256	—	12.968	40.562	—
$\beta=45°$	Michalowski	9.309	16.160	35.540	8.524	15.283	34.555
	本研究	9.311	16.163	35.547	8.523	15.234	34.717
$\beta=60°$	Michalowski	7.257	10.390	16.035	6.233	9.212	14.696
	本研究	7.258	10.392	16.038	6.260	9.255	14.649

为了使结果更具可比性和更加直观地了解裂缝对边坡稳定性的影响，引入最大裂缝深度系数 $k_{\max}$，定义为最大裂缝深度与边坡总高度之比，即

$$k_{\max}=\frac{h_{cr}}{H} \tag{11-49}$$

表 11-3 列出了不同 B/H 下的最大裂缝深度系数计算结果。由表 11-3 可知，$k_{\max}$ 随着坡角的增大而增大，随着内摩擦角的增大而减小，并且这种正向作用在坡脚增大时更加明显；还可以看出，边坡的宽高比越大，相应的最人裂缝深度系数越小，说明在高度相同的情况下，宽度越窄的边坡越容易受到裂缝的影响。

表 11-3 最大裂缝深度系数 $k_{\max}$ 计算结果对比分析

$k_{\max}$		$B/H=0.8$	$B/H=2$	$B/H=5$	2D
$\beta=30°$	$\varphi=10°$	0.2305	0.3086	0.3320	0.3477
	$\varphi=20°$	0.1836	0.2305	0.2539	0.2617
$\beta=45°$	$\varphi=10°$	0.3555	0.4336	0.4492	0.4648
	$\varphi=20°$	0.2852	0.3477	0.3633	0.3711
	$\varphi=30°$	0.2461	0.2930	0.3008	0.3086
$\beta=60°$	$\varphi=10°$	0.5039	0.5820	0.5898	0.6055
	$\varphi=20°$	0.4180	0.4883	0.5039	0.5898
	$\varphi=30°$	0.3633	0.4258	0.4414	0.4648

为了探究裂缝对边坡稳定性的影响，本研究计算了不同坡角下裂缝边坡和无裂缝边坡的安全系数，其结果在图 11-5 中分别以实现和虚线表示。图 11-5 中从左往右下降的曲线为安全系数，上升的曲线为考虑张拉裂缝后相对无裂缝边坡安全系数减小的比值，用 η 表示，即

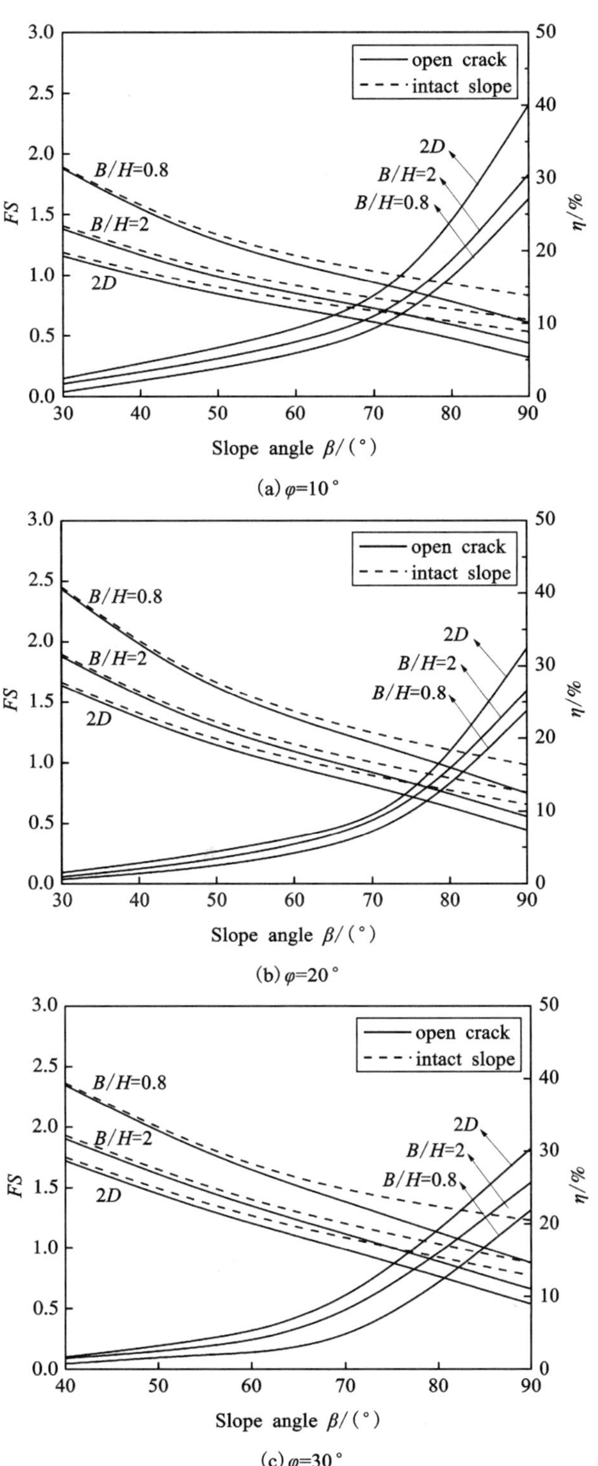

(a) φ=10°

(b) φ=20°

(c) φ=30°

图 11-5　三维裂缝边坡与无裂缝边坡的安全系数

$$\eta=\frac{FS_{\text{intact}}-FS_{\text{crack}}}{FS_{\text{intact}}} \tag{11-50}$$

对比结果显示，对于较平缓的边坡(β<40°)，其稳定性受裂缝的影响很小。即使是土体强度参数比较小的情况下，考虑裂缝的存在后边坡安全系数只减少了不到5%；而当坡角超过60°后，η 有陡然增大的趋势，三维边坡稳定性会因裂缝的出现受到明显削弱，在 β=90°时安全系数可能会降低超过30%。这说明裂缝在陡坡中出现是极为危险的，应当尽可能避免出现裂缝并采取加固措施。结合图11-5与表11-3的数据信息可以看出，坡角较小时最大裂缝深度也相对比较小，说明在缓坡中裂缝的深度受到更严格的限制，因此受到的可能影响也更小。此外，对比不同 B/H 下的 η 曲线可知，二维分析计算得出的裂缝边坡和完整边坡安全系数的差值更大，表明二维分析会高估裂缝对边坡稳定性的影响，这也符合二维分析更加保守的工程认知。

11.4 三维裂缝边坡动态稳定性分析

地震作用是边坡失稳的一大诱因，一般来说，地震动态荷载会使松散、饱和的无黏性土中产生超静孔隙水压，导致液化现象，大幅降低土体抗剪强度；而对于黏性土或干燥的无黏性土边坡，其受到循环荷载的影响则相对较小。

目前，对于地震作用下的边坡稳定性分析主要有四种方法：①拟静力方法：引入拟静力系数，利用一组静态的水平向和竖向作用力来代替地震动态荷载；②Newmark 滑块位移法：将滑坡体假设为位于斜面上的刚性滑动块，选取合适的加速度图谱与临界滑动面的屈服加速度做一比较，来计算地震作用下产生的永久位移；③震后强度分析：在实验室中测出边坡代表性土体样本受到假设的地震循环荷载后的未排水抗剪强度，用此折减后的抗剪强度进行稳定性分析；④动态有限元分析：选取合适的本构模型，进行二维或三维有限元耦合分析。在以上四种方法中，应用比较成熟的是拟静力方法和 Newmark 滑块移位法，本章选择拟静力方法考虑地震作用。

在拟静力方法中，引入拟静力系数由水平向和竖直向的静态作用力近似替代地震动态荷载。Chen 和 Liu 已经证实，相比于侧向地震作用来说，竖直向地震作用对边坡稳定性的影响较小，因此本章只考虑侧向地震作用的影响。水平拟静力系数 k_h，定义为水平向加速度与重力加速度之比，即 $k_h=g_h/\gamma$，其取值范围一般为0.05~0.25。拟静力方法不适用于以下情况：①可能出现液化现象的边坡；②对小变形较为敏感的边坡；③里氏震级大于8级的特大地震。虽然拟静力方法没有考虑结构间的动力耦合作用，但在地震加速度较小的情况下，可以较准确地预估在地震作用下的反应。应用拟静力方法的主要困难在于选择合适的拟静力系数，这通常要根据地震烈度(峰值地面加速度)、震动时间及固有频率等因素综合确定。比较保守的做法是，选择地面峰值加速度作为拟静力系数，但是这会导致边坡设计不经济。常用水平拟静力系数选取标准见表11-4。

表 11-4　常用水平拟静力系数 k_h 选取标准

拟静力系数	选取标准
0.10	罕遇地震，安全系数>1.0（*Corps of Engineers*，1982）
0.15	特大地震，安全系数>1.0（*Corps of Engineers*，1982）
0.15~0.25	日本，安全系数>1.0
0.05~0.15	美国加利福尼亚州
0.15	Seed，安全系数>1.0，抗剪强度折减 20%
1/3~1/2 PGA	Marcuson 和 Franklin，安全系数>1.0
1/2 PGA	Hynes-Griffin 和 Franklin，安全系数>1.0，抗剪强度折减 20%

附注：PGA 为地面峰值加速度。

11.4.1　地震作用力功率计算

与计算土体自重功率类似，对于裂缝边坡破坏机构，其地震荷载的功率 W_s 可以由下式计算：

$$W_s = W_{s\text{-ABE}} - W_{s\text{-ADC}} \tag{11-51}$$

式中：$W_{s\text{-}ABE}$ 和 $W_{s\text{-}ADC}$ 分别为块体 *ABE* 和块体 *ADC* 的地震荷载功率。各部分地震荷载的功率可以写成如下形式：

$$W_s = \int_V k_h[v]\sin\theta \mathrm{d}V \tag{11-52}$$

引入局部坐标系 x-y，根据前述方法将上式写成三重积分的形式，在此不再赘述，最终可以整理成三重积分形式：

$$W_{s\text{-}ABE} = 2\omega\gamma k_h\left[\int_{\theta_0}^{\theta_B}\int_0^{x_1^*}\int_a^{y^*}(r_m + y)^2\sin\theta\mathrm{d}y\mathrm{d}x\mathrm{d}\theta + \int_{\theta_B}^{\theta_h}\int_0^{x_2^*}\int_{d_1}^{y^*}(r_m + y)^2\sin\theta\mathrm{d}y\mathrm{d}x\mathrm{d}\theta\right] \tag{11-53}$$

$$W_{s\text{-}ADC} = 2\omega\gamma k_h\left[\int_{\theta_0}^{\theta_D}\int_0^{x_1^*}\int_a^{y^*}(r_m + y)^2\sin\theta\mathrm{d}y\mathrm{d}x\mathrm{d}\theta + \int_{\theta_B}^{\theta_C}\int_0^{x_2^*}\int_{d_2}^{y^*}(r_m + y)^2\sin\theta\mathrm{d}y\mathrm{d}x\mathrm{d}\theta\right] \tag{11-54}$$

依次对上式中的 y、x 进行积分后，整理可得：

$$W_{s\text{-}ABE} = \omega\gamma k_h r_0^4 g_7 \tag{11-55}$$

$$W_{s\text{-}ADC} = \omega\gamma k_h r_0^4 g_8 \tag{11-56}$$

式中：g_7 和 g_8 为由优化变量(θ_0，θ_C，θ_h，r_0'/r_0)控制的函数。其具体表达式为：

$$\begin{aligned} g_7(\theta_0, \theta_h, r_0'/r_0) = {} & 2\int_{\theta_0}^{\theta_B}(f_2^2f_3/8 - f_3^3/4 - 2f_1f_3^2/3 - f_1^2f_3/2 + 2f_1f_2^2/3)\sqrt{(f_2^2 - f_3^2)} + \\ & (f_2^4/8 + f_1^2f_2^2/2)\arccos(f_3/f_2)\sin\theta\mathrm{d}\theta + \\ & 2\int_{\theta_B}^{\theta_h}(f_2^2f_4/8 - f_4^3/4 - 2f_1f_4^2/3 - f_1^2f_4/2 + 2f_1f_2^2/3)\sqrt{(f_2^2 - f_4^2)} + \\ & (f_2^4/8 + f_1^2f_2^2/2)\arccos(f_4/f_2)\sin\theta\mathrm{d}\theta \end{aligned} \tag{11-57}$$

$$g_8(\theta_0, \theta_C, r_0'/r_0) = 2\int_{\theta_0}^{\theta_D}(f_2^2f_3/8 - f_3^3/4 - 2f_1f_3^2/3 - f_1^2f_3/2 + 2f_1f_2^2/3)\sqrt{(f_2^2 - f_3^2)} + (f_2^4/8 + f_1^2f_2^2/2)\arccos(f_3/f_2)\sin\theta\mathrm{d}\theta + 2\int_{\theta_D}^{\theta_C}(f_2^2f_5/8 - f_5^3/4 - 2f_1f_5^2/3 - f_1^2f_5/2 + 2f_1f_2^2/3)\sqrt{(f_2^2 - f_5^2)} + (f_2^4/8 + f_1^2f_2^2/2)\arccos(f_5/f_2)\sin\theta\mathrm{d}\theta \tag{11-58}$$

式(11-57)和式(11-58)中 θ_B 和 θ_D 的表达式与式(11-25)和式(11-26)相同。

同样地，二维部分地震作用功率可由下式计算：

$$W_{s-insert} = W'_{s-ABE} - W'_{s-ADC} = \gamma\omega r_0^4(g_9 - g_{10}) \tag{11-59}$$

$$\begin{cases} g_9(\theta_0, \theta_h, b/H) = \dfrac{b}{H}(f_{12} - f_{13} - f_{14})[\sin\theta_h e^{(\theta_h - \theta_0)\tan\varphi} - \sin\theta_0] \\ f_{12}(\theta_0, \theta_h) = \dfrac{1}{3(1+9\tan^2\varphi)}[(3\tan\varphi\sin\theta_h - \cos\theta_h)e^{3(\theta_h-\theta_0)\tan\varphi} - (3\tan\varphi\sin\theta_0 - \cos\theta_0)] \\ f_{13}(\theta_0, \theta_h) = \dfrac{1}{3}\dfrac{L_1}{r_0}\sin^2\theta_0 \\ f_{14}(\theta_0, \theta_h) = \dfrac{1}{6}\dfrac{H\sin(\theta_h + \beta)}{r_0\sin\beta}e^{(\theta_h-\theta_0)\tan\varphi}(e^{(\theta_h-\theta_0)\tan\varphi}\sin\theta_h + \sin\theta_0) \end{cases} \tag{11-60}$$

$$\begin{cases} g_{10}(\theta_0, \theta_h, b/H) = \dfrac{b}{H}(f_{15} - f_{16} - f_{17})[\sin\theta_C e^{(\theta_C - \theta_0)\tan\varphi} - \sin\theta_0] \\ f_{15}(\theta_0, \theta_h) = \dfrac{1}{3(1+9\tan^2\varphi)}[(3\tan\varphi\sin\theta_C - \cos\theta_C)e^{3(\theta_C-\theta_0)\tan\varphi} - (3\tan\varphi\sin\theta_0 - \cos\theta_0)] \\ f_{16}(\theta_0, \theta_h) = \dfrac{1}{3}\dfrac{L_2}{r_0}\sin^2\theta_0 \\ f_{17}(\theta_0, \theta_h) = \dfrac{1}{6}\dfrac{h}{r_0}\cos\theta_C e^{(\theta_C-\theta_0)\tan\varphi}(e^{(\theta_C-\theta_0)\tan\varphi}\sin\theta_C + \sin\theta_0) \end{cases} \tag{11-61}$$

综上分析，地震荷载的总功率为：

$$W_s = W_{s-3D} + W_{s-insert} = \gamma\omega r_0^4(g_7 - g_8 + g_9 - g_{10}) \tag{11-62}$$

11.4.2 目标函数优化

考虑地震动态荷载作用后，三维裂缝边坡旋转破坏机构的临界状态能量平衡方程为：

$$W_\gamma + W_s = D_{int} \tag{11-63}$$

将式(11-35)、式(11-36)和式(11-62)代入上式中，可得安全系数的隐式解为：

$$FS = \min f(\theta_0, \theta_h, \theta_C, r_0'/r_0 | c, \varphi, \gamma, \kappa_h, H, B, \beta) \tag{11-64}$$

同样，在优化程序中通过嵌套循环结构搜索临界滑动面即可求得安全系数上限解，优化约束条件与式(11-48)相同。

需要注意的是，考虑地震动态荷载作用后，裂缝最大深度优化过程也应当视为其影响因素，此时针对块体 *ADC* 建立的功能平衡方程为：

$$W'_{\gamma}+W'=D' \tag{11-65}$$

同时，式(11-16)此时应变为：

$$h_{cr}(\theta_0,\ \theta_C,\ r'_0/r_0)=\frac{c}{\gamma}\frac{D'/\omega c r_0^3}{(W'_{\gamma}+W'_{k_h})/\omega\gamma r_0^4}[\sin\theta_C e^{(\theta_C-\theta_0)\tan\varphi}-\sin\theta_0] \tag{11-66}$$

11.4.3　结果对比与分析

本书分别选取 $k_h=0.1$ 和 $k_h=0.2$ 来计算烈度不同的两种地震作用。为了方便工程应用，本文根据上述方法计算出的地震动态作用下三维裂缝边坡的安全系数绘制了稳定性图表，并与无裂缝边坡的结果进行了对比，其中实线和虚线分别代表带裂缝边坡和无裂缝边坡的稳定参数。很明显，地震动态荷载对边坡稳定性存在不利影响，而且这种负面作用对陡坡相对更加显著。此外，随着横坐标 $c/\gamma H\tan\varphi$ 的增大，同一坡角下实线和虚线差值也更大，说明土体黏聚力较大的边坡受裂缝的影响更加显著。此外，三维边坡的"端部效应"对稳定性的影响也很明显，尤其是对于宽度受限的边坡，进行三维边坡稳定性分析非常有必要，否则会导致对稳定性的评估过于保守。

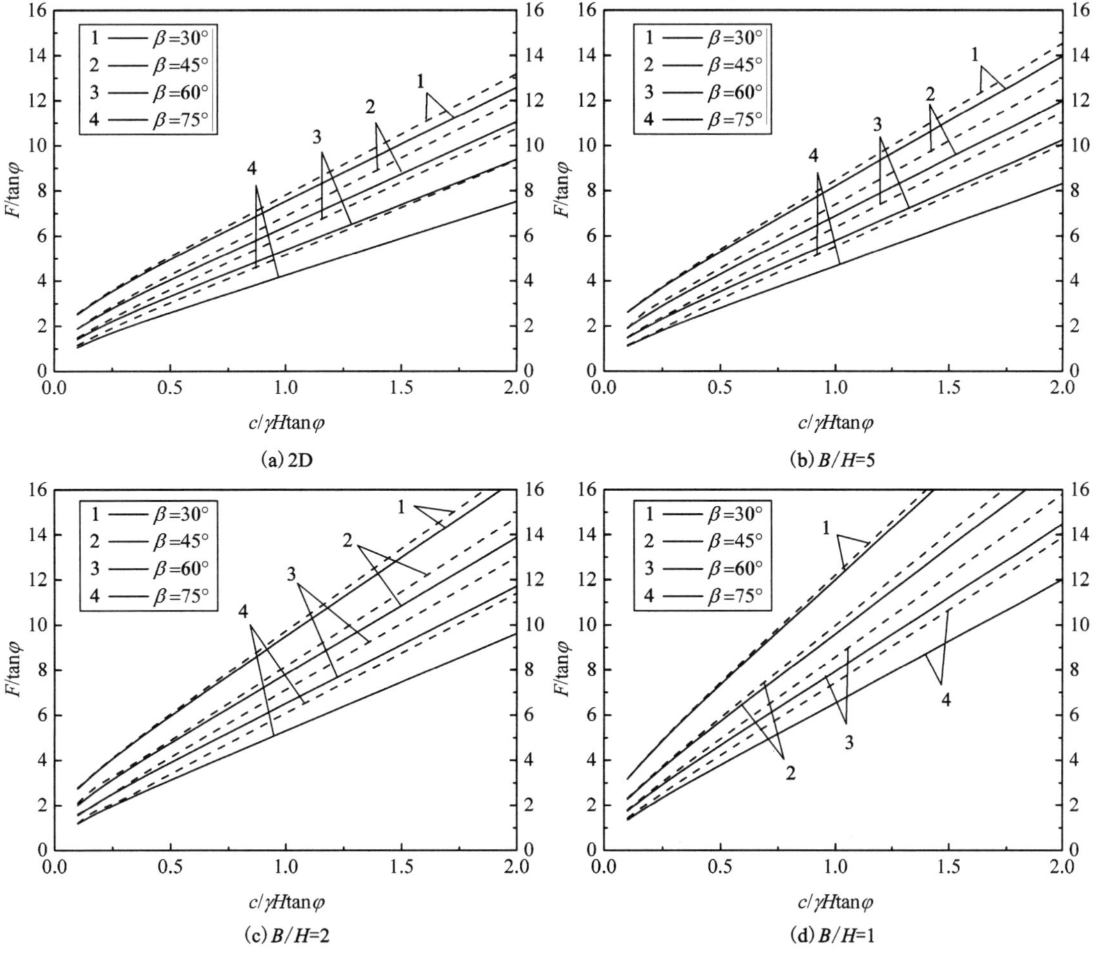

图 11-6　地震荷载作用下裂缝边坡稳定性图表($k_h=0.1$)

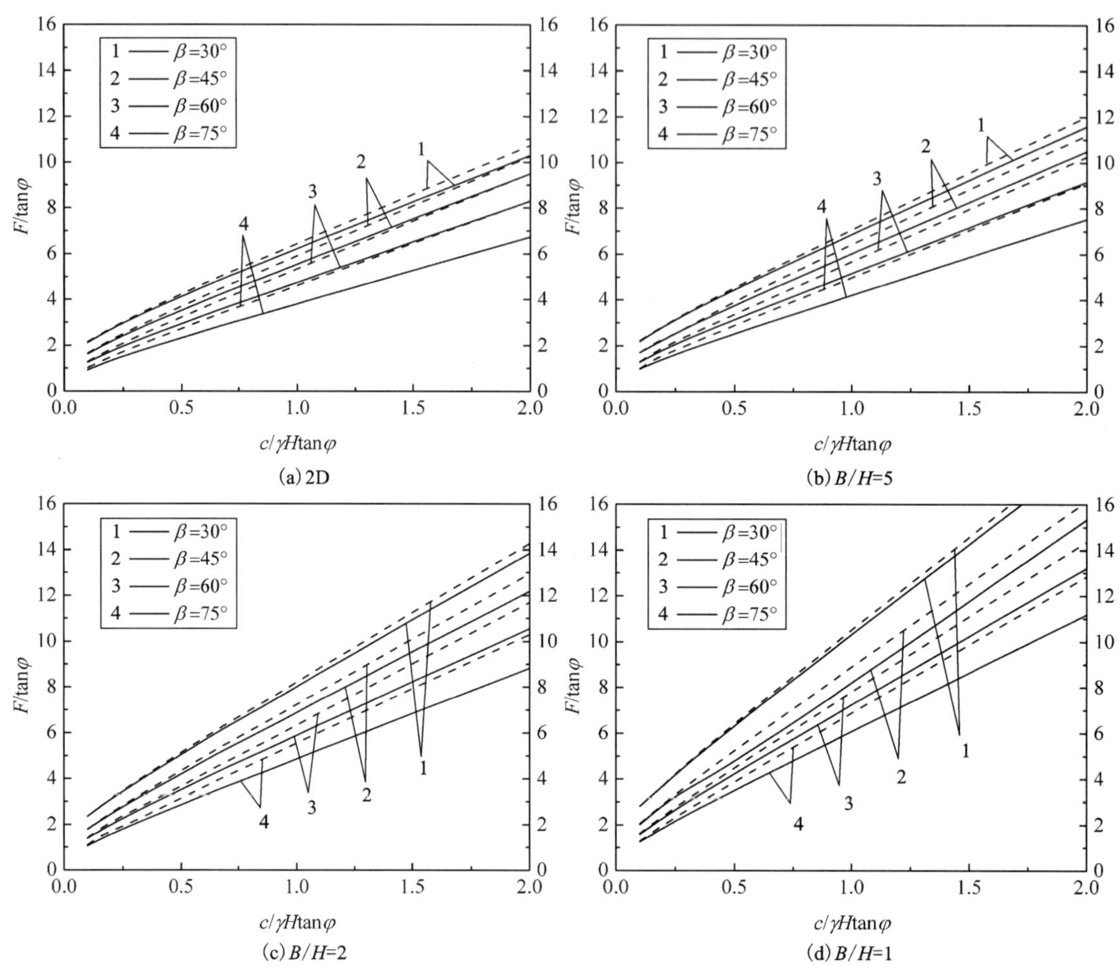

图 11-7　地震荷载作用下裂缝边坡稳定性图表($k_h = 0.2$)

对比图 11-6 和图 11-7 中的数据可以发现，虽然裂缝的存在降低了地震作用下边坡的稳定性，但是相比于无裂缝边坡，地震效应对裂缝边坡的稳定性影响并没有更明显，或者说裂缝并不会增加边坡对地震效应的敏感度。以 $B/H=2$，$\beta=75°$的边坡为例，对于无裂缝边坡，当 k_h 从 0.1 增加到 0.2 时，其稳定性指标从 11.4 变为 10.3，下降了 9.65%；对于带裂缝边坡，其稳定性指标从 9.6 变为 8.8，下降了 8.33%，两者相差并不大。

11.5　本章小结

本章基于极限分析上限法，构建了带裂缝三维土质边坡的旋转破坏机构，并推导了临界状态下土体自重、内摩擦力和地震荷载等作用力的功率表达式，结合裂缝最大深度约束条件，通过强度折减法优化得到了三维裂缝边坡的安全系数上限解，并将其与无裂缝边坡的计算结果进行了比较，分析了边坡几何参数、土体抗剪强度、地震效应、“端部效应”等因素对三维裂缝边坡稳定性的影响，对部分计算结果给出了稳定性计算图表，以方便工程应用。本章得到的主要结论如下：

(1) 坡角大小对三维裂缝边坡的稳定性有重要影响。坡角小于 40°的缓坡受天然裂缝的影响有限，这主要是由于缓坡的最大裂缝深度受到限制；而对于坡角超过 60°的陡坡，其稳定性会因裂缝的出现而受到严重削弱，同时裂缝最大深度也明显增加。这说明不同坡度的边坡对坡顶裂缝的敏感度也是有所不同的，一般在陡坡中出现裂缝是非常危险的信号，需要提前采取预防措施尽可能避免裂缝的出现。

(2) 在地震荷载作用下，无裂缝边坡和裂缝边坡的稳定性都会受到较大削弱，尤其是陡坡和土体黏聚力较大的边坡，这类边坡在有、无裂缝状态下稳定性指标差异较大，说明当其中出现裂缝时，稳定性下降会更加明显。

(3) 对比无裂缝边坡的稳定性计算结果可知，受到地震作用时裂缝边坡安全系数下降得更多，说明裂缝边坡对地震动态荷载更为敏感。

(4) 边坡宽高比也是影响其稳定性的重要因素，同等条件下边坡 B/H 越小，其稳定性越高；对于 B/H 较小的边坡，二维分析会明显地低估边坡稳定性，会导致设计施工不经济。

第 12 章 非饱和土裂缝边坡三维稳定性分析

如第 11 章所述，气候作用诸如风化、干旱或干湿循环是导致边坡中出现天然裂缝的重要因素，在这些情况下，土体常常处于非饱和状态。研究证实，自工业革命以来由于人类活动排放的大量温室气体已经造成了明显的温室效应，升高的平均气温使大气有了更强的水蒸气赋存能力，所以造成了更多更密集的降水天气。这一变化可能会导致更多的滑坡灾害，众所周知，自然界中土质边坡破坏发生的一大原因就是降雨。降水造成边坡失稳主要有两方面原因：对于饱和土主要是地下水位升高，孔隙水压力增加；对于非饱和土主要是土体饱和度增加，基质吸力减小。因此有必要研究由于土体含水量变化引起基质吸力消散而导致的边坡失稳现象，本章主要研究非饱和土基质吸力对裂缝边坡稳定性的影响。滑坡灾害和裂缝的形成与雨水循环紧密相关，如图 12-1 所示。

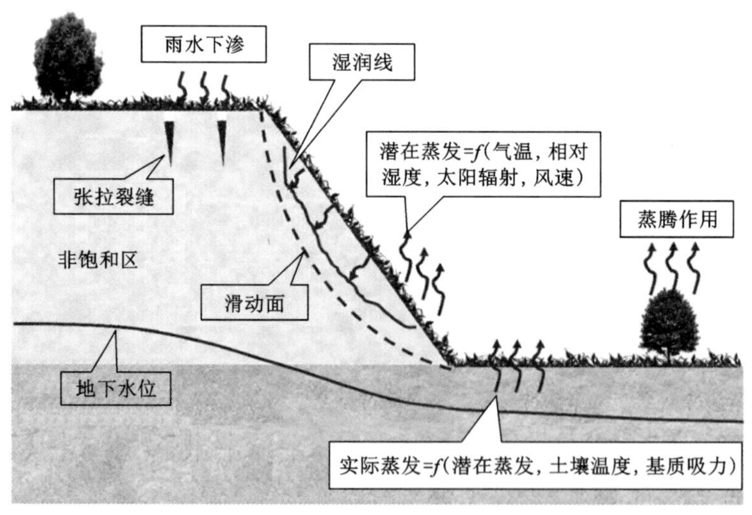

图 12-1　滑坡灾害和裂缝的形成与雨水循环的关系

12.1　土体非饱和性质

在土体三相构成(固体颗粒-孔隙水-空气)的基础上，Fredlund 和 Morgenstern 提出了针对非饱和土的第四相构成，其被称为收缩膜或汽水界面，它类似于一张弹性膜通过表面张力紧紧拉住土体颗粒，从而改变土体的力学性质，这种由孔隙水表面张力产生的存在于土颗粒间的黏结力就是基质吸力。由于孔隙气压等于大气压强，所以一般从总应力和孔隙水压力中减去孔隙气压来表征各自对于土体抗剪强度的影响，即$(\sigma-u_a)$和(u_a-u_w)。

基质吸力随土壤含水率的变化规律是非饱和土的一项重要特性，描述这一性质的曲线被称为土水特征曲线(SWCC)。典型的土水特征曲线图 12-2 所示，完整土水特征曲线可以被分为边界作用段、过渡作用段和残余作用段，两个分界点处的基质吸力被称为进气值和残余吸力值。进气值(AEV)是土水特征曲线中一个重要的参数，它表示土壤中最大的孔隙中水被排干时的基质吸力，或破坏最大孔隙中表面张力时形成的弯液面的基质吸力。进气值与土壤级配紧密相关，级配良好的土壤颗粒间间隙更小，所以其进气值也就更大；另一个重要参数是残余吸力值(ψ_r)，它表示当基质吸力超过此值时，此时基质吸力的增长不再会使土壤含水率明显下降，所谓“残余”之意。

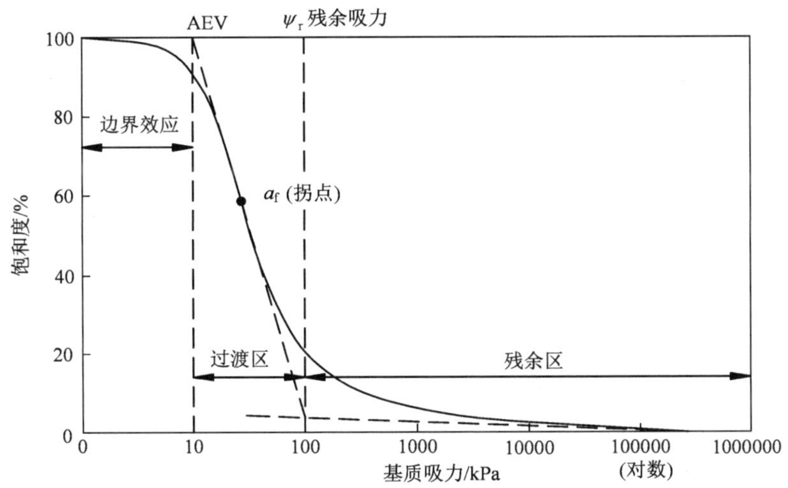

图 12-2　土水特征曲线示意图

在实验室中测绘土壤样本的土水特征曲线时，一般是先测出若干个不同饱和度下的基质吸力值，然后根据 Fredlund 和 Xing 提出的公式，通过最小二乘法将实验室测得的离散数据点拟合成连续的土水特征曲线，如式(12-1)所示。

$$\theta_w = C(\psi)\frac{\theta_s}{(\ln[e+(\psi/a_f)^{n_f}])^{m_f}};\ C(\psi)=1-\frac{\ln(1+\psi/\psi_r)}{\ln(1+10^6/\psi_r)} \tag{12-1}$$

式中：$C(\psi)$为修正函数，使土水特征曲线在基质吸力等于 10^6 kPa 时含水率为 0；θ_w 和 θ_s

分别为土壤的体积含水率和饱和体积含水率；ψ_r 为残余吸力值，即在残余体积含水率为 θ_r 时的基质吸力；a_f 为过渡作用段曲线拐点处的基质吸力，a_f、n_f、m_f 均为拟合参数。Leong 和 Rahardjo 建议，在基质吸力不大的情况下即 $(u_a-u_w)<500$ kPa 时，令 $C(\psi)=1$ 可以获得较好的拟合结果，但这会降低高基质吸力区间的拟合精度。

为了研究不同土壤的非饱和抗剪强度，本章采用 Fredlund 和 Xing 论文中给出的 4 组土水特征曲线参数，编号从 1~4 分别代表砂土、细粒土、黏性土和极细粒土 4 种典型的工程土壤，其具体非饱和参数见表 12-1。

表 12-1 不同工程土壤的土水特征曲线的非饱和参数

SWCC 类型	θ_s	a_f/kPa	n_f	m_f	ψ_r	AEV	θ_r	κ	c_{ult}/kPa
1	0.4	1	2	1	10	0.5	0.081	1.0	11.4
2	0.4	10	2	1	100	5	0.080	1.8	13.7
3	0.4	100	2	1	1000	50	0.078	2.2	28.4
4	0.4	1000	2	1	10000	500	0.073	2.5	107.3

12.2 非饱和土非线性抗剪强度准则

如第 2 章所述，应用最广泛的土体抗剪强度准则是莫尔-库仑强度准则，其有效应力可以表示为：

$$\tau=c'+\sigma'\tan\varphi' \tag{12-2}$$

式中：有效应力 σ' 等于总应力减去孔隙水压力 u，即 $\sigma'=\sigma-u$；c' 和 φ' 分别是有效黏聚力和有效内摩擦角。

非饱和土的抗剪强度与基质吸力紧密相关，通常可以在饱和土抗剪强度公式的基础上添加一项包含基质吸力的函数表示其对非饱和土抗剪强度的影响。在早期研究中，通常认为非饱和土的抗剪强度与基质吸力间为线性关系，例如 Fredlund 和 Rahardjo 引入角度 φ_b 表征基质吸力对抗剪强度的贡献：

$$\tau=c'+(\sigma-u_a)\tan\varphi'+(u_a-u_w)\tan\varphi^b \tag{12-3}$$

式中：$u_a-u_w=u_s$ 表示土体基质吸力，它等于负孔隙水压与孔隙气压之差；而 $\tan\varphi^b$ 表示随基质吸力增加抗剪强度增加的比率。Fredlund 和 Barbour 应用该公式研究了非饱和土边坡的稳定性问题，基于不同研究结果他们总结了 φ^b 的取值范围一般为 13.8°~21.7°，相应的土体内摩擦角 φ 取值范围一般为 22.5°~35.37°。考虑基质吸力作用后扩展的莫尔-库仑抗剪强度准则，如图 12-3 所示。

一系列的实验结果表明，当考虑较大范围的基质吸力变化时，其与非饱和土抗剪强度之间的关系是非线性的。在 Fredlund 等关于非饱和土双应力状态抗剪强度基础上，Houston 等借助双曲线拟合手段提出了非饱和土的分段抗剪强度公式：

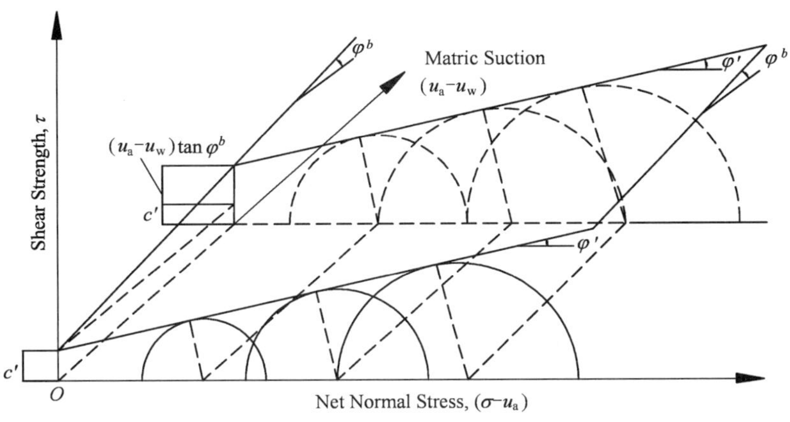

图 12-3　非饱和土的扩展莫尔-库仑抗剪强度准则

$$
\begin{cases}
\varphi_b=\varphi',\ 若(u_a-u_w)\leqslant(u_a-u_w)_b; \\
\varphi_b=\varphi'-\dfrac{(u_a-u_w)-(u_a-u_w)_b}{m+n[(u_a-u_w)-(u_a-u_w)_b]},\ 若(u_a-u_w)>(u_a-u_w)_b
\end{cases}
\tag{12-4}
$$

式中：$(u_a-u_w)_b$ 为非饱和土的进气压力值；m 和 n 为式(12-3)在转换双曲线平面上的截距和斜率。其中参数 n 和有效内摩擦角 φ'之间的关系可表示为：

$$1/n=1.0225\varphi'-2.4598 \tag{12-5}$$

完整的非饱和土抗剪强度包络线可以分成 3 个部分，如图 12-2 所示。首先，非饱和土抗剪强度随基质吸力以 $\tan\varphi^b$ 梯度线性增加，而当基质吸力超过进气值 *AEV* 时，抗剪强度曲线开始表现出非线性性质；当基质吸力超过残余吸力值 ψ_r 时，黏性土、淤泥质土及砂土表现出了不同的性质：黏性土的抗剪强度略微增加，淤泥质土几乎保持不变而砂土的抗剪强度则逐渐下降。

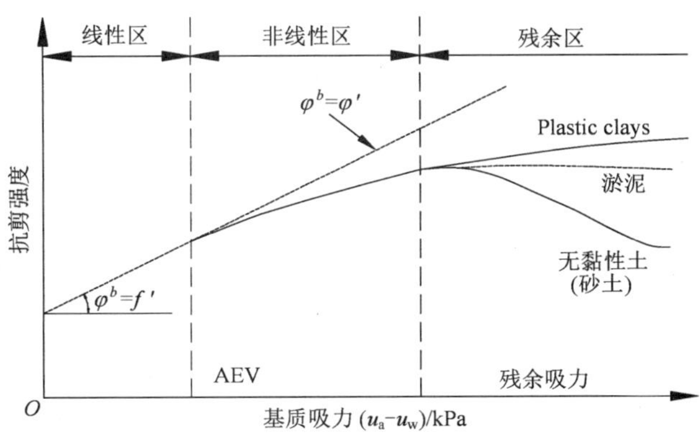

图 12-4　非饱和土非线性抗剪强度

考虑土体基质吸力的作用后，莫尔-库仑强度准则可统一改写为以下形式：

$$\tau=c'+(\sigma_n-u_a)\tan\varphi'+\chi(u_a-u_w)\tan\varphi' \tag{12-6}$$

式中：(σ_n-u_a)为净正应力；χ为与AEV和ψ_r有关的函数，也就是说，式(12-6)中右边第三项表示由基质吸力提供的额外黏聚力，记作$c(u_a-u_w)$。Zhang等总结归纳了目前常用且具有代表性的5个非饱和土非线性抗剪强度模型，见表12-2。

在下文陈述中，分别将表12-2中5个非饱和土抗剪强度模型简称为“Fredlund模型”“Vanapalli模型”“Vilar模型”“Khalili模型”和“Bao模型”。

表12-2 非饱和土非线性抗剪强度模型

非线性抗剪强度模型	由基质吸力增加的黏聚力
Fredlund等	$c(u_a-u_w)=(u_a-u_w)\Theta_d^k\tan\varphi'$
Vanapalli等	$c(u_a-u_w)=(u_a-u_w)\left[\tan\varphi'\left(\frac{\theta_w-\theta_r}{\theta_s-\theta_r}\right)\right]$
Vilar	$c(u_a-u_w)=\frac{(u_a-u_w)}{a+b(u_a-u_w)}$，式中，$a=\frac{1}{\tan\varphi'}$，$b=\frac{1}{c_{ult}-c'}$
Khalili和Khabbaz	$c(u_a-u_w)=(u_a-u_w)[\lambda']\tan\varphi'$，式中，$\begin{cases}\lambda'=1, & 当(u_a-u_w)\leqslant AEV;\\ \lambda'=\left(\frac{u_a-u_w}{AEV}\right)^{-0.55}, & 当(u_a-u_w)>AEV\end{cases}$
Bao等	$c(u_a-u_w)=(u_a-u_w)[\zeta]\tan\varphi'$ 式中：$\begin{cases}\zeta=1.0, & 当(u_a-u_w)\leqslant AEV;\\ \zeta=\frac{\log(u_a-u_w)_r-\log(u_a-u_w)}{\log(u_a-u_w)_r-\log(AEV)}, & 当AEV<(u_a-u_w)\leqslant\psi_r;\\ \zeta=0, & 当(u_a-u_w)>AEV\end{cases}$

附注：表中θ_w、θ_s和θ_r分别是土壤的体积含水率、饱和体积含水率和残余体积含水率；S和S_r分别是土壤饱和度和残余饱和度；$\Theta_d=\theta_w/\theta_s$是无量纲形式含水率；$c_{ult}$是风干土壤样本的未排水极限抗剪强度。

12.3 目标函数优化

本章在公式推导和计算中，忽略了基质吸力引起的土体体积变化，忽略了土体重度变化，且假设地下水位位于滑动面下方，即滑移面上土体全部处于非饱和状态。对非饱和土裂缝边坡的参数优化程序与本书3.3.2节中介绍的基本相同，只不过本章全部采用的是有效抗剪强度参数；值得注意的是，本章在利用强度折减法计算安全系数时，需要对有效黏聚力与基质吸力提供的额外黏聚力之和进行折减，即

$$FS=\frac{c'+\tilde{c}(u_a-u_w)}{}=\frac{\tan\varphi'}{\tan\tilde{\varphi}} \tag{12-7}$$

式中：$\tilde{c}$和$\tilde{\varphi}$分别为强度折减后的土体黏聚力和内摩擦角。在Matlab计算平台中强度折减

法的计算流程如图 12-5 所示。

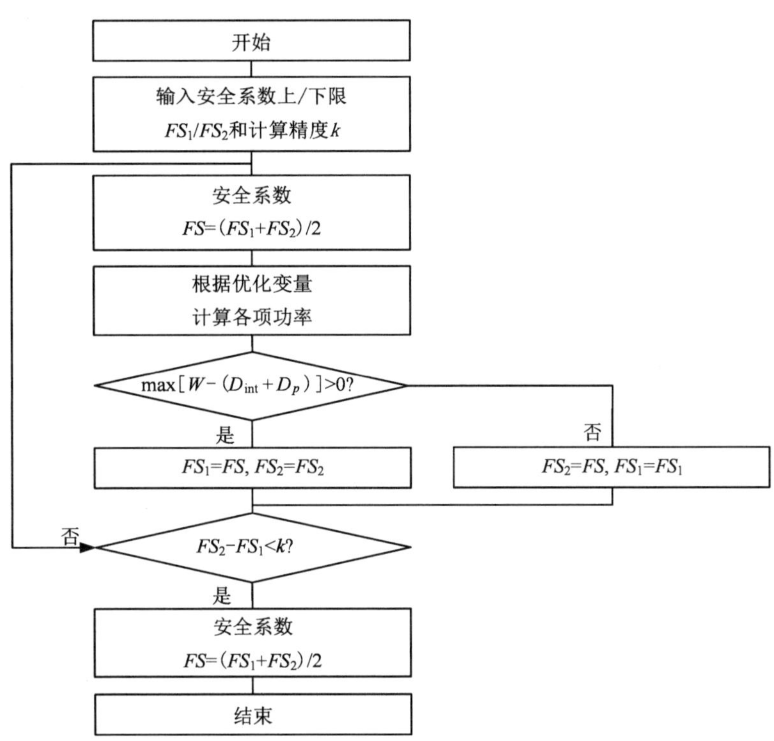

图 12-5　强度折减法计算流程图

12.4　结果对比与分析

为了验证本章计算方法的合理性，将本研究的结果与 Gao 等中的算例结果进行了对比分析，其结果见表 12-3。计算基本参数为：有效内摩擦角 $\varphi'=15°$，坡角 $\beta=60°$，$c/\gamma H\tan\varphi'\approx0.433$。

表 12-3　与 Gao 等计算结果进行对比分析

安全系数		$B/H=1.0$	$B/H=2.0$	$B/H=3.0$	$B/H=5.0$	$B/H=10.0$
Gao 等的计算结果		1.32	1.14	1.09	1.06	1.02
饱和土 $u_a-u_w=0$ kPa		1.38	1.18	1.11	1.06	1.03
非饱和土 $u_a-u_w=60$ kPa	SWCC No. 1	1.55	1.31	1.24	1.18	1.15
	SWCC No. 2	1.52	1.29	1.22	1.17	1.13
	SWCC No. 3	2.59	2.16	2.03	1.93	1.85
	SWCC No. 4	2.99	2.46	2.31	2.19	2.10

可以看到，在饱和土情况下，即 $u_a-u_w=0$ kPa 时，本文计算结果与 Gao 等的计算结果吻合良好，误差小于 5%；而与非饱和土边坡安全系数的对比表明，对于第三、四种土水特征曲线其安全系数增加超过了 80%，而第一、二种土水特征曲线安全系数增加了超过 25%。显然，基质吸力对边坡稳定性存在至关重要的影响，特别是对于黏性土和极细粒土边坡，这种影响尤为显著。

图 12-6 展示了在不同的非饱和土抗剪强度计算模型下，4 种典型的工程土质边坡的安全系数随基质吸力的变化曲线。对于不同的非饱和土边坡，不仅其安全系数的计算结果有所差异，其随基质吸力的变化关系也各有不同。以下进行逐一分析。

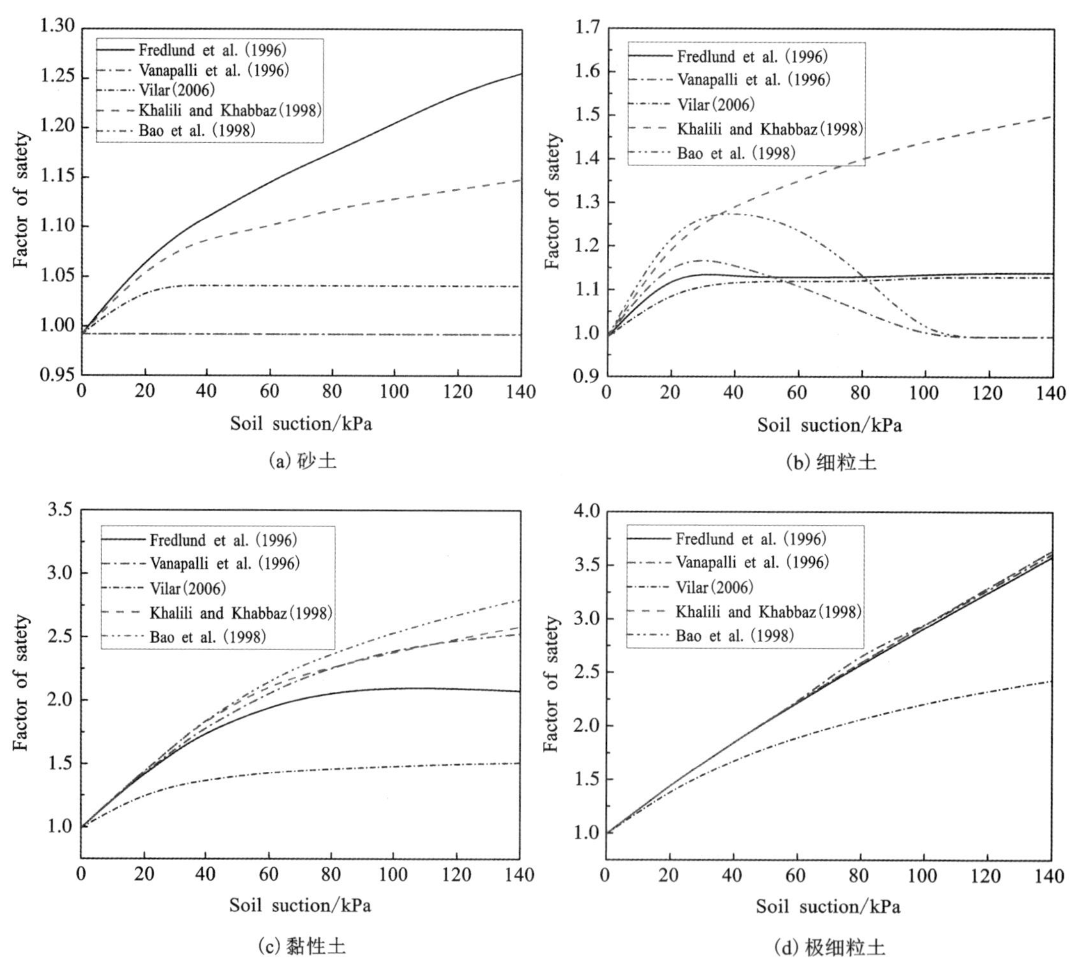

(a) 砂土

(b) 细粒土

(c) 黏性土

(d) 极细粒土

图 12-6 基质吸力对边坡安全系数的影响

对于砂土边坡，如图 12-6(a)所示，由 Bao 模型和 Vanapalli 模型计算出的边坡安全系数相同，都等于饱和土边坡的安全系数，且在 0~140 kPa 时安全系数不随基质吸力变化。Vilar 模型计算结果与前两者相似，基质吸力超过 30 kPa 后安全系数不再增长，说明这 3 种模型基本忽略了非饱和砂土中的基质吸力的作用而将其作为饱和土看待。Fredlund 模型和

Khalili and Khabbaz 模型下安全系数随基质吸力增长呈非线性增加，且 Fredlund 模型计算所得的安全系数要远大于其他模型的计算结果，说明此模型会高估砂土中基质吸力的作用。总的来说，砂土边坡中基质吸力对稳定性的影响较小，为保守起见，计算砂土边坡稳定性时可以忽略基质吸力的作用。

对于细粒土边坡，如图 12-6(b)所示，Vanapalli 模型和 Bao 模型的曲线都为先增加后减少的趋势，峰值出现在基质吸力等于 30 kPa 左右，随后逐渐减小并在基质吸力超过残余吸力值后稳定，这一点与其他 3 个模型明显不同。

对于黏性土边坡，如图 12-6(c)所示，边坡安全系数(抗剪强度)与基质吸力之间的关系是非线性的。除 Vilar 模型外，其余 4 个模型在基质吸力小于 40 kPa 时其曲线基本重合。

对于极细粒土，如图 12-6(d)所示，除 Vilar 模型外其余 4 个模型计算所得的安全系数几乎随基质吸力直线增长，这是由于极细粒土的进气值远远大于 140 kPa，所以在 0～140 kPa 时抗剪强度包络线仍处于线性区间，如图 12-4 所示，所以安全系数曲线在低基质吸力范围内呈现线性趋势。

通过 Vilar 模型计算出的 4 种土质边坡的安全系数曲线有相同的趋势，即开始时边坡稳定性随基质吸力缓慢增加，随后曲线逐渐平缓并最终保持稳定，即不再随基质吸力变化。不同种类的土质边坡安全系数拐点出现时其基质吸力值不同：对于砂土和细粒土，安全系数曲线在$(u_a-u_w)>30$ kPa 之后不再变化；对于黏性土，安全系数曲线大约在基质吸力超过 100 kPa 后平行于横坐标轴；而对于极细粒土，安全系数曲线为 0～140 kPa 时未能到达稳定状态。总的来说，Vilar 模型对黏性土和极细粒土的安全系数计算结果相对其他模型如 Fredlund 模型和 Khalili and Khabbaz 模型更加保守。

12.5　本章小结

考虑到实际中土质边坡常常是处于非饱和状态，且众多滑坡灾害都是由降雨导致的，本章采用 5 种常见的非饱和土抗剪强度计算公式，计算了 4 种典型非饱和土三维裂缝边坡在不同基质吸力水平下的稳定性上限解。本章得到的主要结论如下：

(1)基质吸力对于土质边坡的稳定有着至关重要的影响，基质吸力的消散也是导致降雨条件下滑坡灾害频发的主要原因之一。土质边坡应加强排水设计，确保降雨条件下土体饱和度不会快速增加。

(2)相对其他土质边坡来说，在不同的非饱和土抗剪强度计算模型下，砂土边坡受基质吸力的影响较小。为保守起见，在设计施工中可以认为砂土的抗剪强度不随基质吸力的改变而变化，以$(u_a-u_w)=0$ 计算砂土边坡的稳定性。

(3)对于黏性土、细粒土和极细粒土来说，其抗剪强度与基质吸力间呈现明显的非线性关系，曲线的拐点与土体的非饱和参数进气值和残余吸力值密切相关。

第 13 章 非均质各向异性土体条件下二级边坡的拟静力分析

过往的文献中，并未出现关于土体性质影响边坡稳定性的系统研究，大多数研究都以假定土体性质是均匀的、各向是同性的为基础展开对于边坡稳定性的定量计算分析。然而，受到土体沉降、固结作用或历史固结应力的影响，土体在自然界中基本上不是均匀的、各向同性的，受到土体自重的影响，土体的水平方向黏聚力存在随深度线性变化的趋势，而土体各向异性又常伴随着土体非均质性，从而使土体内各个方向的黏聚力呈现出不均匀的分布。本章将考虑土体非均质性和各向异性，并对它们进行参数分析，结果表明本章所给出的非均匀性系数对于边坡的稳定性有一定的提升，而各向异性系数对于边坡的稳定性具有相应的削弱作用，在研究边坡稳定性时，土体参数是一个重要的变量。

在以往边坡稳定性研究中，研究者通常从二维的层面对边坡进行稳定性研究分析，而忽略了边坡的尺寸边界问题。虽然二维分析能够更容易确定边坡稳定的极限状态，但在实际工程中边坡失稳通常伴随着明显的尺寸边界效应，即边坡宽高比显著影响着边坡的稳定性。这说明边坡稳定性的二维分析是不够准确的，它会低估边坡的稳定性；而且在边坡支护上采用二维分析的解决方案将会导致过于保守的结果和增加工程中边坡支护的费用。为避免上述二维分析的问题，更加真实地描述边坡失稳极限状态下所具有的明显三维空间特性，在边坡稳定性分析中引入边坡宽高比，是有必要的。本章还考虑了边坡的尺寸边界问题，有效解决了二维分析中未考虑的横向边界问题，这将有助于准确地计算出边坡的稳定性系数。三维条件下的解决方案更接近于真实情况，能够为工程中的边坡支护提供帮助。

除此之外，边坡的形状也会较大地影响边坡的稳定性，在过往的文献中，大部分研究都将重心放在了单级边坡，忽略了边坡形状。实际上，在高大边坡的开挖支护中，常在边坡中部使用水平台阶作为增加边坡稳定性的措施，这类边坡被统称为二级边坡。二级边坡由上、下坡面和水平台阶组成，中部的水平台阶连接着上、下坡面，在实际工程中通常能通过开挖上部坡体使上坡面角度变小，这能够在一定程度为二级边坡的稳定性做出贡献。本章将对边坡形状，如台阶宽度，上、下坡角，上、下边坡高度系数等进行详细地阐述，并分析这些参数对于二级边坡的三维安全系数的具体影响。

13.1　土体的非均质性和各向异性

经过长期的沉积、固结和应力历史并且在数千年的地质过程中，土体受自重影响，土体颗粒在竖向排列不均匀，土体黏聚力趋向于呈现出随深度变化的特点。本章假设土体黏聚力与深度呈正比关系，而且深度越深的土体所具有的黏聚力越大。另外，土体的各向异性常常伴随着土体的非均质性，它也是土体在沉积、固结过程中所产生的特性，是土体颗粒在沉积、固结中水平方向和垂直方向的排列不同所造成的。土体黏聚力的具体表达为：

$$c_i = c_h + (c_v - c_h)\cos^2 i = c_0\left(1 + \frac{1-\kappa}{\kappa}\cos^2 i\right) \tag{13-1}$$

$$c = \left[n_0 c_0 + \frac{(1-n_0)c_0}{H}h\right]\left(1 + \frac{1-\kappa}{\kappa}\cos^2 i\right) \tag{13-2}$$

式中：c_i 表示与竖直方向呈 i 角度的方向黏聚力，而在研究中一般认为 $i=m$，m 表示最大主应力与破坏面之间的互补角，$m=\pi/4+\varphi/2$，即 $i=\pi/4+\varphi/2$；c_h 和 c_v 分别表示水平方向上的黏聚力和竖直方向上的黏聚力；n_0 表示土体非均匀系数，它是土体黏聚力随深度线性变化的体现；κ 表示土体各向异性系数，$\kappa=c_h/c_v$，即各向异性系数为水平方向黏聚力与竖直方向黏聚力之比。在土体研究中，一般认为 c_0 是水平方向上的土体黏聚力，即 $c_0=c_h$。

13.2　二级边坡三维破坏机构

极限分析上限定理是研究斜坡稳定性的有效方法，目前在实际问题中被广泛使用。基于极限分析上限法适用于不会发生强化、软化过程的理想塑性体材料且满足相关的流动法则，在使用极限分析上限法解决三维边坡稳定性问题时，最重要的是建立一个运动学上可接受的破坏机构。Michalowski 和 Drescher 提出了一个运动学上所能接受的三维对数螺旋曲线模型，其最早被用来描述单级土质边坡的失稳情况。该破坏机构经过验证，符合极限分析上限定理所要求的条件，并且适用范围逐步扩大到挡土墙、浅埋隧道。

本研究将 Michalowski 和 Drescher 分析的单级边坡情况扩展到了二级边坡情况，并采取极坐标形式描述了土质边坡滑动的情况，如图 13-1 所示。本研究的二级边坡宽度为 B，高度为 H，台阶宽度为 a，上坡面高度为 $\alpha_1 H$，下坡面高度为 $\alpha_2 H$，上坡角为 β_1，下坡角为 β_2。通过坡顶和坡脚的三维破坏机构有一个顶角为 2φ 对称的平面，可以由两条对数螺旋曲线确定，从极点 O 到滑动的连续破坏面 AE 和极点 O 到对数螺旋构造面 $A'E'$ 的表达式为：

$$r = r_0 e^{(\theta-\theta_0)\tan\varphi} \tag{13-3}$$

$$r' = r_0' e^{-(\theta-\theta_0)\tan\varphi} \tag{13-4}$$

式中：θ 表示极角，取值范围是$[\theta_0, \theta_h]$；φ 表示土体的内摩擦角，是土体速度方向与边坡滑动破坏面之间的夹角；θ_0 为边坡滑动破坏面上点 A 的极角；r_0 为点 A 的极径，即 $OA=r_0$；r_0'为点 A'的极径，即 $OA'=r_0'$。

该三维对数螺旋曲线破坏机构从顶点开始，从一个点逐渐旋转形成横截面越来越大的

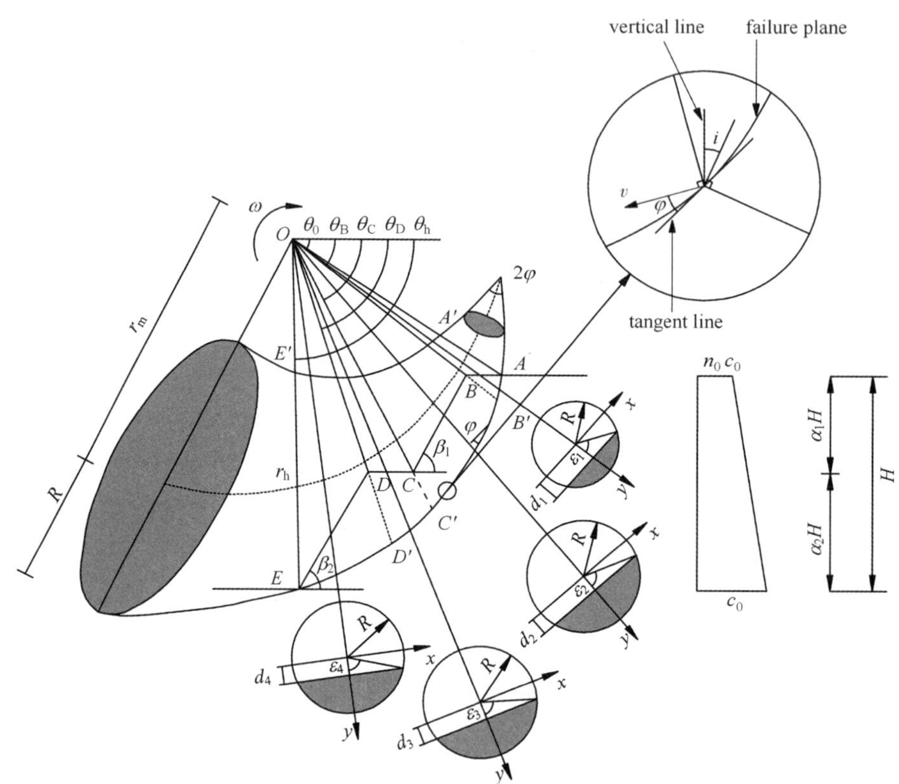

图 13-1 非均质性各向异性二级边坡破坏机构

圆，从旋转中心 O 到横截面中心的距离为 r_m，横截面圆的半径为 R，根据图 13-1 所示的几何关系，可以得出两者的表达式为：

$$r_m=(r+r')/2=r_0 f_1 \tag{13-5}$$

$$R=(r-r')/2=r_0 f_2 \tag{13-6}$$

式中：f_1 和 f_2 是无量纲函数。它们的表达式为：

$$f_1=\frac{1}{2}\left(e^{(\theta-\theta_0)\tan\varphi}+\frac{r'_0}{r_0}e^{-(\theta-\theta_0)\tan\varphi}\right) \tag{13-7}$$

$$f_2=\frac{1}{2}\left(e^{(\theta-\theta_0)\tan\varphi}-\frac{r'_0}{r_0}e^{-(\theta-\theta_0)\tan\varphi}\right) \tag{13-8}$$

如图 13-1 所示，本书将单级边坡的研究拓展至二级边坡，在高大边坡中部设置台阶平盘以此将边坡坡面分为上坡面和下坡面，两者高度的代数和为整个边坡的高度，即两个高度系数的表达式为：

$$\alpha_1+\alpha_2=1 \tag{13-9}$$

式中：α_1 和 α_2 分别表示上坡面高度系数和下坡面高度系数。另外两个关于尺寸的无量纲函数 η_1 和 η_2 可以表达为：

$$\eta_1=H/r_0=e^{(\theta_h-\theta_0)\tan\varphi}\sin\theta_h-\sin\theta_0 \tag{13-10}$$

$$\eta_2=L/r_0=\cos\theta_0-\cos\theta_h e^{(\theta_h-\theta_0)\tan\varphi}-(\alpha_1\cot\beta_1+\alpha_2\cot\beta_2+\frac{a}{H})\eta_1 \tag{13-11}$$

式中：θ_h 表示边坡滑动破坏面上点 E 的极角；L 表示坡顶 AB 的宽度。另外，如图 13-1 所示边坡关键点上的极角可以由几何学知识推出，它们的表达式为：

$$\theta_B=\arccos\frac{\cos\theta_0-\eta_2}{\sqrt{\sin^2\theta_0+(\cos\theta_0-\eta_2)^2}} \tag{13-12}$$

$$\theta_C=\arccos\frac{\cos\theta_0-\eta_2-\alpha_1\eta_1\cot\beta_1}{\sqrt{(\sin\theta_0+\alpha_1\eta_1)^2+(\cos\theta_0-\eta_2-\alpha_1\eta_1\cot\beta_1)^2}} \tag{13-13}$$

$$\theta_D=\arccos\frac{e^{(\theta_h-\theta_0)\tan\varphi}\cos\theta_h+\alpha_2\eta_1\cot\beta_2}{\sqrt{(e^{(\theta_h-\theta_0)\tan\varphi}\sin\theta_h-\alpha_2\eta_1)^2+(e^{(\theta_h-\theta_0)\tan\varphi}\cos\theta_h+\alpha_2\eta_1\cot\beta_2)^2}} \tag{13-14}$$

式中：θ_B、θ_C 和 θ_D 分别表示边坡坡面上点 B、点 C 和点 D 的极角。

为了优化三维对数螺旋曲线破坏机构，如图 13-2 所示，在破坏机构中插入了一个平面应变块，其宽度为 b，以确保当宽度 b 趋近于无穷大时，三维解可以退化为二维解，即考虑尺寸边界的三维解在 b 无穷大时的结果与不考虑尺寸边界的二维解结果保持一致。除此之外，将边坡宽度 B 和三维部分的最大宽度 B'_{max} 作为约束，得到平面插入块宽度 b 的表达式：

$$b=B-B'_{max} \tag{13-15}$$

式中：B'_{max} 表示三维部分的最大宽度。它可由以下表达式确定：

$$B'_{max}=\max\{2\sqrt{R^2-d_i^2}\}\quad(i=1,\ 2,\ 3,\ 4) \tag{13-16}$$

式中：d_i 表示坡面到横截面中心的距离，如图 13-1 所示。d_i 的表达式为：

$$d_1=r_0\frac{\sin\theta_0}{\sin\theta}-r_m=r_0f_3 \tag{13-17}$$

$$d_2=r_0\frac{\sin\theta_0\sin(\theta_B+\beta_1)}{\sin\theta_B\sin(\theta+\beta_1)}-r_m=r_0f_4 \tag{13-18}$$

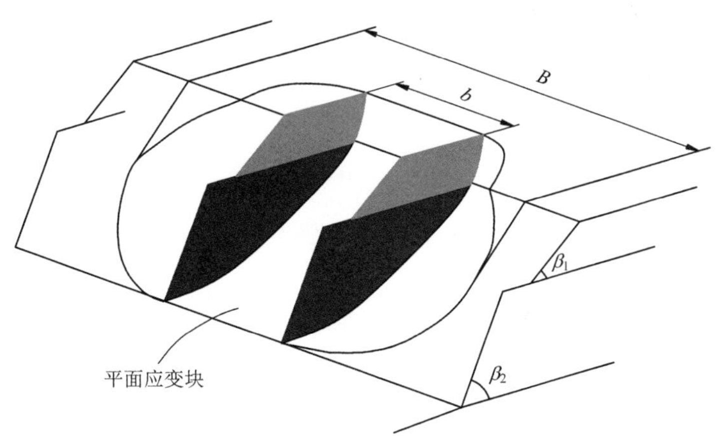

图 13-2　插入平面应变块示意图

$$d_3=r_0\frac{\sin\theta_0+\alpha_1\eta_1}{\sin\theta}-r_m=r_0f_5 \tag{13-19}$$

$$d_4=r_0e^{(\theta_h-\theta_0)\tan\varphi}\frac{\sin(\theta_h+\beta_2)}{\sin(\theta+\beta_2)}-r_m=r_0f_6 \tag{13-20}$$

式中：d_1、d_2、d_3、d_4 分别表示在边坡坡面 AB、BC、CD、DE 的某一点极径与该点所对应的旋转中心 O 到横截面中心的距离 r_m 的差值，如图 13-1 所示。另外，$f_3\sim f_6$ 是无量纲函数，它们的表达式为：

$$f_3=\frac{\sin\theta_0}{\sin\theta}-f_1 \tag{13-21}$$

$$f_4=\frac{\sin\theta_0\sin(\theta_B+\beta_1)}{\sin\theta_B\sin(\theta+\beta_1)}-f_1 \tag{13-22}$$

$$f_5=\frac{\sin\theta_0+\alpha_1\eta_1}{\sin\theta}-f_1 \tag{13-23}$$

$$f_6=e^{(\theta_h-\theta_0)\tan\varphi}\frac{\sin(\theta_h+\beta_2)}{\sin(\theta+\beta_2)}-f_1 \tag{13-24}$$

13.3 二级边坡安全系数上限解

本章节在三维对数螺旋曲线破坏机构的基础上，对二级边坡的稳定性进行了定量分析，计算出土体黏聚力在三维旋转机构下的内能耗散率 D，外部做功功率 W。内能耗散率 D 为三维部分 D_{3D} 和平面应变插入块部分 D_{insert} 的代数和，即 $D=D_{3D}+D_{\text{insert}}$，而外部做功功率 W 则分为土体自重所做功的功率 W_γ 和地震作用下的外部功率 W_{k_h}，即 $W=W_\gamma+W_{k_h}$。根据功能平衡方程，建立起内能耗散率和外部做功功率的联系，并采用强度折减法计算出二级边坡的安全系数上限解。

13.3.1 三维土体内能耗散率

基于假定旋转体为刚体，土体内能耗散只发生于滑动破坏面 AE 上，内能耗散率的积分表达式为：

$$D=\int_{S_t}cv\cos\varphi\,\mathrm{d}S_t \tag{13-25}$$

式中：c 表示土体黏聚力；v 表示在滑动破坏面上的土体运动速度；S_t 表示速度不连续的滑动破坏面。后两者的表达式为：

$$v=\omega(r_m+R\cos\varepsilon) \tag{13-26}$$

$$\mathrm{d}S_t=\frac{R(r_m+R\cos\varepsilon)}{\cos\varphi}\mathrm{d}\varepsilon\mathrm{d}\theta \tag{13-27}$$

式中：ω 表示三维破坏机构的角速度；ε 表示角度变量，如图 13-1 所示。

内能耗散率的三维部分 D_{3D} 是四个部分的内能耗散率的代数和，即 $D_{3D}=D_{AB'}+D_{B'C'}+D_{C'D'}+D_{D'E}$，这四个部分的内能耗散率的表达式为：

$$D_{AB'} = 2\omega\int_{\theta_0}^{\theta_B}\int_0^{\varepsilon_1} c(r_{\mathrm{m}} + R\cos\varepsilon)^2 R\mathrm{d}\varepsilon\mathrm{d}\theta = \omega n_0 c_i r_0^3 g_1 + \omega\frac{1-n_0}{H}c_i r_0^4 g_2 \tag{13-28}$$

$$D_{B'C'} = 2\omega\int_{\theta_B}^{\theta_C}\int_0^{\varepsilon_2} c(r_{\mathrm{m}} + R\cos\varepsilon)^2 R\mathrm{d}\varepsilon\mathrm{d}\theta = \omega n_0 c_i r_0^3 g_3 + \omega\frac{1-n_0}{H}c_i r_0^4 (g_4 + g_5) \tag{13-29}$$

$$D_{C'D'} = 2\omega\int_{\theta_C}^{\theta_D}\int_0^{\varepsilon_3} c(r_{\mathrm{m}} + R\cos\varepsilon)^2 R\mathrm{d}\varepsilon\mathrm{d}\theta = \omega n_0 c_i r_0^3 g_6 + \omega\frac{1-n_0}{H}c_i r_0^4 (g_7 + g_8) \tag{13-30}$$

$$D_{D'E} = 2\omega\int_{\theta_D}^{\theta_{\mathrm{h}}}\int_0^{\varepsilon_4} c(r_{\mathrm{m}} + R\cos\varepsilon)^2 R\mathrm{d}\varepsilon\mathrm{d}\theta = \omega n_0 c_i r_0^3 g_9 + \omega\frac{1-n_0}{H}c_i r_0^4 (g_{10} + g_{11}) \tag{13-31}$$

式中：ε_1、ε_2、ε_3、ε_4 分别表示在滑动破坏面 AB'、$B'C'$、$C'D'$、$D'E$ 段的角度变量上限；$g_1 \sim g_{13}$ 为无量纲函数，它们的表达式如下

$$g_1 = \int_{\theta_0}^{\theta_B} f_2(2f_1^2 + f_2^2)\arccos(f_3/f_2) + f_2(4f_1 + f_3)\sqrt{f_2^2 - f_3^2}\,\mathrm{d}\theta \tag{13-32}$$

$$g_2 = \int_{\theta_0}^{\theta_B}\Big[\arccos(f_3/f_2)(2f_1f_2^3 - 2f_1^2f_2f_3 - f_2^3f_3) + \sqrt{f_2^2 - f_3^2}(2f_1^2f_2 - 2f_1f_2f_3 + \frac{4}{3}f_2^3 - \frac{1}{3}f_2f_3^2)\Big]\sin\theta\mathrm{d}\theta \tag{13-33}$$

$$g_3 = \int_{\theta_B}^{\theta_C} f_2(2f_1^2 + f_2^2)\arccos(f_4/f_2) + f_2(4f_1 + f_4)\sqrt{f_2^2 - f_4^2}\,\mathrm{d}\theta \tag{13-34}$$

$$g_4 = \int_{\theta_B}^{\theta_C} f_2f_7(2f_1^2 + f_2^2)\arccos(f_4/f_2) + f_2f_7(4f_1 + f_4)\sqrt{f_2^2 - f_4^2}\,\mathrm{d}\theta \tag{13-35}$$

$$g_5 = \int_{\theta_B}^{\theta_C}\Big[\arccos(f_4/f_2)(2f_1f_2^3 - 2f_1^2f_2f_4 - f_2^3f_4) + \sqrt{f_2^2 - f_4^2}(2f_1^2f_2 - 2f_1f_2f_4 + \frac{4}{3}f_2^3 - \frac{1}{3}f_2f_4^2)\Big]\sin\theta\mathrm{d}\theta \tag{13-36}$$

$$g_6 = \int_{\theta_C}^{\theta_D} f_2(2f_1^2 + f_2^2)\arccos(f_5/f_2) + f_2(4f_1 + f_5)\sqrt{f_2^2 - f_5^2}\,\mathrm{d}\theta \tag{13-37}$$

$$g_7 = \int_{\theta_C}^{\theta_D} f_2f_7(2f_1^2 + f_2^2)\arccos(f_5/f_2) + f_2f_7(4f_1 + f_5)\sqrt{f_2^2 - f_5^2}\,\mathrm{d}\theta \tag{13-38}$$

$$g_8 = \int_{\theta_C}^{\theta_D}\Big[\arccos(f_5/f_2)(2f_1f_2^3 - 2f_1^2f_2f_5 - f_2^3f_5) + \sqrt{f_2^2 - f_5^2}(2f_1^2f_2 - 2f_1f_2f_5 + \frac{4}{3}f_2^3 - \frac{1}{3}f_2f_5^2)\Big]\sin\theta\mathrm{d}\theta \tag{13-39}$$

$$g_9 = \int_{\theta_D}^{\theta_{\mathrm{h}}} f_2(2f_1^2 + f_2^2)\arccos(f_6/f_2) + f_2(4f_1 + f_6)\sqrt{f_2^2 - f_6^2}\,\mathrm{d}\theta \tag{13-40}$$

$$g_{10} = \int_{\theta_D}^{\theta_{\mathrm{h}}} f_2f_7(2f_1^2 + f_2^2)\arccos(f_6/f_2) + f_2f_7(4f_1 + f_6)\sqrt{f_2^2 - f_6^2}\,\mathrm{d}\theta \tag{13-41}$$

$$g_{11} = \int_{\theta_D}^{\theta_{\mathrm{h}}}\Big[\arccos(f_6/f_2)(2f_1f_2^3 - 2f_1^2f_2f_6 - f_2^3f_6) + \sqrt{f_2^2 - f_6^2}(2f_1^2f_2 - 2f_1f_2f_6 + \frac{4}{3}f_2^3 - \frac{1}{3}f_2f_6^2)\Big]\sin\theta\mathrm{d}\theta \tag{13-42}$$

式中：无量纲函数 f_7 的表达式如下

$$f_7 = e^{(\theta-\theta_0)\tan\varphi}\sin\theta - \sin\theta_0 \tag{13-43}$$

平面应变插入块的内能耗散率 D_{insert} 根据式(13-25)，可以表达为：

$$D_{\text{insert}} = b\omega r_0^2\int_{\theta_0}^{\theta_h} c e^{2(\theta-\theta_0)\tan\varphi}\mathrm{d}\theta = \omega n_0 c_i r_0^3 g_{12} + \omega\frac{1-n_0}{H}c_i r_0^4 g_{13} \tag{13-44}$$

式中：g_{12}、g_{13} 是无量纲函数。它们的表达式为：

$$g_{12} = \frac{b\eta_1}{2H\tan\varphi}\left[e^{2(\theta_h-\theta_0)\tan\varphi} - 1\right] \tag{13-45}$$

$$g_{13} = \frac{b}{H}\left\{\eta_1\frac{3\tan\varphi\left[\sin\theta_h e^{3(\theta_h-\theta_0)\tan\varphi} - \sin\theta_0\right] + \cos\theta_0 - \cos\theta_h e^{3(\theta_h-\theta_0)\tan\varphi}}{1+9\tan^2\varphi} - \frac{\eta_1\sin\theta_0}{2\tan\varphi}\left[e^{2(\theta_h-\theta_0)\tan\varphi} - 1\right]\right\} \tag{13-46}$$

综上所述，土体内能耗散率的计算分为两大部分，这两大部分的表达式如式(13-44)所示，故二级边坡土体内能耗散率的表达式为：

$$D = \omega n_0 c_i r_0^3(g_1 + g_3 + g_6 + g_9 + g_{12}) + \omega\frac{1-n_0}{H}c_i r_0^4(g_2 + g_4 + g_5 + g_7 + g_8 + g_{10} + g_{11} + g_{13}) \tag{13-47}$$

13.3.2 三维土体自重做功功率

一般而言，土体自重诱导二级边坡在薄弱面产生滑动，土体自重分量也视为一种下滑力，因为土体自重是与体积有关的力，它是质量在重力场的相互作用所形成的，故三维自重做功功率与三维土体内能耗散率的计算形式不一样，前者为关于体积的计算功率，而后者是关于面积的计算功率。根据体积做功计算功率，三维土体自重做功功率可表达为：

$$\begin{aligned}W_{\gamma\text{-3D}} &= 2\omega\gamma\left[\int_{\theta_0}^{\theta_B}\int_{d_1}^{R}\int_0^{x^*}(r_m+y)^2\cos\theta\mathrm{d}x\mathrm{d}y\mathrm{d}\theta + \int_{\theta_B}^{\theta_C}\int_{d_2}^{R}\int_0^{x^*}(r_m+y)^2\cos\theta\mathrm{d}x\mathrm{d}y\mathrm{d}\theta + \right.\\&\left.\int_{\theta_C}^{\theta_D}\int_{d_3}^{R}\int_0^{x^*}(r_m+y)^2\cos\theta\mathrm{d}x\mathrm{d}y\mathrm{d}\theta + \int_{\theta_D}^{\theta_h}\int_{d_4}^{R}\int_0^{x^*}(r_m+y)^2\cos\theta\mathrm{d}x\mathrm{d}y\mathrm{d}\theta\right]\\&= \gamma\omega r_0^4 g_{14}\end{aligned} \tag{13-48}$$

$$W_{\gamma\text{-insert}} = \gamma\omega r_0^4 g_{15} \tag{13-49}$$

$$W_\gamma = W_{\gamma\text{-3D}} + W_{\gamma\text{-insert}} = \gamma\omega r_0^4(g_{14}+g_{15}) \tag{13-50}$$

式中：W_γ 表示三维土体自重做功功率；$W_{\gamma\text{-3D}}$ 和 $W_{\gamma\text{-insert}}$ 分别表示三维部分和平面应变插入块的土体自重做功功率；x^* 是积分上限，它表达为 $x^* = \sqrt{R^2-y^2}$；g_{14}、g_{15} 是无量纲函数，它们的表达式如下

$$\begin{aligned}g_{14} = 2\int_{\theta_0}^{\theta_B}&\left[(f_2^2f_3/8 - f_3^3/4 - 2f_1f_3^2/3 - f_3f_1^2/2 + 2f_1f_2^2/3)\sqrt{f_2^2-f_3^2} + \right.\\&\left.(f_2^4/8 + f_2^2f_1^2/2)\arcsin(\sqrt{f_2^2-f_3^2}/f_2)\right]\cos\theta\mathrm{d}\theta + \\&2\int_{\theta_B}^{\theta_C}\left[(f_2^2f_4/8 - f_4^3/4 - 2f_1f_4^2/3 - f_4f_1^2/2 + 2f_1f_2^2/3)\sqrt{f_2^2-f_4^2} + \right.\end{aligned}$$

$$(f_2^4/8+f_2^2f_1^2/2)\arcsin(\sqrt{f_2^2-f_4^2}/f_2)\Big]\cos\theta\mathrm{d}\theta+$$
$$2\int_{\theta_C}^{\theta_D}\Big[(f_2^2f_5/8-f_5^3/4-2f_1f_5^2/3-f_5f_1^2/2+2f_1f_2^2/3)\sqrt{f_2^2-f_5^2}+$$
$$(f_2^4/8+f_2^2f_1^2/2)\arcsin(\sqrt{f_2^2-f_5^2}/f_2)\Big]\cos\theta\mathrm{d}\theta+$$
$$2\int_{\theta_D}^{\theta_h}\Big[(f_2^2f_6/8-f_6^3/4-2f_1f_6^2/3-f_6f_1^2/2+2f_1f_2^2/3)\sqrt{f_2^2-f_6^2}+$$
$$(f_2^4/8+f_2^2f_1^2/2)\arcsin(\sqrt{f_2^2-f_6^2}/f_2)\Big]\cos\theta\mathrm{d}\theta \tag{13-51}$$

$$g_{15}=\frac{b}{H}\eta_1(f_8-f_9-f_{10}-f_{11}-f_{12}) \tag{13-52}$$

式中：$f_8\sim f_{12}$ 是无量纲函数。它们的函数形式表达为：

$$f_8=\frac{[(3\tan\varphi\cos\theta_h+\sin\theta_h)\mathrm{e}^{3(\theta_h-\theta_0)\tan\varphi}-3\tan\varphi\cos\theta_0-\sin\theta_0]}{3(1+9\tan^2\varphi)} \tag{13-53}$$

$$f_9=\frac{\eta_2\sin\theta_0(2\cos\theta_0-\eta_2)}{6} \tag{13-54}$$

$$f_{10}=\frac{1}{3}\alpha_1\eta_1(\cos\theta_0-\eta_2+\sin\theta_0\cot\beta_1)(\cos\theta_0-\eta_2-\frac{1}{2}\alpha_1\eta_1\cot\beta_1) \tag{13-55}$$

$$f_{11}=\frac{1}{3}\frac{a}{H}\eta_1(\sin\theta_0+\alpha_1\eta_1)(\cos\theta_0-\eta_2-\alpha_1\eta_1\cot\beta_1-\frac{1}{2}\frac{a}{H}\eta_1) \tag{13-56}$$

$$f_{12}=\frac{1}{3}\alpha_2\eta_1\mathrm{e}^{(\theta_h-\theta_0)\tan\varphi}\frac{\sin(\theta_h+\beta_2)}{\sin\beta_2}\left(\mathrm{e}^{(\theta_h-\theta_0)\tan\varphi}\cos\theta_h+\frac{1}{2}\alpha_2\eta_1\cot\beta_2\right) \tag{13-57}$$

13.3.3　三维地震荷载做功功率

本章描述地震荷载的方法为拟静力分析法，即用一个地震系数来概括地震荷载，地震荷载为 k_hG、G 为土体自重。由于三维土体自重做功功率为关于体积的计算功率，故三维地震荷载做功功率也视为关于体积的计算功率，它的表达式为：

$$W_{k_h\text{-3D}}=2\omega\gamma k_h\Big[\int_{\theta_0}^{\theta_B}\int_{d_1}^{R}\int_0^{x^*}(r_m+y)^2\sin\theta\mathrm{d}x\mathrm{d}y\mathrm{d}\theta+$$
$$\int_{\theta_B}^{\theta_C}\int_{d_2}^{R}\int_0^{x^*}(r_m+y)^2\sin\theta\mathrm{d}x\mathrm{d}y\mathrm{d}\theta+$$
$$\int_{\theta_C}^{\theta_D}\int_{d_3}^{R}\int_0^{x^*}(r_m+y)^2\sin\theta\mathrm{d}x\mathrm{d}y\mathrm{d}\theta+$$
$$\int_{\theta_D}^{\theta_h}\int_{d_4}^{R}\int_0^{x^*}(r_m+y)^2\sin\theta\mathrm{d}x\mathrm{d}y\mathrm{d}\theta\Big]$$
$$=k_h\gamma\omega r_0^4g_{16} \tag{13-58}$$

$$W_{k_h\text{-insert}}=k_h\gamma\omega r_0^4g_{17} \tag{13-59}$$

$$W_{k_h}=W_{k_h\text{-3D}}+W_{k_h\text{-insert}}=k_h\gamma\omega r_0^4(g_{16}+g_{17}) \tag{13-60}$$

式中：W_{k_h} 为地震荷载做功功率；$W_{k_h\text{-3D}}$ 和 $W_{k_h\text{-insert}}$ 分别表示三维部分和平面应变插入块地震荷载做功功率；g_{16}、g_{17} 表示无量纲参数，它们的表达式如下

$$g_{16}=2\int_{\theta_0}^{\theta_B}\left[(f_2^2f_3/8-f_3^3/4-2f_1f_3^2/3-f_3f_1^2/2+2f_1f_2^2/3)\sqrt{f_2^2-f_3^2}+(f_2^4/8+f_2^2f_1^2/2)\arcsin(\sqrt{f_2^2-f_3^2}/f_2)\right]\sin\theta\mathrm{d}\theta+2\int_{\theta_B}^{\theta_C}\left[(f_2^2f_4/8-f_4^3/4-2f_1f_4^2/3-f_4f_1^2/2+2f_1f_2^2/3)\sqrt{f_2^2-f_4^2}+(f_2^4/8+f_2^2f_1^2/2)\arcsin(\sqrt{f_2^2-f_4^2}/f_2)\right]\sin\theta\mathrm{d}\theta+2\int_{\theta_C}^{\theta_D}\left[(f_2^2f_5/8-f_5^3/4-2f_1f_5^2/3-f_5f_1^2/2+2f_1f_2^2/3)\sqrt{f_2^2-f_5^2}+(f_2^4/8+f_2^2f_1^2/2)\arcsin(\sqrt{f_2^2-f_5^2}/f_2)\right]\sin\theta\mathrm{d}\theta+2\int_{\theta_D}^{\theta_h}\left[(f_2^2f_6/8-f_6^3/4-2f_1f_6^2/3-f_6f_1^2/2+2f_1f_2^2/3)\sqrt{f_2^2-f_6^2}+(f_2^4/8+f_2^2f_1^2/2)\arcsin(\sqrt{f_2^2-f_6^2}/f_2)\right]\sin\theta\mathrm{d}\theta \tag{13-61}$$

$$g_{17}=\frac{b}{H}\eta_1(f_{13}-f_{14}-f_{15}-f_{16}-f_{17}) \tag{13-62}$$

13.3.4 三维外部做功功率

三维外部做功功率为三维土体自重做功功率和三维地震荷载做功功率的代数和，它的表达式如下所示：

$$W=W_{\gamma\text{-3D}}+W_{\gamma\text{-insert}}+W_{k_h\text{-3D}}+W_{k_h\text{-insert}}=\gamma\omega r_0^4[g_{14}+g_{15}+k_h(g_{16}+g_{17})] \tag{13-63}$$

式中：W 为三维外部做功功率。

13.3.5 强度折减法

安全系数是定量分析二级边坡稳定性的重要参数，在计算安全系数上本章采用强度折减法。强度折减法是基于功能平衡方程，对土体参数 c 和 φ 进行强度折减，然后再次迭代进功能平衡方程，直到整个方程收敛。强度折减法的优点就是不必假设滑动破坏面的位置和形状，能够根据功能平衡方程，即当三维土体内能耗散率小于三维外部做功功率时，二级边坡自然会发生失稳，它不必分析边坡土体中间变化过程，而只关注土体破坏的时刻。

$$FS=\frac{c}{\tilde{c}}=\frac{\tan\varphi}{\tan\tilde{\varphi}} \tag{13-64}$$

式中：FS 为二级边坡的安全系数；$\tilde{c}$ 和 $\tilde{\varphi}$ 分别表示边坡土体失稳时强度折减后的土体黏聚力和内摩擦角。强度折减法下的安全系数是一个隐函数表达式，可以通过如下程序进行优化：

$$FS=\min f(\theta_0,\ \theta_h,\ r_0'/r_0\mid c,\ \varphi,\ \gamma,\ n_0,\ \kappa,\ H,\ \alpha_1,\ \alpha_1,\ \beta_1,\ \beta_2) \tag{13-65}$$

优化程序的约束条件的表达如下：

$$\text{s.t.}\begin{cases}0<\theta_0<\theta_B<\theta_C\leqslant\theta_D<\theta_h<\pi\\0<r_0'/r_0<1\\b\geqslant0\end{cases} \tag{13-66}$$

为了方便参阅文献，本章提供了一个关于强度折减法计算二级边坡三维安全系数的优化程序，在相关约束中，上公式(13-66)中的参数 θ_0、θ_h、b 为本程序的优化变量，更多的细节见图 13-3。

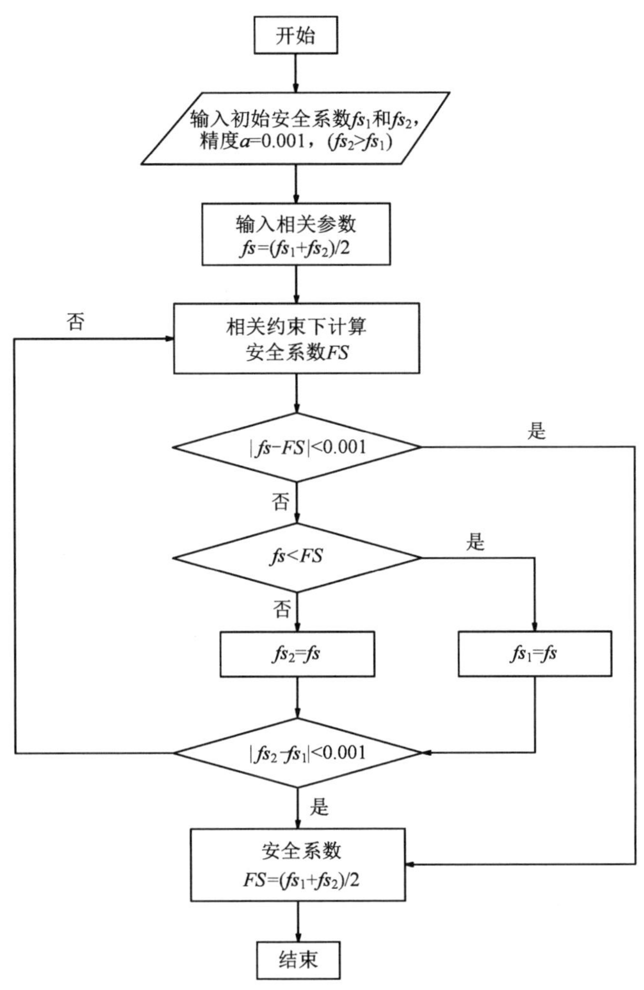

图 13-3　用强度折减法计算安全系数的流程图

13.4　结果对比和分析

13.4.1　结果对比验证

当 n_0 和 κ 均为 1 时，二级边坡土体实现了均匀性和各向同性。另外当台阶宽度 a 为 0 且 $\beta_1=\beta_2$ 时，二级边坡会退化成单级边坡。Michalowski 和 Drescher 研究了均匀土体的单级边坡的三维稳定性，分析并给出了方程，计算了临界高度 H_{cr}，并提供了稳定系数 N_s 的结果($N_s=\gamma H_{cr}/c$)。单级边坡在土体将失稳的临界状态下会产生一个临界高度，毫无疑问，单级边坡的安全系数在土体将失稳的临界状态下等于1。为了验证本文分析公式的正确性，本章用了一个很好的例子，将给定的 N_s 作为一个已知参数带入安全系数的优化程序中，计算出对应的安全系数 *FS*。如表13-1所示，二级边坡安全系数 *FS* 的值接近于1，而且最大的差异不超过5%。表13-1列出的具体数据，证明了本章的方法在均匀土体单级边坡这一特殊情况下的有效性，同时也验证了本章方法的准确性。

表13-1　本章方法与 Michalowski 和 Drescher 计算结果的比较

B/H	结果	$\beta_1=\beta_2$			
		45°	60°	75°	90°
1.0	N_s	54.85	23.835	14.701	11.028
	FS	1.009	1.018	1.009	0.967
1.5	N_s	46.845	20.773	12.976	8.935
	FS	1.009	1.018	0.989	1.006
2.0	N_s	42.732	19.103	12.109	8.064
	FS	1.023	1.018	0.989	1.031
3.0	N_s	39.956	17.873	11.184	7.974
	FS	1.023	1.024	1.009	0.989
5.0	N_s	37.994	17.063	10.628	7.266
	FS	1.023	1.023	1.009	1.001
10.0	N_s	36.703	16.527	10.265	6.944
	FS	1.023	1.024	1.009	1.007

13.4.2　参数分析

本节旨在基于极限分析上限法，分析土体处于非均质各向异性状态下二级边坡的三维安全系数，对于二级边坡的形状和土体特性进行敏感性分析。上一节已经论述了本章方法和程序的有效性，下面将会对具体参数进行敏感性分析，在此对一些参数进行赋值，其中不变的量为土体重度 $\gamma=20\ \mathrm{kN/m^3}$、边坡高度 $H=10\ \mathrm{m}$，再者本章将以图、表的形式分析特性参数对安全系数的影响状况，并做出解释。

首先，先对二级边坡的形状进行参数分析，这里主要是分析台阶宽度 a 和边坡高度 H 之间的比值 a/H 对安全系数 *FS* 的影响。所列的参数如下：$c_0=20\ \mathrm{kN/m^2}$，$\varphi=30°$，$B/H=2$，$k_h=0.1$，$n_0=1$，$\kappa=1$。如图13-4所示，二级边坡三维安全系数 *FS* 随着台阶宽度与边坡高度之比 a/H 的增大而出现非线性增长的趋势，在横坐标小于0.05时，安全系数的变化趋于平缓；当横坐标大于0.05时，安全系数 *FS* 与宽高比 a/H 之间基本呈线性关系。再者，由常识可知，边坡坡角越大所具有的安全系数就应该越小，这点从图13-4中可以看出。位于图片上方的实线为$\beta_1=45°$、$\beta_2=60°$，而下方的虚线为$\beta_1=\beta_2=60°$，由此可以得出在边坡开挖过程中，二级边坡上坡角的缩小可以很大程度增加二级边坡的稳定性。

值得注意的是，当台阶宽度与边坡高度之比 $a/H=0$ 时，对于两个边坡角相等的情况，二级边坡退化为单级边坡，此时上坡面高度系数 α_1 对安全系数没有任何影响；而当两个边坡角出现不相等的情况时，上坡面高度系数 α_1 对二级边坡的安全系数有着显著的影响，如图 13-4 所示，上坡面高度系数 α_1 越大二级边坡的三维安全系数也越大。

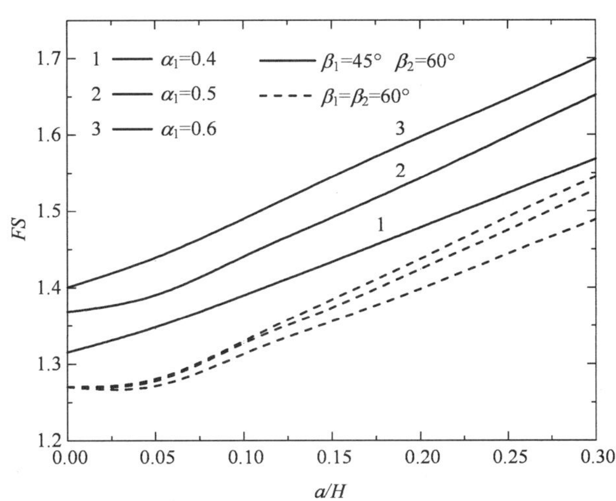

图 13-4　不同宽高比 a/H 对安全系数的影响

如图 13-4 所示，二级边坡的三维安全系数 FS 在台阶宽度与边坡高度之比 a/H 在 0~0. 3 内变化，上、下边坡角相等的二级边坡安全系数从 1. 27 提升至 1. 5 附近，提升 18%；而上、下边坡角不相等的二级边坡安全系数，即图 13-4 中的实线，当上坡面高度系数 α_1 不同时，会出现较大的差别。当 $\alpha_1=0.4$ 时，安全系数从 1. 32 提升至 1. 57，提升 19%，当 $\alpha_1=0.5$ 时，安全系数从 1. 37 提升至 1. 65，提升了 20%；当 $\alpha_1=0.6$ 时，安全系数从 1. 40 提升至 1. 70，提升 21%。综上所述，不同情况下的安全系数增幅差距不大。

为了探究台阶宽度与边坡高度之比 a/H 在不同参数情况下对于三维安全系数的影响，本节用表格形式给出相关关系。

如表 13-2 所示，二级边坡的三维安全系数跟上坡面高度系数显著相关：在不同参数情况下，二级边坡安全系数一般在水平台阶处于边坡中部时达到最高，随着水平台阶往上、下两边平移，安全系数出现一定的下降趋势；除此之外，边坡角越大，上坡面高度系数对于安全系数的影响就越大。

表 13-2 不同坡形条件下的三维安全系数

a/H	α_1	β_1 /(°)	β_2/(°)			
			45	55	65	75
0.05	0.3	45	1.565	1.383	1.231	1.092
		55		1.351	1.202	1.068
		65			1.180	1.043
		75				1.026
	0.4	45	1.573	1.416	1.279	1.154
		55		1.360	1.225	1.105
		65			1.188	1.068
		75				1.034
	0.5	45	1.578	1.448	1.334	1.225
		55		1.366	1.256	1.149
		65			1.194	1.091
		75				1.042
	0.6	45	1.578	1.480	1.394	1.311
		55		1.368	1.280	1.196
		65			1.196	1.113
		75				1.047
	0.7	45	1.577	1.512	1.443	1.389
		55		1.369	1.304	1.242
		65			1.199	1.135
		75				1.053
0.1	0.3	45	1.599	1.419	1.263	1.125
		55		1.386	1.233	1.095
		65			1.210	1.073
		75				1.059
	0.4	45	1.615	1.457	1.321	1.195
		55		1.402	1.267	1.143
		65			1.227	1.106
		75				1.075
	0.5	45	1.627	1.498	1.387	1.279
		55		1.416	1.303	1.197
		65			1.241	1.137
		75				1.089
	0.6	45	1.627	1.532	1.448	1.365
		55		1.421	1.335	1.253
		65			1.249	1.167
		75				1.098
	0.7	45	1.619	1.555	1.499	1.445
		55		1.419	1.355	1.299
		65			1.253	1.192
		75				1.105

续表13-2

a/H	α_1	β_1 /(°)	β_2/(°) 45	55	65	75
0.15	0.3	45	1.635	1.454	1.299	1.158
		55		1.422	1.266	1.128
		65			1.242	1.106
		75				1.086
	0.4	45	1.660	1.502	1.364	1.236
		55		1.446	1.310	1.186
		65			1.268	1.146
		75				1.114
	0.5	45	1.676	1.550	1.438	1.333
		55		1.465	1.355	1.249
		65			1.291	1.187
		75				1.136
	0.6	45	1.677	1.586	1.500	1.422
		55		1.473	1.387	1.308
		65			1.303	1.223
		75				1.152
	0.7	45	1.665	1.603	1.550	1.499
		55		1.465	1.409	1.355
		65			1.304	1.246
		75				1.160
0.2	0.3	45	1.672	1.489	1.332	1.191
		55		1.456	1.302	1.160
		65			1.277	1.137
		75				1.118
	0.4	45	1.708	1.548	1.410	1.282
		55		1.489	1.355	1.229
		65			1.312	1.188
		75				1.154
	0.5	45	1.726	1.604	1.491	1.386
		55		1.517	1.406	1.302
		65			1.341	1.237
		75				1.185
	0.6	45	1.729	1.636	1.557	1.480
		55		1.524	1.442	1.363
		65			1.355	1.277
		75				1.207
	0.7	45	1.711	1.651	1.601	1.557
		55		1.517	1.462	1.411
		65			1.354	1.303
		75				1.212

本章研究二级边坡的三维安全系数，这里研究边坡宽高比 B/H 对于安全系数的影响，这里给出默认的参数：$c_0=20$ kPa，$\varphi=30°$，$\alpha_1=0.4$，$\alpha_2=0.6$，$\beta_1=45°$，$\beta_2=60°$，$k_h=0.1$，$n_0=1$，$\kappa=1$。如图 13-5 所示，二级边坡的三维安全系数随着宽高比 B/H 的增大而下降，当宽高比较小，即 $B/H<2$ 时，安全系数会显著下降；而宽高比较大时，即 $B/H>2$ 时，安全系数的下降趋于平缓。如图 13-5(a)所示，当土体黏聚力归一化系数为 0.05 时，安全系数从 1.56 降至 1.00，降幅为 36%；当土体黏聚力归一化系数为 0.10 时，安全系数从 1.86 降至 1.34，降幅为 28%；当土体黏聚力归一化系数为 0.15 时，安全系数从 2.37 降至 1.66，降幅为 30%；当土体黏聚力归一化系数为 0.20 时，安全系数从 2.89 降至 1.96，降幅为 32%。如图 13-5(b)所示，当土体内摩擦角为 10°时，安全系数从 1.27 降至 0.82，降幅为 35%；当土体内摩擦角为 20°时，安全系数从 1.55 降至 1.08，降幅为 30%；当土体内摩擦角为 30°时，安全系数从 1.86 降至 1.34，降幅为 28%；当土体内摩擦角为 40°时，安全系数从 2.38 降至 1.65，降幅为 31%。

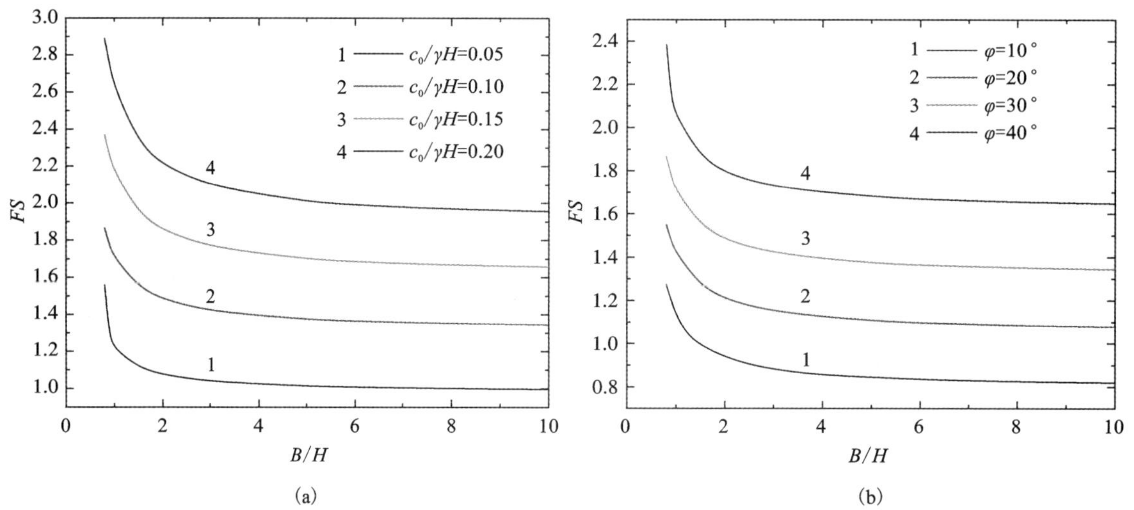

图 13-5　在不同土体参数条件下安全系数的三维效应

由图 13-5 可知，相邻的两条曲线的间隔基本是一致的，故二级边坡的三维安全系数随着土体黏聚力和内摩擦角的增加而线性增加；同时相邻两条曲线间隔大，这表示土体黏聚力和内摩擦角对于二级边坡三维安全系数具有重大的影响。在实际边坡开挖时土体的黏聚力和内摩擦角的测定十分重要，它们是维持二级边坡不失稳的重要贡献力量。

图 13-6 则是从地震荷载作用和台阶宽度的角度去描述二级边坡的三维安全系数与边坡宽高比之间的关系。如图 13-6 所示，相比图 13-6(b)，图 13-6(a)的相邻曲线的间隔较小，这表示相比地震荷载系数 k_h，台阶宽度与边坡高度之比 a/H 对于二级边坡的三维安全系数 FS 影响较小。

从图 13-6(b)可以得到如下信息；相邻两条曲线的间隔从上到下越来越小，这表明随着地震荷载系数 k_h 的增大，二级边坡的三维安全系数的增速逐渐减慢。

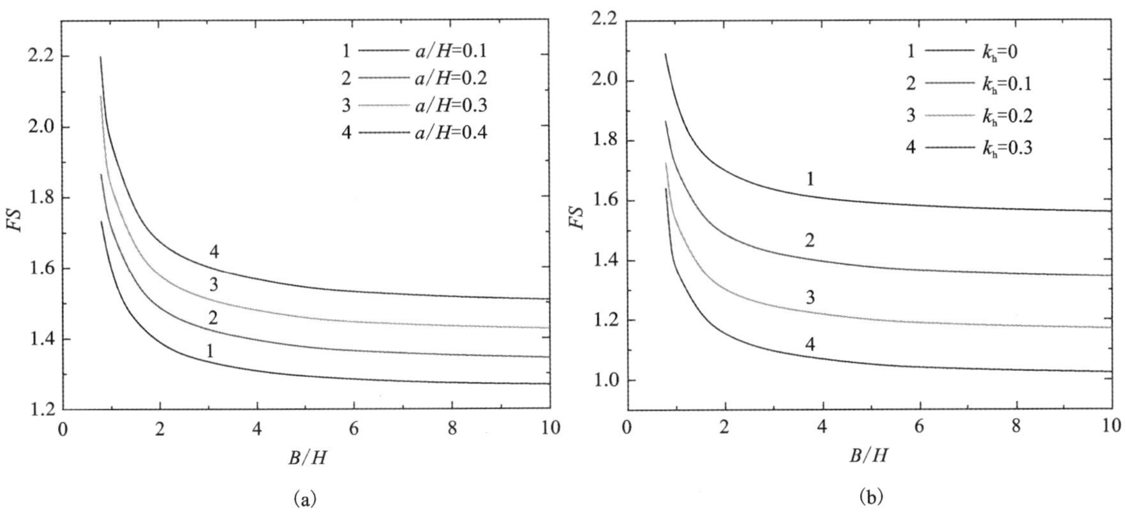

图 13-6　外部影响下安全系数的三维效应

从图 13-6(a)可以得到如下信息；相邻两条曲线的间隔从上到下基本都是相等的，这表明随着台阶宽度与边坡高度之比 a/H 的增大，二级边坡的三维安全系数的增速基本保持一致。对于二级边坡的三维效应，可以从宽高比 $B/H=2$ 和 $B/H=5$ 进行比较。

当地震荷载系数为 0 时，在宽高比 $B/H=2$ 的情况下，安全系数为 1.70，在宽高比 $B/H=5$ 的情况下，安全系数为 1.59，安全系数之间相差不到 10%；在地震荷载系数为 0.3 时，在宽高比 $B/H=2$ 的情况下，安全系数为 1.15，在宽高比 $B/H=5$ 的情况下，安全系数为 1.05，安全系数相差同样不超过 10%。在台阶宽度与边坡高度之比为 0.1 时，在宽高比 $B/H=2$ 的情况下，安全系数为 1.39，在宽高比 $B/H=5$ 的情况下，安全系数为 1.29，安全系数之间相差不到 10%；在台阶宽度与边坡高度之比为 0.4 时，在宽高比 $B/H=2$ 的情况下，安全系数为 1.66，在宽高比 $B/H=5$ 的情况下，安全系数为 1.54，安全系数之间相差不到 10%。综上所述，在宽高比 $B/H=2$ 和宽高比 $B/H=5$ 时，差距不明显，当 $B/H>2$ 时三维效应明显减弱。

土体非均匀性和各向异性对于二级边坡的三维安全系数有着明显的影响，如图 13-7 所示。图 13-7(a)显示，二级边坡的三维安全系数基本上随着非均匀系数的增加而线性增加，在实际工程中通常可以考虑土体的非均匀性而减少一定的支护作用。另外，如上所述宽高比 a/H 对于三维安全系数具有显著的影响，各条实线的间隔基本一致，与以上关于宽高比 a/H 大于 0.05 后，二级边坡的三维安全系数随着宽高比的增加呈现线性增长趋势的说法相符合。

值得注意的是，二级边坡的三维安全系数随着各向异性系数的增加而下降，整条曲线呈凹型。在各向异性系数靠近 0.5 时，二级边坡的三维安全系数的降幅最大；而各向异性系数接近 1 时，二级边坡的三维安全系数的降幅最小。二级边坡的三维安全系数出现下降的最主要的原因是，在考虑土体各向异性时，如果各向异性系数较小时，最大主应力与破坏面之间的互补角方向上的土体黏聚力与水平方向黏聚力的比值达到最大，即考虑各向异

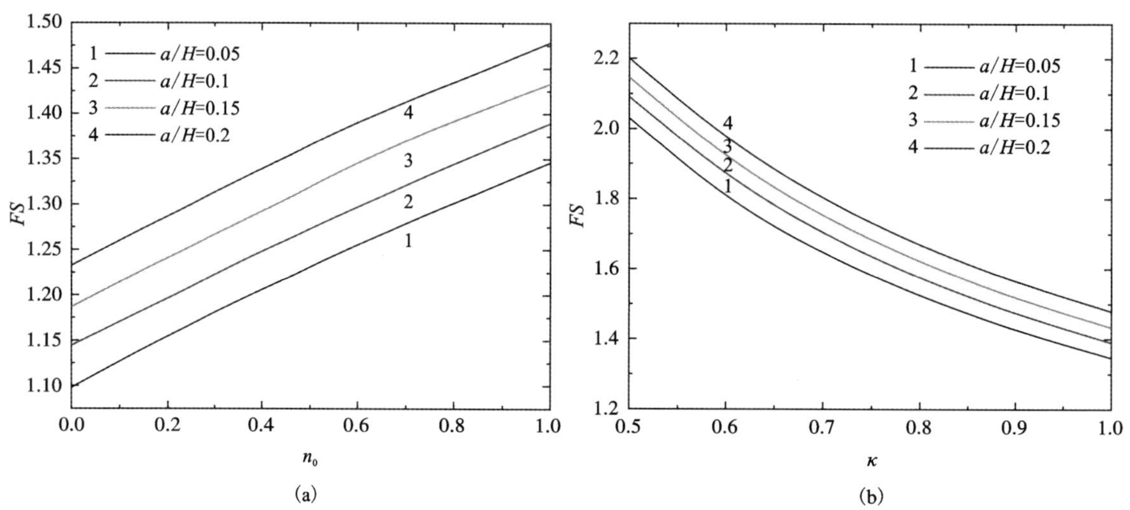

图 13-7 土体非均匀性和各向异性对安全系数的影响

性时所采用的土体黏聚力要大于不考虑各向异性所采用的土体黏聚力，这个土体黏聚力差值会在各向异性为 1 的时候消除，也就是当各向异性系数为 0 时，二级边坡的三维安全系数与不考虑各向异性时的安全系数相等。

考虑二级边坡土体参数，不能够忽略各向异性系数所带来的影响，它会显著降低二级边坡的三维安全系数，对工程造成不可估量的损失。如图 13-7(b)所示，当宽高比为 0.05 时，安全系数在各向异性系数 0.5 到 1.0 的区间内，从最初的 2.03 降至最终的 1.35，降幅为 33%；当宽高比为 0.1 时，安全系数从最初的 2.09 降至最终的 1.39，降幅为 33%；当宽高比为 0.15 时，安全系数从最初的 2.15 降至最终的 1.43，降幅高达 33%；当宽高比为 0.2 时，安全系数从最初的 2.20 降至最终的 1.48，降幅为 33%。如上所述，在各向异性系数从 0.5 变化至 1.0 的情况下，不同宽高比条件下的二级边坡三维安全系数都出现了大概 33%的降幅，因此在实际工程中土体的各向异性要引起足够的重视。

13.5 本章小结

本章基于极限分析上限定理的框架，对不同土体参数条件下的二级边坡的三维稳定性进行了分析，建立了运动学上所允许的破坏机构，利用功能平衡原理并且采用强度折减法定量计算得到二级边坡的三维安全系数。最后，将本章结果与现有文献的结果进行对比，进一步验证了本章方法和结果的有效性，在此得到以下结论：

(1)土体非均质性和各向异性都显著影响着边坡的稳定性，二级边坡的三维安全系数随着非均匀系数的增大而增大，却随着各向异性系数的增大而下降，因此，在开挖支护过程中不仅要注重对土体非均质性的考虑，更要关注土体的各向异性，它能够显著地降低边坡的稳定性，给工程应用带来一定的危害。

(2)考虑边坡的三维效应会显著提高边坡的稳定性，边坡的宽高比较小时边坡的安全系数的变化幅度相对较大，达到一定程度时边坡的三维效应逐渐削弱。在边坡开挖过程中，不能够忽略边坡的三维效应，只考虑二维效应的安全系数是一个保守的解，在边坡支护方面会造成不小的浪费。

(3)边坡形状会显著影响边坡的稳定性，台阶宽度的增加能够有效提高边坡的安全系数，台阶宽度最合适的设置位置为边坡中部偏下。在高大边坡的改造中，出现边坡角较大的情况时，应在中部设置一个水平台阶以大大提高边坡的稳定性；另外，上、下坡角均会对安全系数产生一定的影响，坡角的增大会使二级边坡安全系数降低。

附录

附录 A

$$\kappa_1 = e^{(\theta_h-\theta_0)\tan\varphi}\sin\theta_h - \sin\theta_0 \tag{9-1}$$

$$\kappa_2 = \cos\theta_0 - e^{(\theta_h-\theta_0)\tan\varphi}\cos\theta_h - (\alpha_1\cot\beta_1 + \alpha_2\cot\beta_2 + \lambda_a)\kappa_1 \tag{9-2}$$

$$f_1 = \frac{1}{2}\left[e^{(\theta-\theta_0)\tan\varphi} + \frac{r'_0}{r_0}e^{-(\theta-\theta_0)\tan\varphi}\right] \tag{9-3}$$

$$f_2 = \frac{1}{2}\left[e^{(\theta-\theta_0)\tan\varphi} - \frac{r'_0}{r_0}e^{-(\theta-\theta_0)\tan\varphi}\right] \tag{9-4}$$

$$f_3 = \frac{\sin\theta_0}{\sin\theta} - f_1 \tag{9-5}$$

$$f_4 = \frac{\sin\theta_0\sin(\theta_B+\beta_1)}{\sin\theta_B\sin(\theta+\beta_1)} - f_1 \tag{9-6}$$

$$f_5 = \frac{\sin\theta_0 + \alpha_1\kappa_1}{\sin\theta} - f_1 \tag{9-7}$$

$$f_6 = e^{(\theta_h-\theta_0)\tan\varphi}\frac{\sin(\theta_h+\beta_2)}{\sin(\theta+\beta_2)} - f_1 \tag{9-8}$$

$$f_7 = \frac{1}{3(1+9\tan^2\varphi)}\left[e^{3(\theta_h-\theta_0)\tan\varphi}(3\tan\varphi\cos\theta_h + \sin\theta_h) - 3\tan\varphi\cos\theta_0 - \sin\theta_0\right] \tag{9-9}$$

$$f_8 = \frac{1}{3}\kappa_2\sin\theta_0(\cos\theta_0 - \frac{1}{2}\kappa_2) \tag{9-10}$$

$$f_9 = \frac{1}{3}\alpha_1\kappa_1(\cos\theta_0 - \kappa_2 + \sin\theta_0\cot\beta_1)(\cos\theta_0 - \kappa_2 - \frac{1}{2}\alpha_1\kappa_1\cot\beta_1) \tag{9-11}$$

$$f_{10} = \frac{1}{3}\lambda_a\kappa_1(\sin\theta_0 + \alpha_1\kappa_1)(\cos\theta_0 - \kappa_2 - \alpha_1\kappa_1\cot\beta_1 - \frac{1}{2}\lambda_a\kappa_1) \tag{9-12}$$

$$f_{11} = \frac{1}{3}\alpha_2\kappa_1 e^{(\theta_h-\theta_0)\tan\varphi}\frac{\sin(\theta_h+\beta_2)}{\sin\beta_2}\left[e^{(\theta_h-\theta_0)\tan\varphi}\cos\theta_h + \frac{1}{2}\alpha_2\kappa_1\cot\beta_2\right] \tag{9-13}$$

$$f_{12} = \frac{1}{3(1 + 9\tan^2\varphi)}\left[e^{3(\theta_h - \theta_0)\tan\varphi}(3\tan\varphi\sin\theta_h - \cos\theta_h) - 3\tan\varphi\sin\theta_0 + \cos\theta_0 \right] \tag{9-14}$$

$$f_{13} = \frac{1}{3}\kappa_2\sin^2\theta_0 \tag{9-15}$$

$$f_{14} = \frac{1}{3}\alpha_1\kappa_1(\cos\theta_0 - \kappa_2 + \sin\theta_0\cot\beta_1)(\sin\theta_0 + \frac{1}{2}\alpha_1\kappa_1) \tag{9-16}$$

$$f_{15} = \frac{1}{3}\lambda_a\kappa_1(\sin\theta_0 + \alpha_1\kappa_1)^2 \tag{9-17}$$

$$f_{16} = \frac{1}{3}\alpha_2\kappa_1 e^{(\theta_h - \theta_0)\tan\varphi}\frac{\sin(\theta_h + \beta_2)}{\sin\beta_2}\left[e^{(\theta_h - \theta_0)\tan\varphi}\sin\theta_h - \frac{1}{2}\alpha_2\kappa_1 \right] \tag{9-18}$$

$$\begin{aligned} g_1 = & -2\sin^2\theta_0\int_{\theta_0}^{\theta_B}\frac{\cos\theta}{\sin^3\theta}\sqrt{f_2^2 - f_3^2}\,d\theta - \\ & 2\sin^2(\theta_B + \beta_1)\frac{\sin^2\theta_0}{\sin^2\theta_B}\int_{\theta_B}^{\theta_C}\frac{\cos(\theta + \beta_1)}{\sin^3(\theta + \beta_1)}\sqrt{f_2^2 - f_4^2}\,d\theta - \\ & 2(\sin\theta_0 + \alpha_1\kappa_1)^2\int_{\theta_C}^{\theta_D}\frac{\cos\theta}{\sin^3\theta}\sqrt{f_2^2 - f_5^2}\,d\theta - \\ & 2e^{2(\theta_h - \theta_0)\tan\varphi}\sin^2(\theta_h + \beta_2)\int_{\theta_D}^{\theta_h}\frac{\cos(\theta + \beta_2)}{\sin^3(\theta + \beta_2)}\sqrt{f_2^2 - f_6^2}\,d\theta \end{aligned} \tag{9-19}$$

$$\begin{aligned} g_2 = & \frac{1}{2}\frac{b}{H}\kappa_1\left\{\frac{\sin^2\theta_0}{\sin^2\theta_B} - 1 + \frac{\sin^2\theta_0}{\sin^2\theta_B}\left[\frac{\sin^2(\theta_B + \beta_1)}{\sin^2(\theta_C + \beta_1)} - 1\right] + \right. \\ & \left.(\sin\theta_0 + \alpha_1\kappa_1)^2\left[\frac{1}{\sin^2\theta_D} - \frac{1}{\sin^2\theta_C}\right] + e^{2(\theta_h - \theta_0)\tan\varphi}\left[1 - \frac{\sin^2(\theta_h + \beta_2)}{\sin^2(\theta_D + \beta_2)}\right]\right\} \end{aligned} \tag{9-20}$$

$$\begin{aligned} g_3 = & 2\int_{\theta_0}^{\theta_B}\left[\left(\frac{1}{8}f_2^2 f_3 - \frac{1}{4}f_3^3 - \frac{2}{3}f_1 f_3^2 - \frac{1}{2}f_1^2 f_3 + \frac{2}{3}f_1 f_2^2\right)\sqrt{f_2^2 - f_3^2} + \right. \\ & \left.\left(\frac{1}{8}f_2^4 + \frac{1}{2}f_1^2 f_2^2\right)\arccos\frac{f_3}{f_2}\right]\cos\theta\,d\theta + \\ & 2\int_{\theta_B}^{\theta_C}\left[\left(\frac{1}{8}f_2^2 f_4 - \frac{1}{4}f_4^3 - \frac{2}{3}f_1 f_4^2 - \frac{1}{2}f_1^2 f_4 + \frac{2}{3}f_1 f_2^2\right)\sqrt{f_2^2 - f_4^2} + \right. \\ & \left.\left(\frac{1}{8}f_2^4 + \frac{1}{2}f_1^2 f_2^2\right)\arccos\frac{f_4}{f_2}\right]\cos\theta\,d\theta + \\ & 2\int_{\theta_C}^{\theta_D}\left[\left(\frac{1}{8}f_2^2 f_5 - \frac{1}{4}f_5^3 - \frac{2}{3}f_1 f_5^2 - \frac{1}{2}f_1^2 f_5 + \frac{2}{3}f_1 f_2^2\right)\sqrt{f_2^2 - f_5^2} + \right. \\ & \left.\left(\frac{1}{8}f_2^4 + \frac{1}{2}f_1^2 f_2^2\right)\arccos\frac{f_5}{f_2}\right]\cos\theta\,d\theta + \\ & 2\int_{\theta_D}^{\theta_h}\left[\left(\frac{1}{8}f_2^2 f_6 - \frac{1}{4}f_6^3 - \frac{2}{3}f_1 f_6^2 - \frac{1}{2}f_1^2 f_6 + \frac{2}{3}f_1 f_2^2\right)\sqrt{f_2^2 - f_6^2} + \right. \\ & \left.\left(\frac{1}{8}f_2^4 + \frac{1}{2}f_1^2 f_2^2\right)\arccos\frac{f_6}{f_2}\right]\cos\theta\,d\theta \end{aligned} \tag{9-21}$$

$$g_4 = 2\sin^2\theta_0 \int_{\theta_0}^{\theta_B} \frac{\cos\theta}{\sin^3\theta}\sqrt{f_2^2 - f_3^2}\,\mathrm{d}\theta \tag{9-22}$$

$$\begin{aligned} g_5 = {} & 2\int_{\theta_0}^{\theta_B}\left[\left(\frac{1}{8}f_2^2 f_3 - \frac{1}{4}f_3^3 - \frac{2}{3}f_1 f_3^2 - \frac{1}{2}f_1^2 f_3 + \frac{2}{3}f_1 f_2^2\right)\sqrt{f_2^2 - f_3^2} + \right. \\ & \left.\left(\frac{1}{8}f_2^4 + \frac{1}{2}f_1^2 f_2^2\right)\arccos\frac{f_3}{f_2}\right]\sin\theta\mathrm{d}\theta + \\ & 2\int_{\theta_B}^{\theta_C}\left[\left(\frac{1}{8}f_2^2 f_4 - \frac{1}{4}f_4^3 - \frac{2}{3}f_1 f_4^2 - \frac{1}{2}f_1^2 f_4 + \frac{2}{3}f_1 f_2^2\right)\sqrt{f_2^2 - f_4^2} + \right. \\ & \left.\left(\frac{1}{8}f_2^4 + \frac{1}{2}f_1^2 f_2^2\right)\arccos\frac{f_4}{f_2}\right]\sin\theta\mathrm{d}\theta + \\ & 2\int_{\theta_C}^{\theta_D}\left[\left(\frac{1}{8}f_2^2 f_5 - \frac{1}{4}f_5^3 - \frac{2}{3}f_1 f_5^2 - \frac{1}{2}f_1^2 f_5 + \frac{2}{3}f_1 f_2^2\right)\sqrt{f_2^2 - f_5^2} + \right. \\ & \left.\left(\frac{1}{8}f_2^4 + \frac{1}{2}f_1^2 f_2^2\right)\arccos\frac{f_5}{f_2}\right]\sin\theta\mathrm{d}\theta + \\ & 2\int_{\theta_D}^{\theta_h}\left[\left(\frac{1}{8}f_2^2 f_6 - \frac{1}{4}f_6^3 - \frac{2}{3}f_1 f_6^2 - \frac{1}{2}f_1^2 f_6 + \frac{2}{3}f_1 f_2^2\right)\sqrt{f_2^2 - f_6^2} + \right. \\ & \left.\left(\frac{1}{8}f_2^4 + \frac{1}{2}f_1^2 f_2^2\right)\arccos\frac{f_6}{f_2}\right]\sin\theta\mathrm{d}\theta \end{aligned} \tag{9-23}$$

$$g_6 = 2\sin^2\theta_0 \int_{\theta_0}^{\theta_B} \frac{\sqrt{f_2^2 - f_3^2}}{\sin^2\theta}\mathrm{d}x\mathrm{d}\theta \tag{9-24}$$

$$g_7 = \frac{b}{H}\kappa_1(f_7 - f_8 - f_9 - f_{10} - f_{11}) \tag{9-25}$$

$$g_8 = \frac{b}{H}\kappa_1\kappa_2\left(\cos\theta_0 - \frac{1}{2}\kappa_2\right) \tag{9-26}$$

$$g_9 = \frac{b}{H}\kappa_1(f_{12} - f_{13} - f_{14} - f_{15} - f_{16}) \tag{9-27}$$

$$g_{10} = \frac{b}{H}\kappa_1\kappa_2\sin\theta_0 \tag{9-28}$$

附录 B

FS =安全系数

γ = 土壤单位重量

Q= 超载

γ_{cr}= 临界单位重量

q_{cr}= 临界超载

φ = 内摩擦角

C= 土壤内聚力

$\dot{\varepsilon}_1$, $\dot{\varepsilon}_2$, $\dot{\varepsilon}_3$= 主应变率

v_n, v_t= 速度的法向和切向分量

β_1, β_2= 台阶边坡的倾斜角

a= 台阶宽度

H= 边坡高度

α_1, α_2= 高度系数

r, r', r_0, r'_0, θ, θ_0, θ_B, θ_C, θ_D, θ_h= 定义三维旋转机制的变量

r_m= 旋转中心到旋转圆中心的距离

R = 旋转圆的半径

b = 插入块宽度

B = 斜坡宽度

B'_{max} = 三维部分的最大宽度

ω = 旋转角速度

v = 绕旋转机构轴的速度

S_t= 速度不连续面

S_r= 坡面

S= 表面边界失效机制

V= 故障块体积

D_t= 速度不连续处的内部能量耗散率

D_V= 变形体积内的内能耗散率

n = 垂直于表面 S_r 的向外单位向量

$\boldsymbol{v}$ = 速度矢量

D_{AB}, D_{BC}, D_{CD}, D_{DE}= 沿线迹 AB、BC、CD、DE 的内部能量耗散率

D_{AB-3D}, D_{BC-3D}, D_{CD-3D}, D_{DE-3D}= 沿三维部分 AB、BC、CD、DE 迹线的内部能量耗散率

$D_{AB-insert}$, $D_{BC-insert}$, $D_{CD-insert}$, $D_{DE-insert}$= 沿着平面插入部分的迹线 AB、BC、CD、DE 的内部能量耗散率

$d_i(i=1, 2, 3, 4)$ = 图 1 中的几何关系

L= 在对称平面的线段 AB 的长度

$\kappa_1 = H/r_0$

$\kappa_2 = L/r_0$

D_{3D}= 三维部分的总内部能量耗散率

D_{insert}= 平面插入部分的总内能耗散率

D= 总内能耗散率

k_h= 地震系数

$W_{\gamma-3D}$，$W_{\gamma-insert}$= 由三维部分和平面插入部分的土壤重量引起的外功率

W_{q-3D}，$W_{q-insert}$= 由三维部分和平面插入部分的超载引起的外部工作率

W_{k_h-3D}，$W_{k_h-insert}$= 三维部分和平面插入部分地震惯性力引起的外功率

W_{3D}= 三维部分的总外功率

W_{insert}= 平面插入部分的总外功率

W = 总外部工作率

W_{cr}= 临界外部工作率

λ_c，λ_q，λ_a= 内聚系数、附加系数、步长系数

N_n= 稳定因子

f_i，g_i(i= 1，2，…) = 附录 A 中给出的无量纲函数

附录 C

$$g_{11}=2\int_{\theta_0}^{\theta_B}\int_0^{\alpha_1^*}f_2(f_1+f_2\cos\alpha)^2\mathrm{d}\alpha\mathrm{d}\theta$$

$$=\int_{\theta_0}^{\theta_B}f_2(2f_1^2+f_2^2)\arccos(f_3/f_2)\mathrm{d}\theta+\int_{\theta_0}^{\theta_B}f_2(4f_1+f_3)\sqrt{f_2^2-f_3^{\ 2}}\mathrm{d}\theta \tag{10-1}$$

$$g_{12}=2\int_{\theta_0}^{\theta_B}\int_0^{\alpha_1^*}f_2^2(\cos\alpha-\cos\alpha_1^*)(f_1+f_2\cos\alpha)^2\sin\theta\mathrm{d}\alpha\mathrm{d}\theta$$

$$=\int_{\theta_0}^{\theta_B}[\arccos(f_3/f_2)(2f_1f_2^3-2f_1^2f_2f_3-f_2^3f_3)]\sin\theta\mathrm{d}\theta+$$

$$\int_{\theta_0}^{\theta_B}\left[\sqrt{f_2^2-f_3^{\ 2}}(2f_1^2f_2-2f_1f_2f_3+\frac{4}{3}f_2^3-\frac{1}{3}f_2f_3^{\ 2})\right]\sin\theta\mathrm{d}\theta \tag{10-2}$$

$$f_1=\frac{1}{2}[\mathrm{e}^{(\theta-\theta_0)\tan\varphi}+\frac{r'_0}{r_0}\mathrm{e}^{-(\theta-\theta_0)\tan\varphi}] \tag{10-3}$$

$$f_2=\frac{1}{2}[\mathrm{e}^{(\theta-\theta_0)\tan\varphi}-\frac{r'_0}{r_0}\mathrm{e}^{-(\theta-\theta_0)\tan\varphi}] \tag{10-4}$$

$$f_3=\frac{\sin\theta_0}{\sin\theta}-\frac{1}{2}\left[\mathrm{e}^{(\theta-\theta_0)\tan\varphi}+\frac{r'_0}{r_0}\mathrm{e}^{-(\theta-\theta_0)\tan\varphi}\right]=\frac{\sin\theta_0}{\sin\theta}-f_1 \tag{10-5}$$

$$f_4=\frac{\sin\theta_0\sin(\theta_B+\beta_1)}{\sin\theta_B\sin(\theta+\beta_1)}-\frac{1}{2}\left[\mathrm{e}^{(\theta-\theta_0)\tan\varphi}+\frac{r'_0}{r_0}\mathrm{e}^{-(\theta-\theta_0)\tan\varphi}\right]=\frac{\sin\theta_0\sin(\theta_B+\beta_1)}{\sin\theta_B\sin(\theta+\beta_1)}-f_1 \tag{10-6}$$

$$g_{13}=2\int_{\theta_B}^{\theta_C}\int_0^{\alpha_2^*}f_2(f_1+f_2\cos\alpha)^2\mathrm{d}\alpha\mathrm{d}\theta$$

$$=\int_{\theta_B}^{\theta_C}f_2(2f_1^2+f_2^2)\arccos(f_4/f_2)\mathrm{d}\theta+\int_{\theta_B}^{\theta_C}f_2(4f_1+f_4)\sqrt{f_2^2-f_4^{\ 2}}\mathrm{d}\theta \tag{10-7}$$

$$g_{14}=2\int_{\theta_B}^{\theta_C}\int_0^{\alpha_2^*}f_2(f_1+f_2\cos\alpha)^2f_6\mathrm{d}\alpha\mathrm{d}\theta$$

$$=\int_{\theta_B}^{\theta_C}f_2f_6(2f_1^2+f_2^2)\arccos(f_4/f_2)\mathrm{d}\theta+\int_{\theta_B}^{\theta_C}f_2f_6(4f_1+f_4)\sqrt{f_2^2-f_4^{\ 2}}\mathrm{d}\theta \tag{10-8}$$

$$g_{15}=2\int_{\theta_B}^{\theta_C}\int_0^{\alpha_2^*}f_2^2(\cos\alpha-\cos\alpha_2^*)(f_1+f_2\cos\alpha)^2\sin\theta\mathrm{d}\alpha\mathrm{d}\theta$$

$$=\int_{\theta_B}^{\theta_C}[\arccos(f_4/f_2)(2f_1f_2^3-2f_1^2f_2f_4-f_2^3f_4)]\sin\theta\mathrm{d}\theta$$

$$=\int_{\theta_B}^{\theta_C}\left[\sqrt{f_2^2-f_4^{\ 2}}(2f_1^2f_2-2f_1f_2f_4+\frac{4}{3}f_2^3-\frac{1}{3}f_2f_4^{\ 2})\right]\sin\theta d\theta \tag{10-9}$$

$$f_5=\frac{\sin(\theta_h+\beta_2)}{\sin(\theta+\beta_2)}\mathrm{e}^{(\theta_h-\theta_0)\tan\varphi}-\frac{1}{2}\left[\mathrm{e}^{(\theta-\theta_0)\tan\varphi}+\frac{r'_0}{r_0}\mathrm{e}^{-(\theta-\theta_0)\tan\varphi}\right]$$

$$= \frac{\sin(\theta_h + \beta_2)}{\sin(\theta + \beta_2)} e^{(\theta_h - \theta_0)\tan\varphi} - f_1 \tag{10-10}$$

$$f_6 = e^{(\theta - \theta_0)\tan\varphi} \sin\theta - \sin\theta_0 \tag{10-11}$$

$$g_{16} = 2\int_{\theta_C}^{\theta_D}\int_0^{\alpha_3^*} f_2(f_1 + f_2\cos\alpha)^2 \mathrm{d}\alpha\mathrm{d}\theta$$

$$= \int_{\theta_C}^{\theta_D} f_2(2f_1^2 + f_2^2)\arccos(f_5/f_2)\mathrm{d}\theta + \int_{\theta_C}^{\theta_D} f_2(4f_1 + f_5)\sqrt{f_2^2 - f_5^2}\mathrm{d}\theta \tag{10-12}$$

$$g_{17} = 2\int_{\theta_C}^{\theta_D}\int_0^{\alpha_3^*} f_2(f_1 + f_2\cos\alpha)^2 f_6 \mathrm{d}\alpha\mathrm{d}\theta$$

$$= \int_{\theta_C}^{\theta_D} f_2 f_6(2f_1^2 + f_2^2)\arccos(f_5/f_2)\mathrm{d}\theta + \int_{\theta_C}^{\theta_D} f_2 f_6(4f_1 + f_5)\sqrt{f_2^2 - f_5^2}\mathrm{d}\theta \tag{10-13}$$

$$g_{18} = 2\int_{\theta_C}^{\theta_D}\int_0^{\alpha_3^*} f_2^2(\cos\alpha - \cos\alpha_3^*)(f_1 + f_2\cos\alpha)^2 \sin\theta\mathrm{d}\alpha\mathrm{d}\theta$$

$$= \int_{\theta_C}^{\theta_h}[\arccos(f_5/f_2)(2f_1f_2^3 - 2f_1^2f_2f_5 - f_2^3f_5)]\sin\theta\mathrm{d}\theta$$

$$= \int_{\theta_C}^{\theta_h}\left[\sqrt{f_2^2 - f_5^2}\,(2f_1^2f_2 - 2f_1f_2f_5 + \frac{4}{3}f_2^3 - \frac{1}{3}f_2f_5^2)\right]\sin\theta\mathrm{d}\theta \tag{10-14}$$

$$g_{19} = \frac{b}{H}\frac{1}{2\tan\varphi}[e^{(\theta_h - \theta_0)\tan\varphi}\sin\theta_h - \sin\theta_0]\{\exp[2(\theta_h - \theta_0)\tan\varphi] - 1\} \tag{10-15}$$

$$g_{20} = -\frac{b}{H}\frac{\lambda}{2\tan\varphi}p\sin\theta_0\{\exp[2(\theta_h - \theta_0)\tan\varphi] - 1\} +$$
$$\frac{b}{H}\lambda p\frac{3\tan\varphi\{\sin\theta_h\exp[3(\theta_h - \theta_0)\tan\varphi] - \sin\theta_0\}}{9\tan^2\varphi} +$$
$$\frac{b}{H}\lambda p\frac{+\cos\theta_0 - \cos\theta_h\exp[3(\theta_h - \theta_0)\tan\varphi]}{9\tan^2\varphi} \tag{10-16}$$

$$p = e^{(\theta_h - \theta_0)\tan\varphi}\sin\theta_h - \sin\theta_0 \tag{10-17}$$

$$g_{22} = \frac{b}{H}(f_7 - f_8 - f_9 - f_{10})[e^{(\theta_h - \theta_0)\tan\varphi}\sin\theta_h - \sin\theta_0] \tag{10-18}$$

$$f_7 = \frac{1}{3(1 + 9\tan^2\varphi)}[(3\tan\varphi\cos\theta_h + \sin\theta_h)e^{3(\theta_h - \theta_0)\tan\varphi} - 3\tan\varphi\cos\theta_0 - \sin\theta_0] \tag{10-19}$$

$$f_8 = \frac{1}{6}\left(2\cos\theta_0 - \frac{L}{r_0}\right)\frac{L\sin\theta_0}{r_0} \tag{10-20}$$

$$f_9 = \frac{\alpha_1}{3}\left(\frac{H}{r_0}\right)\left[\cos^2\theta_0 + \frac{L}{r_0}\left(\frac{L}{r_0} - 2\cos\theta_0\right) + \sin\theta_0\cot\beta_1\left(\cos\theta_0 - \frac{L}{r_0}\right) -\right.$$
$$\left.\frac{\alpha_1}{2}\frac{H}{r_0}\cot\beta_1\left(\cos\theta_0 - \frac{L}{r_0} + \sin\theta_0\cot\beta_1\right)\right] \tag{10-21}$$

$$f_{10} = \frac{\alpha_2}{3}\left(\frac{H}{r_0}\right)\left\{(\cos^2\theta_h + \sin\theta_h\cos\theta_h\cot\beta_2)e^{2(\theta_h - \theta_0)\tan\varphi} +\right.$$

$$\left(\frac{\alpha_2}{2}\frac{H}{r_0}\cos\theta_h\cot\beta_2+\frac{\alpha_2}{2}\frac{H}{r_0}\sin\theta_h\cot^2\beta_2\right)\cdot e^{(\theta_h-\theta_0)\tan\varphi}\Bigg\} \tag{10-22}$$

$$\begin{aligned}g_{21}=&2\int_{\theta_0}^{\theta_B}[(f_2^2f_3/8-f_3^3/4-2f_1f_3^2/3-f_3f_1^2/2+2f_1f_2^2/3)\sqrt{f_2^2-f_3^2}+\\&(f_2^4/8+f_2^2f_1^2/2)\arcsin(\sqrt{f_2^2-f_3^2}/f_2)]\cos\theta\mathrm{d}\theta+\\&2\int_{\theta_B}^{\theta_C}[(f_2^2f_4/8-f_4^3/4-2f_1f_4^2/3-f_4f_1^2/2+2f_1f_2^2/3)\sqrt{f_2^2-f_4^2}+\\&(f_2^4/8+f_2^2f_1^2/2)\arcsin(\sqrt{f_2^2-f_4^2}/f_2)]\cos\theta\mathrm{d}\theta+\\&2\int_{\theta_B}^{\theta_h}[(f_2^2f_5/8-f_5^3/4-2f_1f_5^2/3-f_5f_1^2/2+2f_1f_2^2/3)\sqrt{f_2^2-f_5^2}+\\&(f_2^4/8+f_2^2f_1^2/2)\arcsin(\sqrt{f_2^2-f_5^2}/f_2)]\cos\theta\mathrm{d}\theta\end{aligned} \tag{10-23}$$

参考文献

[1] 中国大百科全书·地理学[M]. 北京：中国大百科全书出版社，1992.

[2] 卢坤林. 基于极限平衡理论的土质边坡空间效应研究及应用[D]. 合肥：合肥工业大学，2013.

[3] 聂春龙. 边坡工程风险分析理论与应用研究[D]. 长沙：中南大学，2012.

[4] CHEN Z, WANG J, WANG Y, et al. A three-dimensional slope stability analysis method using the upper bound theorem Part II: numerical approaches, applications and extensions[J]. International Journal of Rock Mechanics and Mining Sciences, 2001, 38(3): 369-378.

[5] STARK T D, EID H T. Performance of three-dimensional slope stability methods in practice[J]. Journal of Geotechnical and Geoenvironmental Engineering, 1998, 124(11): 1049-1060.

[6] 张海清. 考虑空间效应的抗滑桩边坡稳定性上限法与数值模拟研究[D]. 北京：中国地质大学，2017.

[7] 温树杰，罗惠，李铀，等. 基于最小势能原理的三维边坡稳定性分析[J]. 岩石力学与工程学报，2015(s1): 3298-3305.

[8] 孙志彬. 边坡稳定性上限分析方法及参数反演研究[D]. 长沙：中南大学，2013.

[9] 张克利. 基于强度折减有限元法的三维边坡稳定性与破坏模式分析[D]. 大连：大连理工大学，2011.

[10] CHEN J, YIN J H, LEE C F. Upper bound limit analysis of slope stability using rigid finite elements and nonlinear programming[J], Canadian Geotechnical Journal, 2003, 40: 742-752.

[11] ZHOU X P, CHENG H. Analysis of stability of three-dimensional slopes using the rigorous limit equilibrium method[J]. Engineering Geology, 2013, 160(12): 21-33.

[12] ASSEFA S, GRAZIANI A, LEMBO-FAZIO A. A slope movement in a complex rock formation: Deformation measurements and DEM modelling[J]. Engineering Geology, 2017, 219: 74-91.

[13] QIN C B, CHIAN S C. Kinematic stability of a two-stage slope in layered soils[J]. International Journal of Geomechanics, 2017, 17(9): 06017006.

[14] 杨小礼. 线性与非线性破坏准则下岩土极限分析方法及其应用[D]. 长沙：中南大学，2002.

[15] CHEN W F. Limit analysis and soil plasticity[M]. Elsevier: Academic Press, 1975.

[16] CHEN W F. Limit analysis in soil mechanics[M]. Elsevier: Amsterdam, 1990.

[17] LI T Z, YANG X L. Limit analysis of failure mechanism of tunnel roof collapse considering variable detaching velocity along yield surface[J]. International Journal of Rock Mechanics and Mining Sciences, 2017, 100: 229-237.

[18] YANG X L, ZHANG R. Collapse analysis of shallow tunnel subjected to seepage in layered soils considering joined effects of settlement and dilation[J]. Geomechanics and Engineering, 2017, 13(2): 217-235.

[19] AL-SHAMRANI M A. Upper-bound solutions for bearing capacity ofstrip footings over anisotropic nonhomogeneous clays[J]. Soils and Foundation, 2005, 45(1): 109-124.

[20] CAMARGO J, VELLOSO R Q, Vargas E A. Numerical limit analysis of three-dimensional slope stability problems in catchment areas[J]. Acta Geotechnica, 2016, 11(6): 1369-1383.

[21] YANG X L, XU J S, LI Y X, et al. Collapse mechanism of tunnel roof considering joined influences of nonlinearity and non-associated flow rule[J]. Geomechanics and Engineering, 2016, 10(1): 21-35.

[22] YANG X L, YAN R M. Collapse mechanism for deep tunnel subjected to seepage force in layered soils [J]. Geomechanics and Engineering, 2015, 8(5): 741-756.

[23] LECA E, DORMIEUX L. Upper and lower bound solutions for the face stability of shallow circular tunnels in frictional material[J]. Géotechnique, 1990, 40(4): 581-606.

[24] 刘锋涛. 结构塑性极限分析上限法数值计算方法研究[D]. 哈尔滨: 哈尔滨工业大学, 2011.

[25] 文畅平. 多级支挡结构与边坡系统地震动力特性及抗震研究[D]. 长沙: 中南大学, 2013.

[26] 张常亮. 边坡稳定性三维极限平衡法研究[D]. 西安: 长安大学, 2008.

[27] ZHOU X P, CHENG H. Stability analysis of three-dimensional seismic landslides using the rigorous limit equilibrium method[J]. Engineering Geology, 2014, 174: 87-102.

[28] ZHOU X P, CHENG H. The long-term stability analysis of 3D creeping slopes using the displacement-based rigorous limit equilibrium method[J]. Engineering Geology, 2015, 195: 292-300.

[29] 邓东平, 李亮. 一般形状边坡下准严格与非严格三维极限平衡法[J]. 岩土工程学报, 2013, 35(3): 501-511.

[30] 朱大勇, 钱七虎. 三维边坡严格与准严格极限平衡解答及工程应用[J]. 岩石力学与工程学报, 2007, 26(8): 1513-1528.

[31] FELLENIUS W. Calculation of the stability of earth dams[C]. // Transactions of the 2nd International Congress on Large Dams, Washington, D. C., 1937.

[32] BISHOP A W. The use of the slip circle in the stability analysis of slopes[J]. Géotechnique, 1955, 5(1): 7-17.

[33] JANBU N. Application of composite slip surfaces for stability analysis[C]. // Proceedings of the European Conference on Stability of Earth Slope. Stockholm, 1954: 43-49.

[34] JANBU N. Stability analysis of slopes with dimensionless parameters[M]. //Harvard Soil Mechanics Series No46, 1954.

[35] JANBU N. Soil stability computations[M]. // Embankment Dam Engineering. New York: Wiley, 1973: 47-87.

[36] SPENCER E. A method of analysis of stability of embankments assuming parallel inter-slice forces [J]. Géotechnique, 1967, 17(1): 11-26.

[37] SPENCER E. Thrust line criterion in embankment stability analysis[J]. Géotechnique, 1973, 23(1): 85-100.

[38] MORGENSTERN N R, PRICE V E. Analysis of stability of general slip surfaces[J]. Géotechnique, 1965, 15(1): 79-93.

[39] SARMA S K. Stability analysis of embankments and slopes [J]. Géotechnique, 1973, 23 (3): 423-433.

[40] 陈祖煜. 土质边坡稳定分析：原理·方法·程序[M]. 北京：中国水利水电出版社，2003.

[41] FREDLUND D G. Comparison of slope stability methods of analysis[J]. Canadian Geotechnical Journal, 1977, 14(3): 429-439.

[42] FREDLUND D G, PUFAHL D E. The relationship between limit equilibrium slope stability methods [C].//Proceedings of the 10th ICSMFE, 1981: 409-416.

[43] CHUGH A K. Variable interslice force inclination in slope stability analysis[J]. Soils and Foundations, 1986, 26(1): 115-121.

[44] ESPINOZA R D, BOURDEAU P L, MUHUNTHAN B. Unified formulation for analysis of slopes with general slip surface[J]. Journal of geotechnical engineering, 1994, 120(7): 1185-1203.

[45] ZHU D Y, LEE C F, JIANG H D. Generalised framework of limit equilibrium methods for slope stability analysis[J]. Géotechnique, 2003, 53(4): 377-395.

[46] CHENG Y M, ZHU L J. Unified formulation for two dimensional slope stability analysis and limitations in factor of safety determination[J]. Soils and Foundations, 2004, 44(6): 121-127.

[47] WRIGHT S G, KULHAWY F H, DUNCAN J M. Accuracy of equilibrium slope stability analysis [J]. American Society of Civil Engineers, Journal of the Soil Mechanics and Foundations Division, 1973, 99(SM10): 779-783.

[48] FREDLUND D G. Analytical method of slope stability analysis[C]. Proceedings of the 4th International Symposium on Landslides, 1984: 229-250.

[49] DUNCAN J M, WRIGHT S G. The accuracy of equilibrium methods of slope stability analysis [J]. Engineering Geology, 1980, 16(1-2): 5-17.

[50] DUNCAN J M. State of the Art: Limit equilibrium and finite-element analysis of slopes[J]. Journal of Geotechnical Engineering, 1996, 122(7): 577-596.

[51] 朱大勇，邓建辉，台佳佳. 简化 Bishop 法严格性的论证[J]. 岩石力学与工程学报，2007，26(3): 455-458.

[52] ABRAMSON L W, LEE T S, SHARMA S, et al. Slope stability and stabilization methods[M]. New York: John Wiley Sons, 2002.

[53] KRAHN J. The 2001 R. M. Hardy Lecture: The limits of limit equilibrium analyses [J]. Canadian Geotechnical Journal, 2003, 40(3): 643-660.

[54] ZIENKIEWICZ O C, HUMPHESON C, LEWIS R W. Associated and non-associated visco-plasticity and plasticity in soil mechanics[J]. Géotechnique, 1975, 25(4): 671-689.

[55] MATSUI T, SAN K C. Finite element slope stability analysis by shear strength reduction technique [J]. Soils and Foundations, 1992, 32(1): 59-70.

[56] UGAI K, LESHCHINSKY D. Three-dimensional limit equilibrium and finite element analyses: A comparison of results[J]. Soils and Foundations, 1995, 35(4): 1-7.

[57] 宋二祥. 土工结构安全系数的有限元计算[J]. 岩土工程学报，1997，19(2): 1-7.

[58] GRIFFITHS D V, LANE P A. Slope stability analysis by finite elements [J]. Géotechnique, 1999, 49(3): 387-403.

[59] DAWSON E M, ROTH W H, DRESCHER A. Slope stability analysis by strength reduction [J].

Géotechnique, 1999, 49(6): 835-840.

[60] DAWSON E, MOTAMED F, NESARAJAH S, et al. Geotechnical stability analysis by strength reduction [C]. //Proceedings of Sessions of Geo-Denver-2000-Slope Stability 2000. American Society of Civil Engineers, 2000: 99-113.

[61] 连镇营, 韩国城, 孔宪京. 强度折减有限元法研究开挖边坡的稳定性[J]. 岩土工程学报, 2001, 23(4): 407-411.

[62] 郑颖人, 赵尚毅. 用有限元法求边坡稳定安全系数[J]. 公路交通技术, 2002, 1: 7-9.

[63] ZHENG H, LIU D F, LI C G. Slope stability analysis based on elasto-plastic finite element method [J]. International Journal for Numerical Methods in Engineering, 2005, 64(14): 1871-1888.

[64] 赵尚毅, 郑颖人, 时卫民, 等. 用有限元强度折减法求边坡稳定安全系数[J]. 岩土工程学报, 2002, 2002(5): 343-346.

[65] 郑颖人, 赵尚毅, 张鲁渝. 用有限元强度折减法进行边坡稳定分析[J]. 中国工程科学, 2002, 4 (10): 57-61.

[66] 郑颖人, 赵尚毅, 孔位学, 等. 极限分析有限元法讲座——I 岩土工程极限分析有限元法[J]. 岩土力学, 26(1): 163-168.

[67] 张鲁渝, 时卫民, 郑颖人. 平面应变条件下土坡稳定有限元分析[J]. 岩土工程学报, 2002, 24(4): 487-490.

[68] 郑颖人, 赵尚毅. 有限元强度折减法在土坡与岩坡中的应用[J]. 岩石力学与工程学报, 2004, 23(19): 3381-3388.

[69] 郑宏, 李春光, 李焯芬, 等. 求解安全系数的有限元法[J]. 岩土工程学报, 2002, 24(5): 626-628.

[70] 邓俊晔. 边坡极限平衡有限元稳定分析的 Dijkstra 算法的理论及应用[D]. 南京: 河海大学, 2006.

[71] 徐卫亚, 周家文, 邓俊晔, 等. 基于 Dijkstra 算法的边坡极限平衡有限元分析[J]. 岩土工程学报, 2007, 29(8): 1159-1172.

[72] 宋二祥, 高翔, 邱玥. 基坑土钉支护安全系数的强度参数折减有限元方法[J]. 岩土工程学报, 2005, 27(3): 258-263.

[73] KULHAWY F H. Finite element analysis of the behavior of embankments [D]. University of California, 1969.

[74] RESENDIZ D. Discussion of 'Accuracy equilibrium slope stability analysis' [J]. Journal of the Soil Mechanics and Foundations Divsion, 1974, 100(GT8): 967-970.

[75] ADIKARI G S N, CUMMINS P J. An effective stress slope stability analysis method for dams[C]. // Proceedings of the 11th International Conference on Soil Mechanics and Foundation Engineering. San Francisco, 1985: 713-718.

[76] NAYLOR D J. Finite elements and slope stability [C]//Martins J B. Numerical Methods in Geomechanics: Proceedings of the NATO Advanced Study Institute. Dordrecht: D. Reidel Publishing Company, 1982: 229-244.

[77] FARIAS M M, NAYLOR D J. Safety analysis using finite elements[J]. Computers and Geotechnics, 1998, 22(2): 165-181.

[78] FREDLUND D G, SCOULAR R E G. Using limit equilibrium concepts in finite element slope stability analysis[C]. //YAGI N, YAMAGAMI T, JIANG J C. Slope Stability engineering: Proceedings of the

International Symposium on Slope Stability Engineering-IS-Shikoku '99. Rotterdam: Balkema, 1999: 31-47.

[79] PHAM H T V, FREDLUND D G. The application of dynamic programming to slope stability analysis [J]. Canadian Geotechnical Journal, 2003, 40(4): 830-847.

[80] PARK D, MICHALOWSKI R L. Three-dimensional stability analysis of slopes in hard soil/soft rock with tensile strength cut-off[J]. Engineering Geology, 2017, 229: 73-84.

[81] MICHALOWSKI R L. Stability charts for uniform slopes [J]. Journal of Geotechnical and Geoenvironmental Engineering, 2002, 128(4): 351-355.

[82] PAN Q J, XU J S, DIAS D. Three-dimensional stability of a slope subjected to seepage forces[J]. International Journal of Geomechanics, 2017, 17(8): 04017035.

[83] XU J S, PAN Q J, YANG X L, et al. Stability charts for rock slopes subjected to water drawdown based on the modified nonlinear Hoek-Brown failure criterion[J]. International Journal of Geomechanics, 2018, 18(1): 04017133.

[84] PAN Q J, JIANG Y J, DIAS D. Probabilistic stability analysis of a three-dimensional rock slope characterized by the Hoek-Brown failure criterion[J]. Journal of Computing in Civil Engineering, 2017, 31(5): 04017046.

[85] YANG X L, HUANG F. Slope stability analysis considering joined influences of nonlinearity and dilation [J]. Journal of Central South University, 2009, 16(2): 292-296.

[86] HUANG F, YANG X L. Upper bound solutions for the face stability of shallow circular tunnels subjected to nonlinear failure criterion[C]. Geo Shanghai International Conference, 251-256. June 2, 2010, China, Shanghai.

[87] MOLLON G, DIAS D, SOUBRA A H. Probabilistic analysis of the face stability of circular tunnels [C]. Proceedings of Selected Sessions of the 2009 International Foundation Congress and Equipment Expo, Contemporary Topics in In Situ Testing, Analysis, and Reliability of Foundations, 2009, 348-355.

[88] SOUBRA A H. Kinematical approach to the face stability analysis of shallow circular tunnels[C]. 8th International Symposium on Plasticity, Canada, British Columbia, 2002: 443-445.

[89] MOLLON G, DIAS D, SOUBRA A H. Probabilistic analysis and design of circular tunnels against face stability[J]. International Journal of Geomechanics, 2009, 9(6): 237-249.

[90] FRALDI M, GUARRACINO F. Limit analysis of collapse mechanisms in cavities and tunnels according to the Hoek-Brown failure criterion[J]. International Journal of Rock Mechanics and Mining Sciences, 2009, 46(4): 665-673.

[91] HUANG F, YANG X L. Influence of pore pressure effect on upper bound solution of collapse shape for square tunnel in Hoek-Brown media[J]. Journal of Central South University of Technology, 2011, 18(2): 530-535.

[92] 黄阜. 隧道围岩塌落机理与锚杆支护结构的上限分析研究[D]. 长沙: 中南大学, 2012.

[93] FRALDI M, GUARRACINO F. Evaluation of impending collapse in circular tunnels by analytical and numerical approaches[J]. Tunnelling and Underground Space Technology, 2011, 26(4): 507-516.

[94] FRALDI M, GUARRACINO F. Analytical solutions for collapse mechanisms in tunnels with arbitrary cross sections[J], International Journal of Solids and Structures, 2010, 47(2): 216-223.

[95] HUANG F, YANG X L. Upper bound limit analysis of collapse shape for circular tunnel subjected to pore

pressure based on the Hoek-Brown failure criterion[J]. Tunneling and Underground Space Technology, 2011, 26(5): 614-618.

[96] YANG X L, LI Z W. Upper bound analysis of 3D static and seismic active earth pressure[J]. Soil Dynamics and Earthquake Engineering, 2018, 108: 18-28.

[97] YANG X L, LI Z W. Kinematical analysis of 3D passive earth pressure with nonlinear yield criterion [J]. International Journal for Numerical and Analytical Methods in Geomechanics, 2018, 42: 916-930.

[98] LI Z W, YANG X L. Active earth pressure for soils with tension cracks under steady unsaturated flow conditions[J]. Canadian Geotechnical Journal, 2018.

[99] SOUBRA A H. Static and seismic passive earth pressure coefficients on rigid retaining structures[J]. Canadian Geotechnical Journal, 2000, 37(2): 463-478.

[100] SOUBRA A H, MACUH B. Active and passive earth pressure coefficients by a kinematical approach [J]. Proceedings of the ICE-Geotechnical Engineering, 2002, 155(2): 119-131.

[101] SOUBRA A H, REGENASS P. Three-dimensional passive earth pressures by kinematical approach [J]. Journal of Geotechnical and Geoenvironmental Engineering, 2000, 126(11): 969-978.

[102] MICHALOWSKI R L, SHI L. Bearing capacity of nonhomogeneous clay layers under embankments [J]. Journal of Geotechnical Engineering, 1993, 119(10): 1657-1669.

[103] YANG X L, DU D C. Upper bound analysis for bearing capacity of nonhomogeneous and anisotropic clay foundation[J]. KSCE Journal of Civil Engineering, 2016, 20(7): 2702-2710.

[104] AL-SHAMRANI M A. Upper-bound solutions for bearing capacity of strip footings over anisotropic nonhomogeneous clays[J]. Soils and Foundations, 2005, 45(1): 109-124.

[105] AL-SHAMRANI M A, MOGHAL A. Upper bound solutions for bearing capacity of footings on anisotropic cohesive soils[J]. C. Geocongress State of the Art and Practice in Geotechnical Engineering, ASCE, 2012: 1066-1075.

[106] DONALD I B, CHEN Z. Slope stability analysis by the upper bound approach: fundamentals and methods [J]. Canadian Geotechnical Journal, 1997, 34(6): 853-862.

[107] 王根龙, 伍法权, 李巨文. 折线型滑面边坡稳定系数计算的极限分析上限解析[J]. 水文地质工程地质, 2007, 34(1): 62-65.

[108] 王根龙, 伍法权, 祁生文, 等. 加锚岩质边坡稳定性评价的极限分析上限法研究[J]. 岩石力学与工程学报,2007, 26(12): 2556-2563.

[109] MICHALOWSKI R L. Slope stability analysis: a kinematical approach[J]. Géotechnique, 1995, 45(2): 283-293.

[110] MUNOZ J J, BONET J, HUERTA A, et al. Upper and lower bounds in limit analysis: Adaptive meshing strategies and discontinuous loading[J]. International Journal for Numerical Methods in Engineering, 2009, 77(4): 471-501.

[111] ABBO A J, SLOAN S W. A smooth hyperbolic approximation to the Mohr-Coulomb yield criterion [J]. Computers and structures, 1995, 54(3): 427-441.

[112] MERIFIELD R S, LYAMIN A V, SLOAN S W. Limit analysis solutions for the bearing capacity of rock masses using the generalized Hoek-Brown criterion[J]. International Journal of Rock Mechanics and Mining Sciences, 2006, 43(6): 920-937.

[113] MERIFIELD R S, LYAMIN A V, SLOAN S W, et al. Three-dimensional lower bound solutions for

stability of plate anchors in clay[J]. Journal of Geotechnical and Geoenvironmental Engineering, 2003, 129(3): 243-253.

[114] LYAMIN A V, SLOAN S W. Lower bound limit analysis using nonlinear programming[J]. International Journal for Numerical Methods in Engineering, 2002, 55(5): 573-611.

[115] YANG X L, ZOU J F. Stability factors for rock slopes subjected to pore water pressure based on the Hoek-Brown failure criterion[J]. International Journal of Rock Mechnics and Mining Sciences, 2006, 43(7): 1146-1152.

[116] YANG X L. Effect of pore-water pressure on 3D stability of rock slope[J]. International Journal of Geomechanics, 2017, 17(9): 06017015.

[117] YANG X L, LONG Z X. Seismic and static 3D stability of two-stage rock slope based on Hoek-Brown failure criterion[J]. Canadian Geotechnical Journal, 2016, 53: 551-558.

[118] MILLER T W, HAMILTON J M. A new analysis procedure to explain a slope failure at the Martin Lake mine[J]. Géotechnique, 1989, 39(1): 107-123.

[119] GAO Y F, ZHU D, LEI H, et al. Stability analysis of three-dimensional slopes under water drawdown condition[J]. Canadian Geotechnical Journal, 2014, 51: 1355-1364.

[120] MICHALOWSKI R L, NADUKURU S S. Three-dimensional limit analysis of slopes with pore pressure [J]. Journal of Geotechnical and Geoenvironmental Engineering, 2013, 139(9): 1604-1610.

[121] VIRATJANDR C, MICHALOWSKI R L. Limit analysis of submerged slopes subjected to water drawdown [J]. Canadian Geotechnical Journal, 2006, 43: 802-814.

[122] YANG X L, LI L, YIN J H. Seismic and static stability analysis for rock slopes by a kinematical approach [J]. Géotechnique, 2004, 54(8): 543-549.

[123] HOVLAND H J. Three-dimensional slope stability analysis method [J]. Journal of Geotechnical Engineering, ASCE,1977, 103(9): 971-986.

[124] HUNGR O. An extension of Bishop's simplified method of slope stability analysis to three dimensions [J]. Géotechnique, 1987, 37(1): 113-117.

[125] HUNGR O, SALGADO F M, BYRNE P M. Evaluation of a three-dimensional method of slope stability analysis[J]. Canadian Geotechnical Journal, 1989, 26(4): 679-686.

[126] LAM L, FREDLUND D G. A general limit equilibrium model for three-dimensional slope stabilit [J]. Canadian Geotechnical Journal, 1993, 30(9): 905-919.

[127] ZHANG X. Three dimensional stability analysis of convex slopes in plan view[J]. Journal of Geotechnical Engineering, ASCE, 1988, 114(6): 658-671.

[128] HUANG C C, TSAI C C. New method for 3d and asymmetrical slope stability analysis[J]. Journal of Geotechnical and Geoenvironmental Engineering, 2000, 126(10): 917-927.

[129] CHANG M. A 3D slope stability analysis method assuming parallel lines of intersection and differential straining of block contacts[J]. Canadian Geotechnical Journal, 2002, 39: 799-811.

[130] SILVESTRI V. A three-dimensional slope stability problem in clay[J]. Canadian Geotechnical Journal, 2006, 43(2): 224-228.

[131] ZHENG H. A three-dimensional rigorous method for stability analysis of landslides[J]. Engineering Geology, 2012, 145(9): 30-40.

[132] ZHOU X P, CHENG H. Analysis of stability of three-dimensional slopes using the rigorous limit

equilibrium method[J]. Engineering Geology, 2013, 160(12): 21-33.

[133] 王家臣, 谭文辉. 边坡渐进破坏三维随机分析[J]. 煤炭学报, 1997,22(1): 27-31.

[134] 冯树仁, 丰定祥, 葛修润,等. 边坡稳定性的三维极限平衡分析方法及应用[J]. 岩土工程学报, 1999, 21(6): 657-661.

[135] 郑榕明, 朱禄娟. 非对称旋转破坏的三维 Bishop 边坡稳定算法[J]. 岩土工程学报, 2002, 24(6): 706-709.

[136] 杨明成. 一般条分法的安全系数显示解[J]. 岩土力学, 2004, 25(z2): 568-573.

[137] 朱大勇, 刘华丽, 范鹏贤,等. 旋转对称边坡三维安全系数显式解[J]. 解放军理工大学自然科学版, 2006, 7(5): 446-449.

[138] 朱大勇, 丁秀丽, 刘华丽, 等. 对称边坡三维稳定性计算方法[J]. 岩石力学与工程学报, 2007, 26(1): 22-27.

[139] YU H S, SALGADO R, SLOAN S W, et al. Limit analysis versus limit equilibrium for slope stability-Closure[J]. Journal of Geotechnical and Geoenvironmental Engineering, 1999, 125(10): 915-918.

[140] YANG X L, YIN J H. Slope stability analysis with nonlinear failure criterion[J]. Journal of Engineering Mechanics-ASCE, 2004, 130(3): 267-273.

[141] 李新坡, 何思明, 徐骏, 等. 预应力锚索加固土质边坡的稳定性极限分析[J]. 四川大学学报(工程科学版), 2006, 38(5): 82-85.

[142] 赵炼恒. 边坡稳定性与加固设计的能量分析方法[D]. 长沙: 中南大学, 2009.

[143] 何思明, 张晓曦, 吴永. 基于上限定理的边坡潜在破裂面确定方法与稳定性判识研究[J]. 岩土力学, 2012, 33(1): 166-170.

[144] 陈祖煜, 宗露丹, 孙平, 等. 加筋土坡的可能滑移模式和基于库仑理论的稳定分析方法[J]. 土木工程学报, 2016, 49(6): 113-122.

[145] 夏元友, 陈春舒. 考虑内部摩擦变形耗能的预应力锚索边坡极限分析[J]. 岩土工程学报, 2017, 39(2): 210-217.

[146] 陈春舒, 夏元友. 基于极限分析的边坡实时动态 Newmark 滑块位移法[J]. 岩石力学与工程学报, 2016, 35(12): 2507-2515.

[147] GIGER M W, KRIZEK R J. Stability analysis of vertical cut with variable corner angle[J]. Soils and Foundations, 1975, 15(2): 63-71.

[148] GIGER M W, KRIZEK R J. Stability of vertical corner cut with concentrated surcharge load[J]. Journal of the Geotechnical Engineering Division, 1976, 102(1): 31-40.

[149] FARZANEH O, ASKARI F. Three-dimensional analysis of nonhomogeneous slopes[J]. Journal of Geotechnical and Geoenvironmental Engineering, 2003, 129(2): 137-145.

[150] DRESCHER A. Limit plasticity approach to piping in bins[J]. Journal of Applied Mechanics-Transactions of the Asme, 1983, 50(3): 549-553.

[151] MICHALOWSKI R L. Three-dimensional analysis of locally loaded slopes[J], 1989(1): 27-38.

[152] FARZANEH O, ASKARI F, GANJIAN N. Three-dimensional stability analysis of convex slopes in plan view[J]. Journal of Geotechnical and Geoenvironmental Engineering, 2008, 134(8): 1192-1200.

[153] CHEN Z Y, WANG X G, HABERFIELD C, et al. A three-dimensional slope stability analysis method using the upper bound theorem-Part I: theory and methods[J]. International Journal of Rock Mechanics

and Mining Sciences, 2001, 38(3): 369-378.

[154] 孙平. 基于非相关联流动法则的三维边坡稳定极限分析[D]. 北京：中国水利水电科学研究院, 2005.

[155] 孙洪月. 考虑预应力锚索的边坡三维极限分析法及应用研究[D]. 北京：北京交通大学, 2015.

[156] ZHAO L H, YANG F, ZHANG Y B, et al. Effects of shear strength reduction strategies on safety factor of homogeneous slope based on a general nonlinear failure criterion[J]. Computers and Geotechnics, 2015, 63: 215-228.

[157] BALIGH M M, AZZOUZ A S. End effects on stability of cohesive slopes[J]. Journal of the Geotechnical Engineering Division, 1975, 101: 1105-1117.

[158] GENS A, HUTCHINSON J N, CAVOUNIDIS S. Three-dimensional analysis of slides in cohesive soils [J]. Géotechnique, 1988, 38(1): 1-23.

[159] MICHALOWSKI R L, DRESCHER A. Three-dimensional stability of slopes and excavations [J]. Géotechnique, 2009, 59(10): 839-850.

[160] MICHALOWSKI R L. Limit analysis and stability charts for 3d slope failures[J]. Journal of Geotechnical and Geoenvironmental Engineering, 2010, 136(4): 583-593.

[161] MICHALOWSKI R L, MARTEL T. Stability charts for 3d failures of steep slopes subjected to seismic excitation[J]. Journal of Geotechnical and Geoenvironmental Engineering, 2011, 137(2): 183-189.

[162] GAO Y F, ZHANG F, LEI G H, et al. An extended limit analysis of three-dimensional slope stability [J]. Géotechnique, 2013, 63(6): 518-524.

[163] GAO Y F, ZHANG F, LEI G H, et al. Stability charts for 3d failures of homogeneous slopes[J]. Journal of Geotechnical and Geoenvironmental Engineering, 2013, 139(9): 1528-1538.

[164] YANG X L, XU J S. Three-dimensional stability of two-stage slope in inhomogeneous soils [J]. International Journal of Geomechanics, 2017, 17(7): 06016045.

[165] HAN C Y, CHEN J J, WANG J H, et al. Three-dimensional stability analysis of excavation using limit analysis[J]. Journal of Shanghai Jiaotong University (science), 2013, 18(6): 646-649.

[166] HUANG M S, WANG H R, SHENG D C, et al. Rotational-translational mechanism for the upper bound stability analysis of slopes with weak interlayer [J]. Computers and Geotechnics, 2013, 53 (13): 133-141.

[167] HUANG M S, FAN X P, WANG H R. Three-dimensional upper bound stability analysis of slopes with weak interlayer based on rotational-translational mechanisms [J]. Engineering Geology, 2017, 223: 82-91.

[168] XU J S, YANG X L. Effects of seismic force and pore water pressure on three dimensional slope stability in nonhomogeneous and anisotropic soil[J]. KSCE Journal of Civil Engineering, 2018, 22(5): 1-10.

[169] HAN C Y, CHEN J J, XIA X H, et al. Three-dimensional stability analysis of anisotropic and non-homogeneous slopes using limit analysis [J]. Journal of Central South University, 2014, 21 (3): 1142-1147.

[170] YANG X L, PAN Q J. Three dimensional seismic and static stability of rock slopes[J]. Geomechanics and Engineering, 2015, 8(1): 97-111.

[171] GAO Y F, YE M, ZHANG F. Three-dimensional analysis of slopes reinforced with piles[J]. Journal of Central South University, 2015, 22(6): 2322-2327.

[172] GAO Y F, WU D, ZHANG F. Effects of nonlinear failure criterion on the three-dimensional stability analysis of uniform slopes[J]. Engineering Geology, 2015, 198: 87-93.

[173] HAN S P. Superlinearly convergent variable metric algorithms for general nonlinear programming problems [J]. Mathematical Programming, 1976, 11(1): 263-282.

[174] HAN S P. A globally convergent method for nonlinear programming[J]. Journal of optimization theory and applications, 1977, 22(3): 297-309.

[175] POWELL M J D. Algorithms for nonlinear constraints that use Lagrangian functions[J]. Mathematical programming, 1978, 14(1): 224-248.

[176] Moregenstern, N. Stability charts for earth slopes during rapid drawdown[J]. Geotechnique, 1963, 13(2): 121-131.

[177] LANE P A, GRIFFITHS D V. Assessment of stability of slopes under drawdown conditions[J]. Journal of Geotechnical and Geoenvironmental Engineering, 2000, 126 (5): 443-450.

[178] Berilgen M M. Investigation of stability of slopes under drawdown conditions[J]. Comput. Geotech. 2007, 34(2): 81-91.

[179] Pinyol N M, Alonso E E, Olivella, S. Rapid drawdown in slopes and embankments[J]. Water Resour. Res., 2008, 44: W00D03.

[180] Bishop A W, Morgenstern N. Stability coefficients for earth slopes[J]. Geotechnique, 1960, 10(4): 129-153.

[181] Yang X, Zou J. Stability factors for rock slopes subjected to pore water pressure based on the Hoek-Brown failure criterion[J]. Int. J. Rock Mech. Min. Sci., 2006, 43(7): 1146-1152.

[182] Michalowski R L, Nadukuru S S. Three-dimensional limit analysis of slopes with pore pressure[J]. Journal of Geotechnical and Geoenvironmental Engineering, 2013, 139(9): 1604-1610.

[183] Michalowski R L, Drescher A. Three-dimensional stability of slopes and excavations[J]. Geotechnique, 2009, 59(10): 839-850.

[184] Gao Y, Zhu D, Zhang F, et al. Stability analysis of three-dimensional slopes under water drawdown conditions[J]. Can. Geotech. J., 2014, 51(11): 1355-1364.

[185] Saada Z, Maghous S, Garnier D. Stability analysis of rock slopes subjected to seepage forces using the modified Hoek-Brown criterion[J]. Int. J. Rock Mech. Min. Sci., 2012, 55: 45-54.

[186] Pan Q, Dias D. The effect of pore water pressure on tunnel face stability[J]. Int. J. Numer. Anal. Meth. Geomech., 2016, 40(15): 2123-2136.

[187] Hoek E, Brown E T. Practical estimate the rock mass strength[J]. Int. J. Rock Mech. Min. Sci., 1997, 34(8): 1165-1186.

[188] Agar J G, Morgenstern N R, Scott J. Shear strength and stress-strain behavior of Athabasca oil sand at elevated temperatures and pressure[J]. Can. Geotech. J., 1985, 24(1): 1-10.

[189] Hobbs D W. A study of the behaviour of a broken rock under triaxial compression, and its application to mine roadways[J]. Int. J. Rock Mech. Min. Sci. Geomech. Abstracts, 1966, 3(1): 11-43.

[190] Goodman R E. Introduction to rock mechanics[J]. New York: Wiley, 1989, 2: 221-388.

[191] Ladanyi B. Use of the long-term strength concept in the determination of ground pressure of tunnel lining [J]. Proceeding of the 3rd Congress of International Society of Rock Mechanism on Advances in Rock Mechanism, National Academy of Science, Washington, D. C., USA, 2B, 1974, 1150-1156.

[192] Hoek E. Estimating Mohr-Coulomb friction and cohesion values from the Hoek-Brown failure criterion [J]. Int J Rock Mech Min Sci, 1990, 27: 227-229.

[193] Yang X, Pan Q. Three dimensional seismic and static stability of rock slopes[J]. Geomech. Eng., 2015, 8(1): 97-111.

[194] Pan Q, Jiang Y J, Dias D. Probabilistic stability analysis of a three-dimensional rock slope characterized by the Hoek-Brown failure criterion[J]. J. Comput. Civil Eng., 2017, 31(5): 04017046.

[195] Michalowski R L. Three-dimensional analysis of locally loaded slopes[J]. Geotechnique, 1989, 39(1): 27-38.

[196] Alonso Pérez de Agreda E, Pinyol Puigmartí N M. Slope stability under rapid drawdown conditions [J]. First Italian Workshop on Landslides, 2009, 11-27.

[197] Baligh M M, Azzouz A S. End effects on stability of cohesive slopes[J]. J. Geotech. Engng Div., 1975(1): 1105-1117.

[198] Gao Y F, Zhang F, Lei G H, et al. An extended limit analysis of three-dimensional slope stability [J]. Geotechnique, 2013, 63(6): 518-524.

[199] Yang X, Long Z. Seismic and static 3D stability of two-stage rock slope based on Hoek-Brown failure criterion[J]. Can. Geotech. J., 2016, 53(3): 551-558.

[200] Qin C, Chian S C. Pseudo-static/dynamic solutions of required reinforcement force for steep slopes using discretization-based kinematic analysis[J]. Journal of Rock Mechanics and Geotechnical Engineering, 2019, 11(2): 289-299.

[201] Zhou X P, Wei X, Liu C, et al. Three-dimensional stability analysis of bank slopes with reservoir drawdown based on rigorous limit equilibrium method[J]. International Journal of Geomechanics, 2020, 20(12): 04020229.

[202] Jia G W, Zhan T L T, Chen Y M, et al. Performance of a large-scale slope model subjected to rising and lowering water levels[J]. Engineering Geology., 2009, 106(1-2): 92-103.

[203] Michalowski R L, Slope stability analysis: a kinematical approach[J]. Geotechnique, 1995, 45(2), 283-293.

[204] 卢艺伟，蒋先平. 基于 ABAQUS 的矿坑边坡稳定性数值模拟研究[J]. 中国资源综合利用，2022，40(1)：44-46.

[205] 谢岗，黄庆玲. 基于 Midas/GTS 数值模拟分析的某改建道路边坡支挡设计[J]. 西部交通科技，2017(7)：33-37+76.

[206] 孙天祎. 基于 FLAC3D 的边坡稳定性分析及支护数值模拟研究[D]. 北京：中国地质大学，2020.

[207] 许容，王辉. ANSYS 有限元数值模拟在某开挖高边坡稳定性分析中的应用[J]. 西部交通科技，2020(9)：39-42+53.

[208] Hoyos L R, Suescún-Florez E A, Puppala A J. Stiffness of intermediate unsaturated soil from simultaneous suction-controlled resonant column and bender element testing[J]. Engineering Geology, 2015, 188: 10-28.

[209] Oh S, Lu N. Slope stability analysis under unsaturated conditions: Case studies of rainfall-induced failure of cut slopes[J]. Engineering Geology, 2015, 184: 96-103.

[210] Fredlund D G, Rahardjo H. Soil mechnics for unsaturated soils[M]. New York: Wiley-inter-science, 1993.

[211] Fredlund D G, Morgenstern N R, Widger R A. The shear strength of unsaturated soils[J]. Canadian Geotechnical Journal, 1978, 15(3): 313-321.

[212] Bao C, Gong B, Zhan L. Properties of unsaturated soils and slope stability of expansive soils[C]. In Proceedings of the Second International Conference on Unsaturated Soils (UNSAT 98), Beijing, 1998,1: 71-98.

[213] Fredlund D G, Xing A, Fredlund M D, et al. The relationship of the unsaturated soil shear strength to the soil water characteristic curve[J]. Canadian Geotechnical Journal, 1996, 32(3): 440-448.

[214] Khalili N, Khabbaz M H. A unique relationship for χ for the determination of the shear strength of unsaturated soils[J]. Géotechnique, 1998, 48(5): 681-687.

[215] Vanapalli S K, Fredlund D G, Pufahl D E, et al. Model for the prediction of shear strength with respect to soil suction[J]. Canadian Geotechnical Journal, 1996, 33(3): 379-392.

[216] Vilar O M. A simplified procedure to estimate the shear strength envelope of unsaturated soils[J]. Canadian Geotechnical Journal, 2006, 43(10): 1088-1095.

[217] Zhang L L, Fredlund D G, Fredlund M D, et al. Modeling the unsaturated soil zone in slope stability analysis[J]. Canadian Geotechnical Journal, 2014, 51(12): 1384-1398.

[218] Houston S L, Perez-garcia N, Houston W N. Shear strength and shear-induced volume change behavior of unsaturated soils from a triaxial test program[J]. Journal of Geotechnical and Geoenvironmental Engineering,2008, 134(11): 1619-1632.

[219] Zhang C G, Chen X D, Fan W. Critical embedment depth of a rigid retaining wall against overturning in unsaturated soils considering intermediate principal stress and strength nonlinearity[J]. Journal of Central South University, 2016, 23(4): 944-954.

[220] Zhang C G, Chen X D, Fan W. Overturning stability of a rigid retaining wall for foundation pits in unsaturated soils[J]. International Journal of Geomechanics., 2016, 16(4): 06015013.

[221] Tarantino A, Mountassir G E. Making unsaturated soil mechanics accessible for engineers: Preliminary hydraulic-mechanical characterisation and stability assessment[J]. Engineering Geology, 2013, 165: 89-104.

[222] Bishop A W, Blight G E. Some aspects of effective stress in saturated and partly saturated soils[J]. Geotechnique, 1963, 13(3): 177-197.

[223] Fredlund D G, Xing A, Fredlund M D, et al. The relationship of the unsaturated soil shear strength to the soil water characteristic curve[J]. Canadian Geotechnical Journal, 1996, 32(3): 440-448.

[224] 朱合华, 张琦, 章连洋. Hoek-Brown 强度准则研究进展与应用综述[J]. 岩石力学与工程学报, 2013, 32(10): 1945-1963.

[225] Hoek E, Brown E T. Empirical strength criterion for rock masses[J]. Journal of Geotechnical and Geoenvironmental Engineering, 1980, 106: 1013-1035.

[226] Hoek E, Carranza-Torres C, Corkum C. Hoek-Brown failure criterion-2002 Edition[C]. Proceedings of the Fifth North American Rock Mechanics Symposium, 2002: 267-273.

[227] 罗强. 岩质边坡稳定性分析理论与锚固设计优化研究[D]. 长沙: 中南大学, 2010.

[228] 张琦. 广义三维 Hoek-Brown 岩体强度准则的修正及其参数多尺度研究[D]. 上海: 同济大学, 2013.

[229] ZHANG L Y. A generalized three-dimensional Hoek-Brown strength criterion[J]. Rock Mechanics and

Rock Engineering,2008,41(6): 893-915.

[230] 宋琨, 晏鄂川, 毛伟, 等. 广义 Hoek-Brown 准则中强度折减系数的确定[J]. 岩石力学与工程学报, 2012, 31(1): 106-112.

[231] HOEK E, BROWN E T. Underground excavations in rocks[M]. London: Institution of Mining and Metallurgy, 1980.

[232] Bieniawski Z T. Rock mass classifications in rock engineering[J]. Exploration for Rock Engineering, Balkema, 1976, 97-106.

[233] Barton N, Lien R, Lunde J. Engineering classification of rock mass for the design of tunnel support. Rock Mechanics, 1974, 6: 189-236.

[234] The Hoek-Brown Failure Criterion[C]. Proceedings of the 15th Canadian Rock Mechanics Symposium, Toronto, 1988: 31-38.

[235] Hoek E, Wood D, Shah S. A modified hoek-brown failure criterion for jointed rock masses[C]. Proceedings of the International ISRM Symposium on Rock Characterization, Chester, 1992, 209-214.

[236] Hoek E, Kaiser P K, Bawden W F. Support of underground excavations in hard rock[M]. Rotterdam, 1995.

[237] Li A J, Lyamin A V, Merifield R S. Seismic rock slope stability charts based on limit analysis methods[J]. Computers and Geotechnics, 2009,36: 135-148.

[238] Li A J, Merifield R S, Lyamin A V. Stability charts for rock slopes based on the Hoek-Brown failure criterion[J]. International Journal of Rock Mechanics and Mining Sciences, 2008, 45: 689-700.

[239] HOEK E. Estimating Mohr-Coulomb friction and cohesion values from the Hoek-Brown failure criterion[J]. International Journal of Rock Mechanics and Mining Sciences and Geomechanics Abstracts, 1990, 27(3): 227-229.

[240] Saada Z, Maghous S, Garnier D. Stability analysis of rock slopes subjected to seepage forces using the modified Hoek-Brown criterion[J]. International Journal of Rock Mechanics and Mining Sciences, 2012, 55: 45-54.

[241] Jiang X Y, Cui P, Liu C Z. A chart-based seismic stability analysis method for rock slopes using Hoek-Brown failure criterion[J]. Engineering Geology, 2016, 209: 196-208.

图书在版编目(CIP)数据

高陡边坡二维与三维安全极限分析 / 盛宴等著. —
长沙：中南大学出版社，2023.10
ISBN 978-7-5487-5587-6

Ⅰ. ①高… Ⅱ. ①盛… Ⅲ. ①边坡—安全极限—分析
Ⅳ. ①U416.1

中国国家版本馆 CIP 数据核字(2023)第 187721 号

高陡边坡二维与三维安全极限分析

GAODOU BIANPO ERWEI YU SANWEI ANQUAN JIXIAN FENXI

盛宴 李嘉 廖宏 杨小礼 著

□**责任编辑** 陈应征
□**责任印制** 唐 曦
□**出版发行** 中南大学出版社
社址：长沙市麓山南路 邮编：410083
发行科电话：0731-88876770 传真：0731-88710482
□**印 装** 湖南省众鑫印务有限公司

□**开 本** 787 mm×1092 mm 1/16 □**印张** 14 □**字数** 346 千字
□**版 次** 2023 年 10 月第 1 版 □**印次** 2023 年 10 月第 1 次印刷
□**书 号** ISBN 978-7-5487-5587-6
□**定 价** 108.00 元